높이 오르지 않아도
꿈꿀 수 있는 이유

높이 오르지 않아도 꿈꿀 수 있는 이유

발행일	2025년 1월 20일		
지은이	김정선		
펴낸이	손형국		
펴낸곳	(주)북랩		
편집인	선일영	편집	김현아, 배진용, 김다빈, 김부경
디자인	이현수, 김민하, 임진형, 안유경	제작	박기성, 구성우, 이창영, 배상진
마케팅	김회란, 박진관		
출판등록	2004. 12. 1(제2012-000051호)		
주소	서울특별시 금천구 가산디지털 1로 168, 우림라이온스밸리 B동 B111호, B113~115호		
홈페이지	www.book.co.kr		
전화번호	(02)2026-5777	팩스	(02)3159-9637

ISBN 979-11-7224-458-3 03360 (종이책) 979-11-7224-459-0 05360 (전자책)

(주)북랩 성공출판의 파트너

북랩 홈페이지와 패밀리 사이트에서 다양한 출판 솔루션을 만나 보세요!

홈페이지 book.co.kr • **블로그** blog.naver.com/essaybook • **출판문의** text@book.co.kr

작가 연락처 문의 ▸ ask.book.co.kr

작가 연락처는 개인정보이므로 북랩에서 알려드릴 수 없습니다.

높이 오르지 않아도
꿈꿀 수 있는 이유

서울시 전문 서기관의 고백
告白

김정선
지음

검손하게 뿌리를 지키면서도
미래를 향한 청사진을 그리는 것이
진정한 리더십이다!

북랩

나는 공직 생활 중에 교룡운우(蛟龍雲雨) 즉, 교룡(蛟龍)이 비구름을 얻어 하늘로 비상하는 것과 같은 꿈을 가졌던 것 같다. 조직 내에서의 세속적인 성공도 바랐겠지만 그보다는 내가 품었던 올바른 생각들이 현실에서 제대로 반영되어 이루어지는 것을 더 갈망하였다. 나의 한자(漢字) 이름 정선(正宣)이 뜻하는 "바르게 베풀다"에 걸맞게⋯.

조상님들의 음덕에 힘입어 요행히 행정고시에 합격하여 서울시 사무관(5급)으로 공직을 시작하여 20여 년간 서기관(4급)으로 일하다 마지막 즈음에 '소장'까지 섭렵하게 되었다.

나에겐 희망의 상징인 두 아들이 있는데, 올해 중학교 일 학년인 둘째가 자주 이렇게 말했다. "아빠, 승진은 언제 해" "능력이 그렇게 안 돼?" 그때는 짜증이 났지만, 이제는 그 잔소리가 그리워질 것이다. 이제는 둘째 아들의 성토를 듣지 않아도 된다.

나는 재주보다는 운이 따라줘서 그 어렵다는 행정고시에 합격하였던 것 같다. 지리산의 한 갈래인 '교룡산(蛟龍山)'의 정기와 조상님들의 보살핌에 힘입어 즉, 운칠기삼(運七技三)이 아니었다면 어려웠을 것이라 생각한다. 농부의 아들로 태어나 어려웠던 60년대와 80년대 피폐한 농촌경제의 어려움 속에서도 "개천에서 용 나기"를 갈구하신 부모님의 열망에 힘입어 청운의 꿈을 안고 서울로 상경, 부모님의 피와 살을 머금은 부양의 힘으로 대학을 졸업하고 그 어렵다는 고시에도 합격하여, 서울시청에서 오랜 기간 서기관(과장)으로 근무하면서 나름 업무적으로 부끄럽지 않으려고 최선을 다했다.

그래서 나 스스로는 성공했다고 할 만도 하지만 둘째 아들의 외침이 어찌 가슴 아프지 않을 수 있겠는가!

아쉬움도 많지만 이제는 모든 것을 뒤로하고 두 아들에게 서울시에서 아빠의 이야기를 기록으로 남겨주고 싶었다. 지금은 아빠가 더 높은 자리까지 올라가지 못하고 공직을 마무리하는 것에 대해 부끄러워할 수도 있겠지만, 먼 훗날 어른이 되어서는 아빠를 이해해 줬으면 하는 바람을 함께 담아서….

더 나아가 나를 정신적으로 후원해 주고 믿어줬던 분들과 내가 가진 역량보다 더 크게 나를 봐주셨던 고향 어른들에게도 나의 '시작과 끝'을 보고드리려 한다. 마을 어르신들은 공부깨나 하는 나에게 어렸을 적부터 "국회의원 한번 해야지" 하셨고, 행정고시 합격 소식에는 마치 자기 자신의 일인 양 동네 입구에 축하 현수막을 걸어주셨고, 온 동네가 함께하는 잔치 속에 나의 앞길을 축복해 주셨다.

나의 공직 생활 최종 마무리는 동네 분들 염원에는 많이 미치지 못하였으되, 주어진 여건에서 최선을 다해 공익 우선, 공정성 등 공적 가치 수호에 앞장서려 했다는 것을 말씀드리고 싶었다.

나는 20여 년 동안 서울시 과장으로서 시대변화에 반 발짝 앞서 가려고 부단히 애를 썼다. 2008년 첫 과장 보직인 버스정책담당관은 첫째 아들인 범준이와 함께한 사연이 있었다.

나는 2007년에 서기관으로 승진하고 1년여 간의 승진자 교육을 마치고 과장 발령을 기다리고 있었다. 나는 중국에서 연수경력과 주재관 근무 경험 등을 살리고 싶은 마음에 국제교류과장직을 내심 희망하였는데, 인사발령을 하루 앞둔 늦은 오후에 당시 세 살이 된 범준이가 버스를 타고 싶다고 하여 어쩔 수 없이 아이를 무릎에 안고 집 주변을 다니던 시내버스를 타고 한 바퀴 돌게 되었는데… 다음 날 인사발령에서 버스정책과장 보직을 맡게 되었다.

2008년 국제금융위기로 발생한 고용불안 시기에 서울시가 일자리 창출과 지원을 위한 상징 '서울일자리플러스센터' 설립의 기초를 다졌던 『고용창업담당관』, 모두가 건강한 "스포토피아(Sports + Utopia)" 비전과 '체육시설 확충' '공정한 체육행정 체계 구축'에 전념했던 『체육진흥과장』, 제2의 고향 마포구에서 『기획재정국장』으로서 혁신분위기 확산과 구청 재정 여건 개선에 보낸 소중한 1년….

청소행정의 틀을 바꿔 환경미화 종사자 복지수준 향상과 '깨끗한 서울'에 힘썼던 『생활환경과장』, 외국인 투자유치 IR을 위해 뉴욕, 북경 등을 누볐던 『투자유치과장』, 서울시 인사상 전무후무한 4년 간의 『교통지도과장』으로서 "규제행정도 시민에게 박수받을 수 있다"를 증명하기 위해 교통 무질서 현장을 밤낮없이 누비면서 완성한 "교통지도단속체계고도화"….

높이 오르지 않아도 꿈꿀 수 있는 이유

청년층 건설일용직근로자에 대한 사회보험료 지원을 정착시킨 『건설혁신과장』, 전기차 충전 인프라 확충에 혼신의 노력을 기울였고 그 공을 인정받아 상복이 터진 『기후변화대응과장』, 서울시 2050탄소중립 실무책임자로 활동한 『기후환경정책과장』. 지금까지 내가 해 온 일들을 되돌아보면, 그리 화려하지는 않았지만 시민들의 현재와 미래의 삶과 밀접한 업무들이었다.

그러나 어찌하랴! 이제는 둘째 아들의 성토도 더 이상 들을 필요가 없게 되었다. 서울시 중간관리자로서 여기 수도사업소를 내게 주어졌던 서기관 20여년의 공직을 의미있게 마무리하며, 미래를 여는 역할에 대해 탐구하는 출발점으로 삼고 싶었다. 서울 시민의 생명수인 수돗물 '아리수'를 안전하게 마실 수 있도록 150명의 사업소 직원들이 마치 물 위에서 우아함을 유지하기 위해 수면 아래 쉴 새 없이 발놀림을 하는 백조처럼 열심히 일하고 있다. 그들의 행위가 더 큰 울림으로 시민들에게 다가갈 수 있도록 열심히 그들을 응원하면서 그들이 뿜어내는 가치를 널리 알리고 싶은 마음 간절하였다.

지난날 나는 많은 사람들에게 고통과 불편을 주었다는 생각이 든다. 공정하게 근무실적을 평정한다는 명분하에 기존의 평정 결과를 뒤집어 버리기도 했었는데, 그런 평정 결과로 불이익을 받게 된 직원으로부터 심야에 "여기 건물 옥상인데, 뛰어내리고 싶다"라는 말도 들었었고, 공금(公金)을 공짜 돈(空金)으로 생각해서 "먼저 먹는 놈이 임자"라는 심보로 이리저리 '빽' 쓰는 관련 단체 이해당사자들을 연신 혼내주려다 자치구 등 외부 기관으로 파견 나가 풍운과도 같이 떠돌기도 하였고, 몇몇 시청 고위 간부에게 나의 '욱'

하는 성질을 이겨내지 못해 품격 없는 언행을 구사했던 일들이 안타까움으로 남아있다.

"공무원은 승진이 전부다"라는 말에서 느껴지듯이 공무원은 승진에 웃고 우는 족속인 것은 사실이다. 그래서 때론 승진을 위해 일하다 보면 '영혼이 없는' '까라면 까야만 하는' 수식어가 공무원이란 단어 앞에 붙는 게 당연한 듯 느껴진다. 그러나 승진에 앞서는 것이 공무원의 '가오'가 아닐까 싶다. 공정성, 형평성, 정치적 중립과 같은 "공적 가치"를 "승진"보다 우선시하는 것이 결국은 공무원의 가오를 지켜주는 것이 아닐까! 그 가오를 지키면서 일하라고 공무원의 "정년 보장"이 법령에 의해 보장되는 것이 아닐까 싶다.

지난날을 되돌아보면 안타까운 마음이 들 때가 참 많다. 공직을 수행하면서 공적 가치 수호와 사적이익 향유 간에 적정한 균형을 유지했어야 했다. 특히 '공적 자금을 마치 내 돈 쓰듯이 아껴 쓰는 것'을 당연시하다 보니 주변에 나를 싫어하는 단체나 사람들이 많아진 것 같다. '곳간에서 인심 난다'고 하지 않던가!

나는 위와 같은 생각을 가지고 그때그때 내가 하고 싶었던 일들을 많이 하였다. 물론, 내가 서기관으로 했던 많은 일들은 최고의 사결정권자의 관심권 밖의 일이었기에 가능했을지도 모를 일이다. 어찌 됐든 나의 지위는 비록 높게 올라가진 못했지만 내 스스로 나에 대한 평가는 꽤나 높게 하고 있다. 사실 서기관이라는 자리는 꽃에 비유한다면 꽃망울이 피기 시작하는 절정의 시기로, 공직사회에서 실질적인 정책 권력을 행사하는 자리라 할 수 있다.

여기에서는 곤궁했던 60~70년대 유년 시절을 농부의 아들로 성장하며, 전원생활에 기초한 가치체계에 근거하여 생성된 '공적 가치' 틀에 휩싸여 좌충우돌 보냈던 서기관 보직 20여 년간의 ㈜스토리와 함께, 앞으로 사회발전을 위해 꼭 실현되었으면 하는 평소 생각했던 생각과 바람들을 『미래담론』으로 남겨 두고 싶었다. 마지막으로, 공직 입문을 꿈꾸거나 공직 생활을 더욱 가치 있게 보내고 싶은 분들에게 감히 나의 경험을 반면교사로 삼았으면 하는 바람으로 몇 가지 팁『고급공무원 성공 10계』를 제시하였다.

앞으로 둘째 아들 시준이의 나에 대한 성토에 부끄럽지 않은 모습을 보여주기 위해 최선의 노력을 다하겠다는 다짐을 하면서….

그리고 부족한 나의 앞날을 축복해 주셨던 남원의 고향마을(금강) 동네 어르신들에게도 이 글을 바치고 싶다.

2025년 1월의 어느 날
이진아기념도서관 열람실에서

차 례

건설산업의 혁신

4년의 기록: 교통지도 이야기

청소행정분야 혁신

미래 담론

마무리하면서: 고급 공무원 성공 10계

'공무원'을 넘어
'행정가'를 꿈꾸다

나는 농부의 아들로 태어나 내가 처한 환경이나 제도 등에 힘입어 거대도시 서울시에서 서기관으로서 근무하고 있다. "농부의 아들"이라는 태생적 사실이 나의 공무원 생활의 큰 틀을 규정하는 데 결정적이었다고 생각한다.

　궁핍했던 농촌에서 어린 시절을 보내는 과정에서, 보고 배운 것이 어렵게 살아가는 농부들의 힘겨운 삶의 방식이요, 도시와 비교하여 폐쇄적인 농촌지역의 전원적 삶의 방식이다. 궁핍한 상황에서도 자식들 교육시키느라 논밭에서 밤낮으로 일하면서 휘어버린 허리와 등을 가진 부모님을 보면서 부지불식간에 형성된 가치관이나 생활신조가 나의 공무원 생활에 지대한 영향을 끼쳤다.

　나의 두 아들은 농부인 할아버지, 공무원인 나를 기반으로 해서 더욱 깊이 있고 융통성 있는 사고체계를 형성하여 더 넓은 세상에서 마음껏 자신의 잠재 역량을 발휘하면서 멋진 인생을 살았으면 한다.

농부의 아들! 교룡(蛟龍)을 꿈꾸다

나는 60년대에 태어나 80년대 초까지 남원의 한 농촌 마을에서 태어나 초등학교와 중학교에 다녔다. 당시만 해도 농촌 경제 사정이 매우 궁핍하여 농민들의 삶의 질이라는 것이 형편없었다. 그런 이유로 상당수의 농촌 태생 학생들은 학교 공부에 집중할 수 있는 상황이 아니었다.

여름철 농번기에 가끔 목도했던 웃지 못할 씁쓸한 에피소드를 예로 들면, 남루한 옷차림의 촌로 한 분이 학교 수업 중임에도 불구하고 교실로 불쑥 들어와서는 수업 중인 교사와 학생들을 아랑곳하지 않고서, 한 학생을 끌고 나가시면서 하시는 말씀이 "야, 이놈아! 농사일로 바빠죽겠는데, 공부는 무슨 공부야" 하는 것이었다.

이런 모습은 내가 중학교 1학년 때까지 농번기에 가끔 목도했던 장면 중의 하나였다. 국민학교(지금의 초등학교) 재학 시절에는 궁벽한 농촌의 가정 상황에서 학교에 매달 납부해야 할 50원이나 100원 정도 되는 "월사금(月謝金)"으로 줄 돈이 없어서 부자간에 눈살을 찌푸리게 하는 볼썽사나운 모습들이 연출되기도 하였다. 아침 등

곳길에, 어린아이가 부친에게 월사금 납부하게 돈 달라고 울면서 애원하면, 그 부친은 "돈이 어딨냐", "학교 다니지 말아라" 등등의 부모로서 해서는 안 될 말을 쏟아내기도 하였다.

물론, 나야 이런 경험을 겪지는 않았지만, 당시만 해도 모두가 어려운 상황이었기에 농촌의 아이들이 정상적으로 중·고등학교를 마친다는 것은 그리 쉬운 일만은 아니었다. 일부 여자아이들은 국민학교만 졸업하고 상급학교 진학을 포기한 채로, 부산이나 마산으로 아니면 안양이나 서울로 가서 힘겹게 공장을 다니면서, 돈을 벌어서 고향으로 송금하여 어린 동생들이 공부할 수 있게 지원을 하거나 부모들의 생활비를 보태기도 하였다.

국가경제개발계획의 기본 방향이 농촌의 희생을 통해 도시의 경제발전을 이뤄내고 그 이익을 골고루 누리자고 하는 것이었으나, 실제적으로는 도·농간 소득격차는 더 많이 벌어지게 되었다. 내가 어렸을 때 농촌의 경제 여건은 상당히 피폐한 상황이었다.

가뜩이나 어려운 상황에서 일부 어른들은 농한기에는 할 일이 없어서 노름이나 음주 활동으로 시간을 보내기도 하고, 비민주적인 가족문화 등으로 인해 가족 구성원 간의 불화와 다툼이 매우 잦았다. 그런 어려운 환경에서도 농번기에는 서로 품앗이로 부족한 일손을 보탰으며, 가정이나 마을의 대소사를 십시일반으로 서로 도와가며 해결하는 아름답고 훈훈한 정을 서로 느낄 수 있었다. 그래서 80년대와 90년대의 농촌을 배경으로 하여 많은 인기를 끌었던 "전원일기"와 같은 그런 휴머니즘적인 전원 풍경도 많이 느낄 수 있었다.

농촌 생활 여건이 녹록지 않은 상황에서 공부깨나 하는 나는 농촌을 떠나고픈 열망이 강했다. 중학교를 졸업할 때까지는 학교 수업이 끝나면 부모님이 일하고 있는 논밭으로 가서 농사일을 도와야 했다. 당시 대부분의 농촌 학생이 그러했다. 주말에는 하루 종일 부모님을 도와 논과 밭에서 시간을 보내야 했다. 특히 여름철 농번기에는 모내기하느라 부모님과 함께 새벽별 보고 집을 나가 저녁별 보면서 집에 들어오기도 하였다.

이런 환경에서 어린아이들은 두 가지 길 중 하나를 선택한다. 대부분은 그 지역의 중·고등학교를 다니면서 적당히 공부하고 졸업하여 돈 버는 길로 들어서든가, 아니면 일부 공부깨나 하는 아이들은 전주나 순천에 있는 고등학교로 "유학"하여 농촌을 떠나는 것이다.

나는 그래도 공부깨나 하는 편이어서 부친께 전주로 유학 가고 싶다는 말씀을 드려서, 허락을 받아 전주에 있는 고등학교에 다닐 수 있었다. 당시 부친의 현명하신 결정 덕분에 내가 서울시청에서 서기관으로 근무할 수 있는 인생의 기회를 가질 수 있었다.

고등학교를 전주로 유학하면서, 주말마다 시외버스를 타고 남원과 전주를 오가면서 여러 사회 문제들도 대면하게 되었다. 그 당시에는 지금처럼 택배 서비스가 활성화되어 있지 않은 때라 오갈 때마다 무거운 쌀 포대, 김치 통과 밑반찬을 어깨에 메고 두 손에 들고 다녀야만 했다. 그 과정에 육체적 단련은 많이 되었지만, 버스기사나 택시 기사 등으로부터 받아야만 했던 스트레스도 꽤나 많았다.

그때는 김치 통에서 왜 그렇게 김칫국물이 자주 샜었던지! 그럴 때마다 운전기사들로부터 내가 들어야 했던 핀잔은 왜 그렇게 듣기 싫었었던지!

그 당시는 군사정권 시절이어서 사회 모든 분야에서 비민주적이고 권위주의적인 행태가 만연해 있었다. 실생활 분야에서도 나름의 비공식적 권한을 행사하고 있는 세력들이 있었다. 앞에서 언급했던 버스 기사들도 나이 어린 승객들에게 보이지 않는 권한을 행사하고 있었다.

그 외 산감(山監)과 관련한 에피소드 역시 당시 막강했던 "산림감시원"의 권한이 얼마나 많은 농민들에게 영향력을 행사했는지를 알 수 있게 해주는데, 나에게 올바른 행정권한 행사에 대한 인식을 제대로 하게 하는 데 영향을 끼쳤다고 생각한다.

당시 정부에서는 산림보호를 위해 농민들이 산에서 땔감을 채취하는 것을 금지하였다. 그런 역할을 담당하는 공무원이 바로 "산감(산림감시원)"이었는데, 당시 어린아이였던 나는 '산감'이 의미하는 바를 정확히 알지 못했는데, TV 사극에 나오는 '상감'으로 오해한 것도 같다.

'산감'이 떴다는 말만 들어도 다들 무서워서 산속으로 깊이 숨어 들어갔던 기억이 있다. 산감에게 단속되면 그날 하루 열심히 채취했던 땔감을 뺏기게 되고 행정처분을 받아야 하기 때문에, 단속을 피하기 위해 깊은 산속에서 해 떨어지기를 기다렸다가 깜깜한 밤이 되어야 산에서 내려올 수 있었다.

하루는 모친을 도와 산에서 땔감을 채취하다 추워서 불을 피웠다가 모친으로부터 되게 혼난 적이 있었다. 산에서 연기가 나면 산감에게 들켜 곤혹스러운 일을 당할 수도 있어서 이를 두려워했던 것이다. 나는 당시 어린 나이에도 불구하고, 국가정책이 잘못되었

높이 오르지 않아도 꿈꿀 수 있는 이유

다는 것을 느꼈다. 산에서 땔감 채취를 금지하려면, 국가에서 먼저 농가에서 사용 가능한 연탄이나 석유 등 대체 연료를 지원해야 하지 않을까? 하는 것이었다.

내가 궁굼했던 농촌에서의 어린 시절 생활 경험을 구구절절하게 소개하는 것은 그런 경험들이 나의 뇌리에 은연중에 뿌리내려서 나의 행정 철학과 관념 형성 등에 어느 정도 영향을 끼쳤다고 판단하기 때문이다.

행정권한 행사는 절제되어야 하고 공정해야 하며, 힘없는 사람들에게는 배려심이 필요하다는 것이었다. 그 외에 행정기관에 대한 약간의 두려움을 느낄 수 있었으며, 막연하게나마 행정권력에 대한 동경심도 갖게 되었다.

공무원으로서의 나의 성향

나는 앞에서 언급했던 것처럼 농촌에서 태어났고, 농부들의 힘겨운 삶을 보고 자라서인지 몰라도 공직 수행 기간 중에 주위 사람들로부터 기본 성향이 고지식(옹고집)하다는 평가를 많이 들었고, 임기응변에 서툴며 성실하게 자기가 맡은 업무에 최선을 다하려고 하였다. 원래 농부의 삶이 "콩 심은 데 콩 나고, 팥 심은 데 팥 난다"가 신조 아니겠는가!

더 나아가서, 세상을 움직일 만한 힘을 가졌다고 생각하는 사람들이 자신의 권한을 행사하여 '공정성'을 저해하는 등의 공적 가치를 훼손시키는 행위에 대해 비정상적일 정도의 혐오감을 가지고 있다. 나의 한자 이름 '正宣'이 뜻하는 대로 "바르게 베푸는" 것에 대해 항상 번민하였다. 세상은 정의로워야 하고 공정해야 한다는 생각에 너무 집착하였다.

그래서 금수저나 흙수저나 가릴 것 없이 그들이 가지고 있는 능력에 따라 적정한 기회가 보장되는 공정한 사회를 꿈꾼다. 진정 '공정한 사회'가 되려면, 부자나 가난한 사람이나 상관없이 그들의 자식들이 자기가 보유하고 있는 잠재 능력을 발현할 수 있게끔 필요한 교육을 고르게 받을 수 있는 사회 시스템이 갖춰져야 한다.

그런 이상적인 사회는 현실에 존재하지 않는다. 그래서 부모의 재력에 따라 자식들의 학력 수준이 상당 부분 결정되고, 그에 상응하여 사회·경제적인 지위도 결정되며, 따라서 주도적인 자신의 노력만으로 '삶의 질' 수준을 결정하는 것은 한계가 있다. 어차피 세상은 불공정하다.

그래서 나는 공무원 재직 중에 담당했던 업무와 관련해서 많이 가진 자들이 더 많이 가지려고 백그라운드를 이용하는 것을 무척이나 혐오하고 적대시하였는데, 그로 인해 나의 처지가 상당히 외로운 상황에 놓인 적이 많았다.

어찌 보면 마음을 편하게 하고 고민하지 않아도 될 것에 대해서도 나의 행정 철학에 맞지 않으면 잠을 이루지 못하고 불편해했다. 많은 공직자들은 짧은 시간에 성과를 내어 현재보다 나은 자리로 옮기거나 더 높은 직위로 승진하는 것을 갈구하기 때문에, 행정 현안이 내포하고 있는 근원적인 문제점 등에 대해서는 폭탄 돌리기식으로나 아니면 소극적으로 대응하기 쉽다.

반면에, 나는 현안이 내포하고 있는 근원적인 문제를 발견하고 치유하는 것에 보다 많은 시간을 투입하는 등의 이유로, 공직에서 근무하는 동안 주위 분들과 많은 갈등 관계를 야기하기도 하였다. 내나름 조직 발전을 위한 "건설적 갈등"을 야기하는 전사라고 자위해 보지만, 외부 사람들이 볼 때는 나의 리더십을 폄훼하는 부정적 요소로 작용했던 것이 사실이다.

깊이 있는 통찰이 필요하고 면밀하게 실태를 분석해야 해서, 시키는 것만 수동적으로 해왔던 것에 익숙해져 있던 직원들의 입장에서는 에너지와 시간이 많이 투입되어야 하기 때문일 것이다.

나는 뭔가 해결해야 할 과제를 직면하게 되면 비록 그 사안이 상급자가 시킨 사안이라고 해도 "꼭 해야 하는지" "실행에 옮겼을 때 어떤 문제가 예상되는지"를 꼼꼼히 분석해서 예상되는 문제점을 최소로 하면서 실행 가능한 제3의 대안을 제시하고자 하였다.

다행스럽게도 내가 과장으로 재직 중에 추진한 대부분의 일들은 최고의사결정권자의 관심 사안과는 다소 거리가 있어서인지 몰라도, 나의 양심과 행정 철학에 비춰 크게 어긋난 것은 없었다고 자신한다. 이것은 나의 직위가 서기관으로 마무리될 수밖에 없었음을 반증한다고 할 수 있다.

그리고 공직 생활 중에 가장 경계했던 것이 좋지 않은 일로 구설수에 올라 고향 마을 어르신들에게 부끄러운 모습으로 인식되는 것이었다. 물론, 나의 사랑하는 두 아들에게 부끄러운 모습을 보여서는 안 되는 것은 두말할 나위가 없는 일일 것이다.

정치행정 일원론과 이원론 간 교차점을 찾아서

나는 행정영역이 정책 결정 및 가치 분배 기능을 수행하는 정치영역과 상호의존적이라는 '정치행정일원론' 입장을 지지하면서도, 행정영역 본연의 기능인 효율적 정책집행을 위해 정치영역으로부터 자유로워야 한다는 '정치행정이원론' 입장을 옹호한다.

청계천복원사업이나 서울버스운영 체계의 준공영제로의 전환 등의 서울시의 주요 정책이 현실화되는 과정을 목도하면서, 나는 "왜 행정공무원들은 그런 큰 그림(빅 픽처)을 제시하지 못할까" 하는 생각을 많이 했었다. 나는 자주 정치인이 결정한 것을 잘 집행하는 수준을 넘어서 사회변화를 가져올 수 있는 큰 그림(빅 픽처)을 그려내고 의제화하여 정책과제로 풀어내는 일들을 하고 싶었다.

사실 그러려면 엄청난 시간과 에너지를 투자하여 비전을 제시하여야 하는데, 그런 일에 익숙하지 않은 행정공무원들이 하기에는 불가능할 수도 있지만…. 당장 오늘과 내일 처리해야 할 일이 많은 상황에서 먼 미래를 보면서 사회적으로 필요한 큰 그림을 그린다는 것이 쉽지 않은 일일 것이다.

무엇보다 공무원들에게는 승진이 중요하기 때문에 스스로 먼 장래를 보면서 장기 정책을 마련하기보다는 당장 실적이 나오는 단기 현안 처리에 집중하기 때문이다.

부채 의식으로부터 해방을 꿈꾸며

나는 대학 재학 중에 공무원 시험을 준비하면서 군사정권에 항거하는 80년대의 민주화 투쟁에 발을 들여놓지 않았다. 당시 시위 도중에 데모하다가 경찰에게 걸리게 되면, 공무원 시험 면접에서 탈락된다는 소문 등을 접한 이후로는 막연한 두려움으로 인해 민주화 요구 시위가 한창이던 시기를 도서관이나 기숙사 공부방에서 보냈다.

그 당시에도 내심으로는 현실도피하고 있다는 상당한 수준의 불편한 마음이 있었으나, 시골에서 어렵게 서울로 올라와 공부하고 있는 처지에서 적극적인 민주화 투쟁에 참여하기란 쉽지 않았다. 부모님께서 선산과 논밭을 팔고 고된 노동을 하면서 학비를 보태고 있는 처지에서, 잘못되면 나의 미래가 불투명할 수 있게 될 수 있다는 생각에 차마 시위에 참가하는 용기를 내지 못했다.

한편으로는 민주화 투쟁에 나선 그들과 경쟁심리도 있었다. 나는 당시 시대조류를 바꾸는 일에 참여하지는 않지만, 그들이 바꿔놓은 세상을 더욱 아름답고 깨끗하고 공정하게 만드는 데 기여할 것이라는 생각을 하면서, 다시 말해 '자기합리화'를 하면서 시대변환의 격류에 몸을 던지지 못한 것에 대해 마음의 불편함을 어루만졌다.

그런 연유로 나는 행정가로서 정책입안과정에 부서장으로서 할 수 있는 범위에서 "공정성" "정의로움"의 개념을 포함시키려고 부단히 노력하였으며 대학재학 중에 마음에 담아뒀던 "부채(負債) 의식"을 조금이나마 떨쳐버리고픈 마음을 줄곧 견지하였다. 정치행정일원론 입장에서 행정가로서 우리 사회의 발전을 위해 기여하고 싶은 마음이 강했다. 단순히 승진하기 위해 일하는 것이 아닌 가치 있는 일을 남기고 공직을 떠나는 '행정가'가 되고 싶은 생각과 집념이 강했다.

깨끗한 물에서도 물고기가 살고 있다

"애야 깨끗한 물에는 물고기가 살 수 없단다" 이 말은 나의 선친이 내가 말귀를 알아들을 수 있는 때부터 나에게 가끔 해주신 말씀

이다. 아마도 내가 어렸을 때 "사교적"이지 못한 나의 성격을 두고
답답해서 하신 말씀이라고 판단된다. 당시 시골의 내 또래 친구들
은 나와는 달리 다소 '껄렁껄렁'하거나 '와일드'한 편이어서 순둥이
처럼 보이는 아들놈이 좀 더 또래들과 잘 어울렸으면 하는 바람이
었을 것이다.

그런데 철이 들어서 알아보니 1급수에서도 사는 물고기는 있었
다. 쉬리, 버들치가 대표적인 1급수 어종이란다.

나는 가끔 현재의 약간 궁색한 나의 처지를 생각하면서 선친께서
지어주신 나의 한자 이름 正宣에서 그 단초를 찾으려고도 하였다.
"바르게 베푼다"는 이름 풀이가 나의 인생을 규정지었다고 생각하기
도 한다. 때론 나의 이름이 나의 앞길을 가로막고 있었던 것은 아닌
지? 생각하면서 "正"을 보다 다른 한자로 바꾸려고 했던 적이 있었
다. 좋은 이름에는 "正"과 같은 강한 느낌을 풍기는 한자를 사용하지
않는다고 한다.

결국은 오랜 세월 나와 함께하면서 나를 규정 지은 正宣을 다른 한
자로 변환하는 것은 나의 정체성을 부정해버리는 꼴이 되기 때문에
개명하고자 했던 생각을 바꾸게 되었다. 그리고 나의 "똘끼"와 같은
무대포 정신은 힘 있는 자들이 백그라운드를 활용하여 공적 재원을
선점하려고 하는 경우에 "바르지 않다"는 판단으로 '계란으로 바위
치기'일지라도 대거리를 하기도 하여 외로운 길을 걷기 시작했다.

가끔은 "행정(行政)은 행정(行正)이다"라는 의미로도 해석하였다. 한
정된 공적 자원을 "공정하게" 배분하고 조정하는 역할이 이 시대 공
무원이 책무이어야 한다. 이러한 나의 생각을 적정하게 표현한 것이
행정을 "올바름을 행하는 것"으로 해석하는 것이다.

공무원의 역할에 대한 생각

상위계층과 하위계층 간 사다리 역할

나는 공무원이 되고자 희망하면서 다소 헛된 망상이라고도 할수 있겠지만 "부자와 빈자를 연결하는 사다리" 역할을 담당하여야한다는 생각을 가졌던 것 같다. 나는 농부의 아들로 태어나 궁핍했던 60년대와 70년대를 농촌에서 보내면서 고단한 농촌의 삶을 목도하면서 많은 것들을 생각했다.

마르크스는 공무원의 역할에 대해 자본가 계급의 이익을 대변하는 주구(走狗)로 간주하였지만, 나는 상류계층과 하위계층을 연결하는 통로 역할을 담당해야 한다고 생각했다. 부자와 가난한 자가서로 도움을 주고받아 함께하는 사회를 만드는 데 있어서 공무원이 역할을 할 수 있다.

부자에게서 돈을 뺏어서 가난한 사람을 도와주는 것이 아니라헌법상의 공정과세 원칙에 따라 적정한 세금을 부담하게 되면, 가난한 사람들은 그 돈을 인간다운 생활을 하는 데 소비함으로써 기업 성장이나 경제성장 등에 기여하게 되어 자연스럽게 양자가 모두 원-원 할 수 있다. 이를 통해 사회통합을 이룰 수 있다.

농부의 아들인 내가 서울시 서기관이 될 수 있었던 것은 "사다리 역할"을 할 수 있는 적격자를 선발할 수 있는 "행정고시" 제도가 아직은 그 사회적 타당성을 인정받고 있었기 때문일 것이다. 지금은 권력이 돈으로부터 나온다는 생각이 광범위하게 인정받는 시기여서, 이제는 농부의 아들이 과거의 나처럼 '개천에서 용 나기'는 불가능하게 되었다. 많이 아쉽다.

지금은 부가 부를 창출하고 더 나아가 사회·경제적 지위와 권력을 독과점하는 시대여서, 계층 간 이동 사다리가 더욱 필요하다 할 수 있다. 공무원이 부자와 가난한 계층을 연결하는 사다리 역할을 하는 것을 꿈꿔본다.

일반 서민들을 위한 각종 복지, 교통, 주거 분야 정책 등이 제대로 마련되기 위해서는 "개천에서 용 나기"가 가능하게 하는 제도가 유지되어야 하고, 그런 제도를 통해 선발된 공무원이 시의적절하게 주요정책 수립에 관여할 수 있어야 한다.

공무원은 '생각하는' "수단과 도구"여야 한다

공무원의 책무는 정치영역에서 결정된 정책을 효과적으로 집행하고 한정된 재원을 공정하게 배분하는 데 있다. 이런 책무를 제대로 하려면 공무원이 공정성, 형평성, 역사성 등 행정철학에 대해 인지하고 있어야 한다.

지방자치단체에서 일하는 공무원들은 단체장의 선거공약을 구체화하여 집행한다. 공무원은 단체장이 하고 싶어 하는 일을 효과적으로 집행하는 "수단과 도구" 역할을 한다. 그래서 공무원이 너무 많은 생각을 하면 안 된다고들 한다. 그러고 보니 내가 공직 생활을 하면서 행정철학에 대해 교육을 받았던 기억이 거의 없는 것 같다.

올바른 생각을 할 줄 아는 공무원이라면, 정권이 바뀌었을 때를 생각하면서 자기가 만든 정책이 과연 살아남을 수 있을까를 생각해야 한다. 정권교체 등 상황 변경에도 당해 정책이 좋은 정책으로서 범용성을 구비하여 살아남을 수 있도록 깊고 넓게 생각해서 카멜레온처럼 스스로 변화할 수 있는 장치들을 숨겨둬야 한다.

不作爲의 중요성: 일을 안 하는 것도 용기와 에너지가 필요

훌륭한 공무원이라면 '일을 잘하는 것'도 좋지만 경우에 따라서는 '일을 하지 않는 것'도 중요하다는 것을 알고 이 두 가지를 잘 조화시켜야 한다. 일을 할 때에는 반드시 정책의 "지속성"을 먼저 생각하면서, 정권이 바뀐다면 살아남지 못할 것으로 예견되는 사업의 경우에는 가급적 일하지 않으려고 용기를 내야 하고, 조직인으로서 어쩔 수 없이 할 수밖에 없는 경우에는 많은 고민과 숙고의 과정을 거쳐 그 피해를 최소화하는 대안을 찾아내서 정책화 할 수 있어야 한다.

일을 하지 않으려고 하면, 하려고 할 때보다 더 많은 용기와 에너지가 필요하다. 정확한 현실분석과 관계 전문가 등과의 숙의과정을 거쳐, 하지 않아야 하는 명분과 그럴 경우의 실익을 비교분석하여야 하고, 논리적인 보고자료를 작성하여야 하기 때문이다. 이 과정에 많은 시간과 에너지가 수반된다.

이 경우에 조직 내외부에서 당해 공무원에 대한 부정적 평가를 받을 수 있으나 훗날의 평가는 다를 수 있으니, 당대에 긍정적인 평가를 받지 않았다고 해서 실망할 필요가 없다.

선거를 통해 당선된 지자체장 등 정무직공무원은 51:49라는 득표율 전략을 활용하여 아주 근소한 차이로 당선될 가능성이 높기 때문에 만인을 대표한다고 단언할 수 없다. 그래서 지자체 공무원들은 투표자 49%의 생각도 중요하게 고려해서 범용성이 가미된 정책이 되도록 심도 있는 고민과 용기를 필요로 한다.

내가 생각하는 공무원의 자세

행정의 아르떼(Arte) 추구

열정과 집념! 모든 행정업무는 최고의사결정권자가 관심을 가지고 있든 없든 모두 시민 생활과 밀접한 관계에 있다. 승진 또는 좋은 보직으로 이동하는 데 기여하지 않는 업무를 추진할 경우에도, 시민의 입장에서 생각하고 자신이 가지고 있는 역량과 에너지를 모두 쏟아부어야 한다. 승진을 최우선 가치로 두고 일하는 '공무원'을 뛰어넘어 시민을 생각하면서 자신이 배우고 정립한 행정철학을 현장에 접목하려는 '행정가'가 되려는 노력, 행정의 "정수(Arte)"를 추구하여야 한다.

도시계획, 교통대책, 복지정책 등 시민 생활과 밀접한 정책 수립 시 공정과 정의, 정치적 중립, 정책의 지속성 등과 같은 행정 철학이 반영되어 후대에 정말 좋은 정책이라는 평을 받도록 최선의 노력을 다하여야 한다. 그런 일 하라고 공무원은 특별한 사정이 없는 한, 헌법과 법령에 의해 정년까지 신분이 보장되어 있다.

짧은 보직(재직) 기간에 눈에 보이는 실적을 보여주는 것도 중요하지만 눈에 보이지 않은 현안의 '근원적인 문제'를 폭탄 돌리기나 형식적 수준의 처리로 회피하지 말고 심의(心醫)의 눈으로 시간을 들여 치유하는 노력을 해야 한다.

후임자의 평가에 대한 두려움 견지

공무원은 발령장 하나로 어디든지 가야 한다. 발령장을 받아 들고서 두려워야 할 것은 승진하기 좋은 보직으로 가지 못한 것이 아니라, 자신이 맡고 있었던 자리의 후임자 평가로부터 비난을 받지 않아야 한다는 것에 두어야 한다.

후임자가 전임자가 해놓은 일들을 보면서 "전임자가 참 열심히 하였다" "시민을 위해 필요한 일을 창의적으로 잘했다"와 같은 긍정적인 평가를 들어야 한다. 그래서 공직자는 새로운 직위로 이동하여 일을 시작할 때부터 다른 자리로 발령받아 이동할 때를 생각하면서 후임자로부터 긍정적인 평가를 받기 위해 어떻게 일을 해야 할 것인지를 깊이 생각해야 한다.

그러면 혹시 바라는 좋은 자리로 옮기지 못하거나 승진하지 못해도 자신의 자존감과 자긍심을 높일 수 있다. 인생이 어디 계획했던 대로 다 이루어지겠는가! 그래서 승진을 목표로 일하는 것보다는 열심히 하다 보니 승진도 하고 명예도 획득할 수 있어야 한다. 승진을 하기 위해 일하는 경우에, 만약에 계획대로 승진이 안 되는 경우에 공무원의 '가오'가 손상될 수 있다.

창의적 업무추진으로 자신의 가치 제고

공무원은 '월급' 값을 해야 한다. 더 나아가 '자릿값'도 해야 한다. 월급 값을 하는 것은 당연하다. 때론 자신이 맡은 직위에서 제대로 일을 잘하고 있는지? 나보다 더 능력 있고 창의적인 사람이 내가 그 자리를 먼저 선점하고 있기 때문에 공직에 들어오지 못하는 것은 아닌가? 하는 생각을 할 수 있어야 진정한 '행정가'의 반열에 들어갈 수 있지 않을까 싶다.

많은 사람들이 공직은 관행과 선례를 중요시하여 선례답습적으로 일을 하려고 한다. 그런 환경에서는 공정성보다는 형평성을 더욱 중요한 가치라고 생각한다. 형평성을 강조하면 소극적으로 일을 해도 괜찮을 것 같은 생각이 들게 된다. 그리고 많은 고민을 하지 않아도 되기 때문에 스트레스가 덜 할 수 있다.

그러나 급변하는 세상에서 이해당사자의 갈등을 조정하고 반 발짝 앞서 행정수요 변화 흐름을 간파하여 시의적절한 정책을 마련·시행할 수 있으려면 부단히 자기 자신을 혁신하려는 자세를 가지고 있어야 한다. 이 경우에는 공정성이 보다 중요하게 다루어진다.

이해갈등 당사자를 중재하는 데 있어서 중요한 것이 '공정성'에 대한 정확한 판단과 이에 따른 대안 제시일 것이다. 무엇이 더 공정한지?를 판단하기 위해서는 여러 분야의 관련 정보를 수집·분석할 수 있도록 훈련되어 있어야 한다. 분석적이고 창의적이어야 해서 스트레스가 클 수 있는데, 이 경우에 월급값 뿐만 아니라 자릿값 이상의 가치를 충분히 다한다고 할 수 있겠다.

탄소중립의 선봉에서:
공직의 정점

2021년 7월부터 2023년 12월까지

기후환경정책과장, 기후변화대응과장

공직의 꽃, 서울시 서기관 20여 년의 정점

서울시에 입문한 지 30여 년 만에『2050서울탄소중립』총괄실무 책임자인 기후환경정책과장으로 공직 생활의 정점을 찍고 남부수 도사업소장으로 일하게 되었다. 제36회 행정고등고시에 선발되어 서울시에 들어온 것이 1994년 4월이었는데 그 오랜 근무 기간 동 안 20여 년을 공직의 꽃이라 할 수 있는 "서기관(과장)"으로 일하고 인생의 재도약을 위한 권토중래를 꿈꾸고 있다.

그래도 한 계단 더 오르고 내려와야 하는 거 아닌가 하는 나의 욕 심(老慾)을 털어버리고 주변의 기대도 뒤로하고 이제는 더 큰 의미 의 사회적 기여를 꿈꿀 수 있기를 갈망해 본다.

사실 내 주위에 나를 인정해 주고 배려해 주신 시청 간부들 덕분 으로 한 계단 더 올라갈 수 있는 1년 6개월간의 소중한 기회가 주 어졌으나 결국 헛된 욕심으로 끝나버렸다. 서울시의『2050탄소중 립』이라는 막중한 어젠다를 책임지고 제대로 된 성과를 보여주고 싶었으나 그러하지 못하고 중간에 강판당하게 되어 무척이나 아쉬 운 마음을 금할 수가 없다.

높이 오르지 않아도 꿈꿀 수 있는 이유

너무 늦은 감이 있었다. 57세에 주무과장으로 능력을 발휘할 기회가 주어졌으나 그 기회를 온전히 내 것으로 활용하지 못하고 말았다. 결정적 순간을 위해 에너지를 비축해 둬야 했는데… 승진과 무관한 일을 오랜 기간 하면서도 혼신의 힘을 다해 일한 결과 정작 결정적 순간에는 사용할 에너지가 부족했던 것 같다.

시민의 삶과 직결되는 공직의 특성상, 중요한 일과 중요하지 않은 일로 나뉠 수가 없다. 모두 중요하다는 얘기다. 따라서 공직자에게 맡겨진 일에 대해서는 혼신의 힘을 다해야 하는 것이 공직윤리인 것이다. 예를 들면, 규제행정이어서 계륵(鷄肋)과도 같은 취급을 받는 교통지도업무를 4년간 총괄하면서 밤낮으로 현장을 누비면서 단속 공무원들의 행태를 고찰하고 연구하여 합리적 단속모델을 만들었는데, 이때도 혼신의 힘을 다했다. 그 결과로 『교통지도 이야기』라는 책도 집필할 수 있었다.

이제는 올해 중학교에 입학한 둘째 아들 시준이의 "아빠! 승진 안 하고 뭐 하냐"는 잔소리를 더 이상 듣지 않아도 될 터이지만 지난 30여 년의 공직 생활과 20여 년간의 공직의 꽃이라 할 수 있는 "서기관(과장)" 직위를 뒤로하고 군자불기(君子不器)의 일수거사(一水去士)로 유유자적하면서 사회발전에 기여하는 큰 꿈과 기개를 가져야 한다.

마지막까지 최선을 다해야 한다. 내가 두 아들에게 바라는 것은 '모든 일에 최선을 다하는 사람'으로 성장하는 것이었다. 내가 비록 공직 생활을 마무리하는 단계로 들어섰지만 『노기복력(老驥伏櫪) 지

재천리(志在千里) 열사모년(烈士暮年) 장심불이(壯心不已)』**1)** 이 시구를 가슴 깊이 새기면서 후회 없는 삶을 살고 싶은 마음 뿐이다.

오래 살다 보니 깨달은 게 하나 있는데, "원인(이유) 없는 결과는 없다"는 것이다. 내가 최근 근무했던 사무실에는 노욕(老慾)을 버리고 우리 사회의 미래를 더욱 밝게 만드는 것을 고민하는 일수거사(一水去士)와 관련된 두 폭의 대형 사진과 그림이 있었다. 봄철 야생화로 물들어 있고 구름이 맑게 천지의 물에 걸쳐있는 『백두산 천지』와 맑은 물과 푸르른 녹음으로 어우러진 『한라산 백록담』이 걸려 있다. 둘 다 물이 있지 않은가! 백두산 천지 사진은 투자유치과장 시절에 "통일대박"이라는 전직 대통령의 말을 생각해서 외국인 투자자가 시청을 방문했을 때 그 앞에서 기념 촬영하려고 마련했던 것이었는데, 내가 서울시 수도사업소장으로 오기 위해 십여 년 전부터 예견되었던 것이 아니었을까 하는 생각을 해본다.

2024년도 한 해 동안 150여명의 남부수도사업소 직원들과 사심 없이 의미 있는 일들을 함께 하고 싶었다.

직원들이 혼신의 힘을 들여 하고 있는 일들로 칭찬받고 인정받을 수 있도록 내가 할 수 있는 노력을 다하고자 하였다.

나의 그간 공직 생활이 주어진 법령을 공정하고 효과적으로 집행하는 업무의 연속이었다면 이제부터는 마음을 비우고 나를 더

---

1) 삼국지연의(三國志演義) 조조가 한나라 말엽(서기 207년) 53세에 오환(烏桓)을 정벌하고 20여만 명의 포로를 잡는 큰 전과를 올리고 개선하는 길에 자신의 웅심과 포부를 담은 귀수수(龜雖壽)라는 한시를 지었는데 거기에 담긴 내용이다. 뜻은 "나이 든 명마는 마구간에 엎드려 있어도 천리 앞을 바라보고, 기개가 있는 자는 나이를 먹어도 기개를 잃지 않는다"이다.

높이 오르지 않아도 꿈꿀 수 있는 이유

단련하여『사회적 자본 축적』과 같은 우리 사회를 보다 바람직한 방향으로 변화시키는 일에 나의 공직 경험을 투영하고 싶다.

나의 교룡운우몽(蛟龍雲雨夢)은 여전히 진행 중이다.

『전기차 보급·생활권 5분 충전망 구축』: '21년 서울시 우수정책 1위에 선정

　한마디로 "피 말리는 순간의 연속"이었다. '21년도 서울시에서 역점적으로 추진하였던 주요 사업 중에 내가 기후변화대응과장 재직 당시 역점적으로 추진하였던 『전기차 보급·생활권 5분 충전망 구축』 사업[2]이 2021년 연말에 실시한 「서울시 우수정책 탑 10」 선정 결과, 최고의 사업으로 1위에 선정되었다. 시민투표에 의해 선정되었기에 너무나 영광스러운 결과였고 기후변화대응과 직원들은 그들의 영웅적 히스토리를 역사에 남길 수 있었다.

　20여 개의 내로라하는 주요 사업들이 시민들의 간택을 받기 위해 각축을 벌였고 살 떨리는 투표 독려 활동이 펼쳐졌었는데, 일진일퇴의 전장(戰場)과 같은 상황이 며칠간 진행되었다. 투표 시스템

---

[2]　이 계획은 『서울시 2050 탄소중립 실현』을 위한 핵심과제 중의 하나로, 서울 온실가스 배출량의 18%를 차지하는 수송부문의 온실가스 배출량을 감축하기 위해, 단기적으로 2026년까지 전기차(승용, 버스, 화물, 이륜차 등) 40만 대를 우선 보급하고, 어디서든 충전 편의성이 확보되도록 다양한 충전기 27만기[(초)급속, 완속 등)]를 서울 곳곳에 보급하여 「생활권 5분 충전망」을 구축하는 것을 주요 내용으로 함.

이 시민들에게 오픈되고 얼마 지나지 않아『전기차 보급·생활권 5분 충전망 구축』사업이 탑 5에 포함되었다. 전기차 보급이 확대되고 있는 시점에서 시민들께서 호응을 많이 해주신 결과인데, 잘하면 1등을 차지할 것으로 기대가 되었다. 그런 긍정적 느낌 아래 기후변화대응과 모든 직원이 하나가 되어 사회관계망서비스(SNS) 등으로 가족, 친구, 업무관계자 등을 대상으로 투표 안내와 참여를 요청하였고, 더 나아가 10여 년 전에 다투고 헤어졌던 애인에게까지도 연락해 가면서 아쉬운 한표 한표를 끌어올리기 시작하였다.

투표 독려하는 과정에 늦게 알게 된 사실이 있었는데… 서울시 공무원들의 최고의사결정권자에 대한 진심(충성심?)이 참으로 남다르다는 생각이 들었다. 서울시가 매년 연말에 그해 시민들로부터 사랑받은 우수정책을 선정해 왔던 이벤트인『시민이 뽑은 서울시 10대 뉴스』타이틀을 2021년도에는『비전2030, 시민이 기대하는 서울시 10대 정책』으로 바꿔서 시행하게 된 것이다. 타이틀 꾸밈말로 "서울 시민이 앞으로 바라는 좋은 정책"을 덧붙이면서….

2021년 당시 5월 서울시장 보궐선거에서 새로운 시장이 당선되어 전임 시장 잔여임기(1년여)만을 일하게 되었기에, 이미 전임 시장 때 기획되어 시행 중인 사업이 상당하였고, 반면에 새로 당선된 시장이 들어와서 기획한 사업들은 예를 들면, "서울런"과 같은 사업들은 초창기여서 크게 시민들에게 어필할 수 있었던 단계가 아니었기에 시민투표에 의한『서울시 우수정책 탑 10』에 선정될 가능성이 그리 높지 않았기 때문일 것이다.

그럼에도 나는 공고문을 상세하게 읽지 않은 관계로 당연히 지금까지 해왔던 것처럼 "그해 시민의 사랑을 받은 우수정책사업"을 뽑는 것으로 생각하고 부서 전 직원들을 대상으로 독려했던 것이다.

어찌 됐든 시장공약사업이긴 하였지만 『전기차 보급·생활권 5분 충전망 구축』 사업이 1등을 차지하게 되었는데, "서울런" "안심소득" 등과 같이 시장께서 관심을 가졌던 핵심 사업들은 시행 초기여서 그랬겠지만 많은 시민의 선택을 받지 못했던 것 같다. 전기차 충전인프라 확충사업이 1등을 한 것에 대해 다소의 실망감이 있지 않았을까 하는 생각을 하기도 했었다.

다시 전쟁터와도 같았던 당시의 투표 독려 과정을 소개할 텐데 그 아슬아슬한 기억이 지금도 선하다. 초반에 전기차 보급과 함께 선두를 달렸던 사업은 "서부간선도로 지하화 사업"을 주제로 한 『지하로 빠르게, 지상은 쾌적하게 지하도로 시대 개막』이 대표적이었는데, 두 사업이 1, 2위를 번갈아 가면서 앞서거니 뒤서거니 하였다. 당연히 서부간선도로 지하화 사업은 막대한 재정과 민간 자본이 투자되는 건설사업이어서 건설관련업체 및 협회에서도 적극적으로 호응할 것으로 생각되어 1등을 하기에 충분한 역량을 갖추었다 판단하였다.

여하튼 긴장감 속에서 투표를 독려하는 과정에 스릴을 느끼고 있었는데, 5위권 밖에서 두각을 나타내지 못하던 "디지털·비대면으로 맞춤형 자기주도 건강관리를 하는" 『서울형 스마트 헬스케어, 온 서울 건강 온』 사업이 갑자기 1위를 향해 무섭게 치고 나오는 게 아닌가! 매우 의외였다.

원인분석을 해 보니 해당 사업을 기획한 부서에서 『우수정책 탑 10』 시민투표와 연계하고자 당해 사업 참여자 모집 기간을 투표 기간과 겹치게 하였던 것이다. 그래서 당해 사업에 참여한 시민들이 자연스럽게 투표에도 참여하게 함으로써, 무서운 속도로 치고 나와 2위 사업으로 우뚝 서 버린 셈이었다. 2위를 넘어 1위인 『전기차 보급』을 몇백 표 차로 바짝 추격하게 된 상황이 되어버렸다.

잘못하면 1위를 뺏겨버릴 수도 있다는 불길한 예상이 느껴지면서 직원들에게 가열찬 구호와 함께 독려를 요청했다. 1등 하면 "소고기", 2등 하면 "삼겹살" 다소 직설적이지만 다급했던 당시 심정을 대변하는 구호다. 기후변화대응과 전 직원들의 총력전이 시작되었다.

나도 10여 년 전 체육진흥과장 재직 시절에 업무적으로 갈등을 겪으면서 헤어졌던 체육단체 관계자들에게까지 전화와 카톡을 통해 투표 안내와 참여를 요청했다. 적극적으로 도와주신 서울시체육회와 생활체육회 관계자들에게 이 자리를 빌려 감사드린다.

직원분들도 마찬가지였다. 나와 같은 노력들을 모두 열심히 해줬다. 나는 거기에다가 한 단계 넘어서는 안 될 선을 넘게 되었는데 여기에 언급하는 것이 타당할지 모르겠다. 다름이 아니라 정치권에서 활동하고 계시는 분께 부탁드려 그분께서 관리하고 있는 조직원들이 투표에 참여하도록 요청했던 것이다. 결론적으로 다양한 노력과 체계적인 작전 수행의 결과, 『전기차 보급, 생활권 5분 충전망 구축』 사업이 당당히 1등을 차지하게 되었다.

1등으로 선정[3]되었기에 시장님의 칭찬을 받을 것이라는 기대를 하였으나 그것은 우물가에서 숭늉을 찾는 격이 아니었나 싶었다.

---

3) 1위 「전기차 보급·생활권 5분 충전망 구축」은 6,298표(6.05%), 2위 「스마트 헬스케어, 온 서울 건강 온」은 6,128표(5.88%), 3위 「지하도로시대 개막」은 5,996표(5.76%)임. 1위와 2위 사업간 표차는 170표(0.17%)로 매우 근소한 차이였음.

"서울런" "안심소득"과 같은 시장의 역점 사업이 1등을 했었어야 했는데, 상대적으로 시장의 관심이 낮은 사업이 1등을 차지하였으니….

함께 기후변화대응과에서 전기차 보급과 전기차 충전인프라 확충을 위해 혼신의 노력을 다했던 직원분들께 머리 숙여 심심한 감사의 마음을 전하고 싶다. 서울시에서 멋진 성공을 기원한다.

업무혁신&함께한 성공:
『생활권 5분 충전망 구축』추진 방식 혁신이
가져온 긍정적 성과

기후변화대응과장으로 재직 중이던 2021년 하반기에 무려 5가지 상을 받는 영예를 누렸다. 그것도 6개월간의 짧은 기간에⋯. 상을 받는 것도 "총량불변"의 법칙이 적용되는 것 같다. 과장 재직 20여 년 동안 한 번도 받아보지 못한 "우수부서상"도 그 기간에 받았다.

『우수부서상』, 『우수정책 탑10 1위(비전2030, 시민이 기대하는 10대 정책)』, 『민원서비스 우수기관』, 『공공부문 온실가스 감축 우수기관(서울시)』 등등. 그때까지만 해도 드디어 20년 만년 과장의 설움을 벗어날 수도 있지 않을까 하는 기대감도 가져보았다.

이와는 별도로 두 분의 주무관이 의미 있는 상을 받았는데『2021년 하반기 적극행정 최우수 사업』으로 선정된 것이었다. 「전기차 생활권 5분 충전망 구축」을 위해 그간 추진해 온 방식을 혁신하게 되어 그 공로를 인정받은 것인데, "전기차 충전기 설치방식을 시민 신청으로 전환" 하는 것이었다. 과거에는 충전기를 설치하는 충전기 사업자들이 설치하기 쉬운 장소를 찾아서 설치하던 방식을 시민이 '원하는 장소'에 '원하는 충전기'를 설치하게끔 "시민신청" 방식으로 전환했던 것이다.

사업자들은 충전기 유형에 따라 설치비용의 50%에서 100%까지 보조금을 지원받게 되는데, 그러다 보니 이용자의 충전 편의보다는 설치하기 쉬운 장소에 충전기를 많이 설치하여야 더 많은 보조금을 받을 수 있게 되는 다소 불합리한 사업추진 구조를 혁신하게 된 것이다.

시민신청을 받아 충전기를 설치하는 것으로 전환하자 충전기 보급업무를 담당하는 팀장, 주무관들은 그 이전보다 훨씬 바빠졌다. 시민신청을 받아서 현장조사하고 그 장소에 맞는 적합한 충전기를 설치하는 것인데, 그 이전에는 시에서 충전기 보조사업자만 선정하면 그들이 아파트 단지나 상가건물 등을 돌아다니면서 판촉활동을 하고 설치를 하였기에 담당 직원들은 사후 정산만 하면 되는 편한 방식으로 일하고 있었다. 그로 인해 나타난 단점으로는 이용자의 편의보다는 사업자의 설치 편의가 우선시된다는 데 있었다.

충전기 사업자들이 상가건물 지하 1층은 주차하기 좋은 장소여서 건물주들이 충전기 설치를 불허하는 관계로 주차 공간의 여유가 많은 지하 4층, 5층 등에 급속충전기를 설치하는 사례가 종종 발견되었다. 사실 상가건물 입주자가 아닌 일반 시민이 외부에서 충전을 위해 그런 지하 깊은 곳까지 전기차를 운전해서 충전하는 것은 쉽지 않은 일이다. 또한 전기설비를 끌어오는데 많은 비용과 고난도 설치작업이 필요한 곳에는 시민이 원하는 충전기 설치가 어렵게 되는 것이다.

그래서 급속충전기는 원칙적으로 지상에 설치하고, 설치 여건이 어려운 현실을 고려하여 불가피한 경우에는 지하 2층까지만 설치를 허용하는 것으로 제한하였다.

「전기차 5분 충전망 구축」을 위해 2026년까지 27만기의 다양한 충전기를 시민이 원하는 곳곳에 설치하여야 하는데, 당장 2022년 한 해 만해도 3만 여기의 다양한 충전기를 설치해야 했다. 목표 달성이 쉽지 않았다. 그래서 본부장 주재로 매주 1회씩 공정회의를 하면서 직원들은 온갖 아이디어를 내어놓아야 했고 현장에서 답을 찾기 위해 부단히 노력하게 되었다.

이로 인해 두 분(사무관 1, 주무관 1)의 직원이 부서를 대표하여 적극행정상을 받게 되었으며 상당한 수준의 인센티브를 부여받게 되었다. 담당 부서장으로서 직원들이 고생한 만큼 그 공로를 인정받게 된 것만큼 의미 있는 일이 어디에 있을까 싶다. 그 외 전기차 5분 충전망 구축사업과 관련해서 과장 재직 15년 만에 처음이자 마지막으로 서울시 우수부서로 선정되기도 하였는데, 오랜 세월 동안 무관(無冠)의 한과 설움을 깨끗이 날려버릴 수가 있었다.

이러한 영광의 이면에는 당시 생활권 5분 충전망 구축을 위해 매년 설치해야 할 전기차 충전기 목표 수량을 채우기 위해 서울 곳곳을 동분서주한 담당 공무원들의 노력이 있었다. 그들은 마치 '외판원(外販員)'처럼 충전기 설치가 필요한 아파트, 대형오피스상가 등을 방문하여 입주자대표회의나 상가관리위원회 대표 등을 만나 장소별 맞춤형 충전기를 소개하고 설치를 권고하는 등의 1:1 세일즈 활동을 하였다.

지금도 회자되는 영웅담이 있는데, 조 모 주무관은 거주지 주변의 모 아파트입주자대표회의에서 단체로 관광버스를 타고 여행을 간다는 소식을 접하자 당일 새벽에 관광버스에 올라 아파트 단지에 제격인 "콘센트형 충전기"를 소개하였다고 한다. 당시 모두가 이런 세일즈 정신으로 임한 결과로 영광의 순간을 맞이하게 되었다고 확신한다.

나는 이러한 상복을 등에 업고 내친김에 더 큰 상을 받고 싶은 욕망을 가졌었다. 다름 아닌 「대한민국 공무원 대상」이었는데 내가 보기엔 공무원이 받을 수 있는 상중에서 가장 의미 있고 영예로운 상이 아닐까 싶었다. 결론부터 말하면, 두 해에 걸쳐 동일한 내용으로 신청하였는데 예선에서 탈락해 본선에 진출도 못 하였다.

언감생심! 너무나 쟁쟁한 공무원이 많은 서울시에서 내가 너무 큰 꿈을 꾸었던 것은 아닌지? 모르겠다. 나는 세 개의 사업을 핵심 사업으로 제시했었다. 첫째는 건설혁신과장으로서 좌초될 위기에 처했던 『건설일용직근로자에 대한 사회보험료 일부 지원』을 법제화하여 실행할 수 있도록 한 것, 둘째는 교통지도과장 4년간 재직 중에 의미 있는 절반의 성공을 거둔 바 있는 『불법주차 1분 단속제』 도입을, 셋째는 2050탄소중립 비전실현을 위한 『전기차 10% 시대 선도 위한 5분 충전망 구축』 사업 추진이다.

두 번에 걸쳐 시도했었는데 참담한 결과가 나를 슬프게 하였다. 예선을 통과하지도 못하고 끝나버린 것이다. 아무런 상을 받지는 못했지만 그래도 내 스스로 욕심을 낼 만큼 꽤나 자랑하고픈 사업 실적이 있었다는 것이 흐뭇할 뿐이다.

높이 오르지 않아도 꿈꿀 수 있는 이유

시민신청에 의한 충전기 설치 관련 미담 사례

- 시민이 직접 충전장소를 신청토록 하여 충전기사업자들이 추가비용투자 등을 이유로 기피했던 고지대 주거지역, 단독주택 밀집지역, 노후아파트 등에서 많은 신청이 이루어짐.

- 일부 교회에서는 충전기를 설치하면서 24시간 주차장 개방을 하고, 아파트단지에서는 화단 등에 급속전기차 충전기를 설치하면서 외부 주민 누구라도 이용할 수 있는 "지역사회 충전센터"의 역할을 수행하기도 하였음.

- 고지대 위치한 단독주택지역은 전기선 인입공사, 부지확보 등 충전기 설치 위한 기반 조성에 많은 비용이 소요되는 관계로 충전기 설치에 애로가 있었으나. 시민신청 후 완속충전기를 설치하여 지역주민들이 공유함으로써 전기차 소유자들이 충전소에 차를 주차한 후 고지대로 걸어오는 충전불편 문제 해소에 기여.

서울의 탄소중립 총괄: 절반의 성공

나는 서울시 2050탄소중립 목표달성을 위한 실무 총괄책임자로서 기후환경본부가 탄소중립의 컨트롤타워 역할을 수행하여야 한다는 나름의 큰 목표를 설정하였다. 기후본부가 탄소중립에 있어서는 기조실과 같은 역할과 권한이 있어야 한다는 생각을 가지고 일했다.

그래서 신년업무보고에는 각 실·본부·국장이 업무관련 탄소중립 사업을 현안 한꼭지로 작성하여 시장에게 보고드리도록 하고 기후예산제 등을 통해 기후본부가 녹색예산편성 권한을 갖어야한다는 염원을 가졌으나 안타깝게도 여러 여건상 큰 뜻을 이루지지는 못했다.

그래도 기후환경본부 주무과장으로서 떠나면서 아쉬움도 있지만 서울시에 기여한 부분도 있음을 말하고 싶다. 공직자로서 가장 의미 있는 일이 승진이라 하지만 그보다 의미 있는 것은 사회적 가치 증대에 기여한 것이 아닐까 싶다. 1년 6개월여간의 기후환경정책과장으로 가장 의미 있게 기억하는 정책사업으로 『종이 없는 저탄소 사무환경 조성』과『환경분야 공모사업 복원』,『기후테크 육성』등 서너 가지가 있다.

종이 없는 사무실 전환: 저탄소 사무환경 조성

종이 1장 인쇄 시 24.48g CO$_2$(온실가스) 배출, 물 10ℓ 소비 * 흰색 표백제는 수질오염의 주범[4]

서울시와 같은 관공서에서『종이 없는 사무실』은 디지털 고도화 사회로 진입하고 있는 현 시점에서 이론의 여지가 없는 당연한 것 아니냐!라고 반문할 수 있지만, 사실은 그렇지 않았다. 공무원은 문서가 곧 얼굴이라는 말이 있듯이 "보고서에 죽고 사는" 일이 비일비재하다. 그래서 한 페이지 분량의 보고서 작성에 수 차례 수정·보완을 거치면서 수십 페이지의 종이를 폐기하고 있다.

서울시에서는 이미 과거 90년대와 2000년대 초반에 인터넷 고도화, 오피스자동화 발전 등에 힘입어 이미「종이 없는 사무실」을 조성하고자 하였었다. 사무실에서 종이 서류를 보관하는 캐비넷을 없애기도 하였지만 결국은 "종이가 있는" 사무실로 돌아와 버렸다. 그 당시 실패할 수밖에 없었던 사례를 들어보면 대표적인 것이 시장주재 간부회의 모습이다. 종이 없는 회의를 한다면서 회의에 참여하는 실·국장들이 노트북에 회의자료를 담아 휴대하여야

---

4) 출처: 환경부 온실가스 배출원별 배출계수 및 한국인쇄학회 학술지(2012)

하는데, 실·국 회의 담당 주무관들이 회의 당일 미리 회의장에 노트북을 가져다 설치하고 제대로 작동되는지를 확인하는 진풍경이 펼쳐지곤 했다.

종이 없는 사무실은 공무원조직에서는 되게 성공하기 어려운 사업이다. 고위직들이 디지털 장비에 익숙하지 않고, 보고서 등 서류의 완결성을 높이는 과정에 셀 수도 없는 문서 수정이 필요하기 때문이다. 업무혁신이 성공하기 위해서는 이해당사자들의 의지가 중요하지만 무엇보다도 그로 인한 피로도가 없어야 한다.

다시 2023년도에 "종이 없는 사무실"을 정책 사업화하였다. 서울시 본청(172개 부서)에서만 22년 한해 4천만 장(20억 원)의 종이를 사용하였고 이산화탄소 980톤을 배출하는 것으로 추정되는데, 서울시 사업소와 투자출연기관, 자치구까지 포함한다면 상상하기 어려울 만큼의 엄청난 양의 종이 사용과 이산화탄소 배출이 발생할 것이다.

이번에는 단순히 종이 사용 절감만 내세운 것이 아니라 온실가스 감축이라는 "탄소중립"을 명분으로 다시 기치를 올린 것이다. 종이 없는 사무실 조성을 위해서는 디지털 모바일 장비가 발달해야 하는데, 그동안 모바일오피스 환경 여건도 많이 개선되었다. 서울시는 스마트폰을 통해서도 공문서를 결재할 수 있는 「업무관리시스템」이 구축되어 활용되고 있다.

게다가 이 사업이 성공하기 위해서는 최고의사결정권자인 시장의 의지가 가장 중요한 관건이었다. 다행히 서울 시장께서는 "종이 없는 사무실 조성"에 강력한 의지를 표명해 주셨고 주요 간부회의 등에서 태블릿 등을 통한 보고를 진행 중이다. 물론, 보안이 요구되는 문서 등은 불가피하게 최소한 종이로 인쇄하는 융통성은 보장하고 있다. 그런 최고의사결정권자의 의지 덕분에 종이 없는 사무실 조성 사업은 순항을 보이고 있으며, 중장기적으로는 서울시 의회까지 적용되기를 간절히 기원한다.

서울시의회가 요구하는 각종 요구자료, 행정감사 자료, 회의자료 등을 모두 전자서류로 제출한다면 매년 엄청난 양의 종이 사용량 감축과 함께 온실가스 감축에 기여할 것으로 기대된다. 서울시의회가 모범을 보이면 25개 전 자치구의회로 확산된다면 그 효과는 상상 이상일 것이 자명하다. 그러나 아직 시기상조인 것 같다 5). 시의회 상임위원회별로 전자문서를 볼 수 있도록 회의실에 디지털시스템이 구축되어 있고 스마트폰 등 의원 개인용 디지털 장비를 이미 보급한 상태에서 종이 없는 회의 및 보고 등은 충분히 가능한 상황임에도 불구하고 시범사업조차 진행하고 있지 않은 상황이었다.

그나마 다행인 것은 최근 해당 부서에 확인 결과, 25개 자치구에서 종이 없는 사무실 사업을 긍정적으로 평가하고 있는 것으로 조사됐는데, 서대문구와 동대문구 등 7개 자치구는 이미 추진 중이며, 서초구와 영등포구 등 5개 자치구는 연내 추진할 예정이라고 한다. 나머지 13개 자치구도 검토 중이라고 한다.

---

5) 서울시의회 모 시의원이 『서울시 기후위기대응을 위한 탄소중립·녹색성장 기본조례』를 의원 발의로 개정하여 제24조의2를 신설하였는데, 주요 내용은 "시와 공사·공단 및 출자·출연기관이 저탄소 사무실을 조성을 위해 노력해야 할 의무가 있다는 것과 서울 시장이 관련 시책을 수립·시행할 수 있다"라고 규정한 것이다. 그러나 정작 모범을 보여야 할 시의회에서는 아직 대책을 준비하고 있지는 않은 것 같다.

앞으로 머지않아 종이 없는 사무실이 제대로 정착되어 하나의 루틴이 된다면, 단순히 온실가스 감축에 기여할 뿐 아니라 행정문화 개선에도 큰 영향을 끼칠 것으로 기대한다. 보고 및 결재 자료를 메일이나 메신저를 채널로 활용해서 소통하는 경우 불필요한 대면보고 최소화, 신속한 의사결정 등에 도움을 줘 행정효율성을 제고할 것이다.

주요성과 2 폐기 위기의 『환경분야 공모사업』 복원

서울시와 환경단체 간 거버넌스 협업 우수사례로, 30여 년간 운영된 사업으로 1998년 내가 환경협력팀장 시절에 처음 탄생시켰다. 그때도 예산 규모가 4억 원이었는데 25년의 시간이 흐른 2022년도에도 같은 수준이어서 기후위기시대 공모사업 규모를 두 배 이상 키우려고 하였는데, 오히려 폐기처분 대상이라고 하니 난감하고 난감했다.

예산편성(심의) 과정에 「환경분야 공모사업」 폐지론에 대해 적극적으로 대응하여 생명력을 불어넣어 복원시켰다. 다음 연도 예산편성 과정에서 예산부서 관계자들의 섣부른 판단으로 공모사업 예산을 전액 감액하겠다고 으름장을 놓았었다. 공모사업이 폐지됐을 때 시장께서 직면할 환경단체들의 부정적 여론 조성 등 우려 사항을 예산부서나 비서실 등 요로를 통해 적극적으로 설명, 이전대로 복원시켰던 기억이 새롭다.

내가 기후환경본부 주무과장으로 근무할 때 예산부서에서 두 해에 걸쳐 환경분야 공모사업에 대해 사업예산 전액(기껏 4억 원)을 감액하겠다고 했는데, 예산부서에서는 아무래도 시의 재정 여건 악화에 따라 불가피하게 불요불급한 사업 폐지와 같은 구조조정을 할 수밖에 없는 상황에서 공모사업과 같은 환경단체 지원 예산을 1순위로 검토한 것이다.

공모사업 예산을 전액 감액하면 사업은 당연히 폐지될 뿐만 아니라 담당 직원 일자리도 사라질 수 있는 암울한 상황이 예상되어 담당 부서장으로서는 위기감이 들 수밖에 없는 상황이었다.

사실 환경분야 공모사업은 1998년도에 내가 당시 환경정책과에서 환경협력팀장으로 재직하면서 처음 신설하였던 의미 있는 사업으로, 당시 방침서를 찾아보니 기안자로 내 이름 석 자와 최종 결재권자란에 '고건' 전임 시장의 선명한 필체가 함께 있는 것을 확인하였다. 내가 만든 공모사업이 25년여 시간이 흐른 다음에 폐지될 위기에 처했으니 내 입장에서는 마치 "자기가 낳은 새끼를 없애는 것"과 같은 불편한 마음이 들게 되어 더욱더 이를 살리기 위해 다방면의 노력을 하게 되었다.

나는 당초 기후환경과장으로 부임할 때 공모사업 예산이 처음 신설될 때 4억 원과 같다는 것에 대해 어지간히 충격을 받았다. 기후위기가 기후재난으로 이어지고 있는 상황에서 탄소중립을 실현하기 위해 시민의 관심과 협조가 중요한 마당에, 환경분야 공모사업이 초기 수준으로 운영되고 있다는 것이 이해하기 어려웠고 그래서 사업규모를 두배 세배 확대하는 것을 생각하고 있었다. 그런데 규모를 키우는건 고사하고 폐기될 위기에 놓이게 되니 내 심정이 어떠했겠는가!

이 사업은 녹색서울 시민위원회가 주관이 되어 환경단체에서 제안한 우수한 환경 프로그램을 선정해서 사업보조금을 지원해주는 사업으로 재활용, 환경교육, 생태, 기후대응 등 5개 분야에 집중적으로 지원하고 있다. 녹색위에서는 이 사업을 시와의 공동협력사업으로 인식하고 있으며, 환경단체에서는 가뭄에 단비를 만난 격으로 시민참여를 활성화하는 중요 촉매제로 생각하고 있기 때문에 이런 의미 있는 사업을 폐지한다면 그 이후 서울시와 환경단체 간 협업체계는 붕괴하고 그로 인한 영향은 고스란히 서울시가 부담해야 할 것이었다.

어찌 됐든 우여곡절 끝에 살아나긴 했는데, 그 다음에는 이 사업이 중요하다는 인식을 시 고위간부들에게 인식되도록 언론을 통해 공모사업 성과를 집중적으로 홍보하였고, 2023년도 공모사업은 예전과 다르게 차별화를 시도했다.

집중사업과 일반사업으로 구분하여, 집중사업에는 1개 사업당 최대 5천만 원까지 지원하는 것으로 하였다. 이전에는 집중사업, 일반사업 구분하지 않고 1개 사업당 2천~3천만 원으로 획일적으로 지원하였는데, 2023년부터는 시정 역점과제인 "제로웨이스트(쓰레기 없애기) 문화확산"을 집중과제로 선정하였고 선정된 개별 사업에 보다 많은 지원을 함으로써 사업 성과를 극대화하려 했다.

2023년도에 자원순환(6), 기후대기(1), 생태(2) 등 5개 분야 13개 사업을 선정하여 지원한 결과, 시민참여 실적이 높고 성과가 높게 나타난 3개 우수사업이 선정된 것으로 확인됐다.

그중 대표사례를 소개하면, 환경단체인 대자연에서 추진한 '지구와 함께 즐기는 미니멀 웨이스트 친환경축제'가 있다. 대학 축제에서 많이 발생하는 일회용품을 사용하지 않고 다회용기를 사용하여 일회용기 23천여 개를 줄였다. 이 사업에 서울대, 성신여대, 동국대가 참여하였다.

(사)에코피스 아시아에서 진행하는 '탄소중립과 제로웨이스트를 실천하는 그린 급식'은 학교급식 과정에서 발생하는 온실가스(탄소) 배출량을 감축하기 위해, 초등학교 학생과 교직원 등을 대상으로 교육을 진행하는 사업이다. 구체적으로 시범운영학교에 잔반량을 측정하는 기기를 설치해 잔반량을 비교 분석하고 음식쓰레기 발생량을 줄여나가는 데 활용하였고 상당한 성과를 거둔 것으로 조사됐다.

그리고 또다시 2024년도 세출예산 편성과정에서 시 내부에서 또다시 "공모사업 전액 삭감"이라는 얘기가 흘러나오기 시작했다. 아니나 다를까 예산부서 실무자들은 여전히 "열악한 재정 여건 고려"와 같은 상투적인 어휘력을 사용하면서 이제는 "끝장내자"와 같은 강력한 의지를 가지고 밀어붙이는 것 같았다.

나는 서울시가 남산 곤돌라사업, 한강프로젝트 등 서울 시장께서 적극 추진하고 있는 사업들이 잘 진행되기 위해서는 환경단체의 협력이 중요하기 때문에 환경분야 공모사업은 반드시 살아나야 한다고 생각했다.

그래서 최종적으로 정무적 고려가 필요하다는 판단하에 불가피한 선택을 할 수밖에 없었다. 결국 우여곡절을 거치면서 최종 문턱에서 공모사업예산 4억 원은 살아남게 되었다. 그러한 결과로 인해 서울시와 녹색서울 시민위원회와의 거버넌스 체계는 더욱 공고해졌다 할 수 있고 시장께서 역점적으로 추진하는 사업들에도 분명 긍정적인 시그널로 작용할 것으로 평가할 수 있을 것이다.

2025년도 예산안을 편성할 때에는 다시는 이전과 같은 공모사업 예산 삭감과 같은 사태가 재발되지 않았으면 하는 바람이다. 2050 탄소중립을 실현하기 위해서는 시민의 자발적인 저탄소 생활문화가 정착되어야 한다. 아시다시피 서울의 온실가스 배출량의 90%가 에너지사용에서, 7%가 폐기물처리에서 발생하는 현실을 고려할 때, 시민들의 저탄소 생활문화를 유도하기 위한 환경분야 공모사업인『녹색서울실천 공모사업』은 더욱 강화되어야 하고 그 사업 규모도 현재의 4억 원에서 두 배 이상으로 확대되어야 한다.

주요성과 3 녹색기술산업(기후테크[6]) 육성 원년!

2050년까지 서울시 탄소중립 실현이라는 도전적인 목표를 달성하기 위해 짧은 1년 6개월간 서울시 탄소중립 실무총괄과장으로서 별의별 정책을 다 해봤다.

그중 하나가 탄소 발생을 최대한 억제하면서 불가피하게 발생하는 탄소를 포집·처리하는 CCUS를 포함하는『기후테크』발전을 위해 서울시도 선도적인 역할을 해야 한다는 시대적 소명이 있었다. 중앙정부에서도『기후테크』육성을 통해 온실가스 감축 설정량의 10% 이상을 담당하겠다고 선언한 상황이어서 서울시도 상응하는

---

6) '기후테크'는 기후와 기술(테크놀로지)의 합성어로 수익을 창출해 내면서 온실가스 감축, 기후적응에 기여하는 모든 혁신기술을 의미한다. 클린테크, 카본테크 등을 포함한 5개 분야가 대표적이다.

대안을 제시할 필요가 있었다.

시민들에게 저탄소 생활을 유도하는 것은 한계가 있다. 화석연료 기반의 에너지소비를 급격하게 줄이기 어려운 실정에서 탄소 포집·활용·저장 기술(CCUS)과 같은 기후테크 활용 없이 2030년 40% 온실가스 감축, 2050년 100% 탄소중립 실현이라는 서울시 탄소중립 비전이 한계에 부닥칠 것이 자명하다.

그래서 서울시에서도 『기후테크』를 전담 육성할 전담조직으로 22년 하반기에 '기후환경산업팀'을 신설하였다. 이미 서울시에서도 물재생시설(하수처리장), 아리수정수센터 등에서 녹색기술 육성을 위한 R&D센터 등을 자체 운영하고 있는 상황에서 앞으로 서울시 모든 기관에서 벌어지는 기후테크와 관련한 컨트롤타워 역할도 수행하게 된다.

예를 들면, 서울시에서 운영 중인 중랑물재생센터에서는 하수 정화과정에서 발생하는 침전물(하수슬러지)를 소화시켜 메탄가스를 생성시켜 포집한 후, 포집된 메탄가스(CH_4)를 화학작용을 거쳐 수소가스(H_2)를 추출, 수소를 이용한 발전으로 전기를 생산하는 수소발전소를 민자사업으로 추진하고 있다.

또한, 서울시에는 4개소의 자원회수시설(쓰레기소각장)과 3개소의 열병합발전시설, 4개소의 물재생센터가 운영 중인데 대표적인 탄소배출 시설이라 할 수 있다. 이와 같은 환경시설에서만 연간 128만 톤의 이산화탄소가 발생하고 있어 이산화탄소 배출을 감축하기 위한 기술개발과 현장 적용이 시급하다 할 수 있다.

원천적으로는 쓰레기 발생량 감축, 불필요한 물 사용 감축 및 절수와 같은 방안을 시민들이 해주어야 하고, 그것만으로는 이산화탄소 감축에 한계가 있어 쓰레기소각, 하수처리하는 과정 등에 발생하는 이산화탄소를 포집하는 기술, 즉 탄소포집·활용 시설(CCUS)을 환경시설에 시범 설치에 대해 집중 연구하기 시작했다.

기후환경본부가 관리하는 자원회수시설(소각장)이 명실상부한 탄소저감시설로 환골탈태하기 위해 소각과정에서 배출되는 연간 423천 톤 규모의 이산화탄소를 포집해야 하는데, 탄소포집(CCUS)을 위해 한 소각장에 시범설치하는 것을 관련 업체와 협의하였다. 그리고 마포자원회수시설을 업그레이드하는 절차를 준비 중인데 탄소포집(CCUS) 기술을 접목하는 것에 대해 기술적·경제적 타당성 등을 검토하도록 요청하였다.

기후테크 관련 스타트업 기업들은 그들의 아이디어를 시제품으로 만들어 테스트를 거쳐 상업화하는 것을 목표로 하는데, 그 과정에 서울시가 시제품에 대한 테스트베드의 역할을 해줄 것을 희망하고 있다. 신설된 기후환경산업팀은 매년 20억 규모의 녹색제품 테스트베드 지원사업을 추진하고 있는데, 이는 기후테크 육성을 위한 주요 시책 중 하나로 기후테크 스타트업과 공공기관을 연결하는 가교 역할을 수행하고 있다.

또한 시에서는 기후테크 관련 스타트업 기업들이 자기들의 기술을 선보이고 전시하면서 투자자들과 만날 수 있는 장을 제공하였다. 2023년 11월(28일, DDP)에 처음으로 『제1회 서울기후테크컨퍼런스』를 개최하였는데, "도시 기후위기를 해결하는 기후테크"를 주제로 하여 국내외 전문가, 예비창업자 및 스타트업·투자사 100여 개사, 시민 등이 참여하였다. 기조연사로 안드레 안도니안 맥킨지 앤컴퍼니 북아시아 명예회장이 어려운 여건에도 참석하여 세계적인 기후테크 동향 등에 대한 소개와 향후 전망 등에 대해 의견을 주셨다.

이번 행사에 서울시장은 사정이 있어 참석은 안 하셨지만 김상협 국가탄소중립위원장께서 참석해서 한국 정부의 탄소중립 비전과 기후테크 육성을 위한 정책들을 소개하였다.

기후테크에 관심 있는 많은 시민들이 참석하였는데 특히, 현대차에서 전시한 미래의 태양광발전전기차에 많은 관심을 가졌다. 현재의 충전방식 전기차가 아닌 차량 자체가 태양광으로 발전하면서 운행하는 방식이다. 그리고 탄소포집·처리(CCUS) 기술, 제로에너지빌딩(ZEB)기술 등을 소개하는 유망업체들의 코너에도 많은 참관이 이루어졌다.

비록 첫 기후테크 컨퍼런스로 짧은 준비기간에 개최한 것이어서 다소 미흡할 수 있었지만, 서울시가 탄소중립 실현을 위해 기후테크를 주요한 수단으로 적극 육성하겠다는 의지를 표명한 것이어서 관련 업계에 중요한 메시지를 전달하였다는 평가를 받았다.

기후환경산업팀 신설이 "시작은 작지만 끝은 창대하리라"는 구절에 부합되도록 탄소중립관련 서울시 기후테크 육성과 발전의 시금석이 되었으면 하는 바람을 가져본다.

주요성과 4 **서울시장, C40 부의장 도시 선출: 온 정성을 다해 선거 유세!**

서울시장이 2022년도 12월부터 다음 연도 1월까지 2개월 간 진행했던 C40[7] 운영위원회 위원 선거에 동(남)아시아·오세아니아 지역 대표로 출마, 호주 맬버른 시장과의 경선에서 승리하여 C40 운영위원 겸 부의장으로 선출되었다. '서울시장이 이왕 출마하였는데 낙선되면 과장부터 담당자 모두 끝장이다'라는 결기로 생각할 수 있는 모든 가용한 수단을 활용하여 선거에서 승리하게 된 것이다.

C40는 의장을 포함하여 16명의 지역별 대표로 운영위원회를 구성하여 주요 안건을 논의하여 의결하는 역할을 수행하고 있는데, 유럽, 북미, 동(남)아시아·오세아니아 등 7개 지역으로 나눠서 각 지역별로 2명의 운영위원을 선출[8]하여 지역의 입장을 대변할 수 있도록 하고 있다.

그런데 동(남)아시아·오세아니아 지역을 대표하는 운영위원은 당초 자카르타 시장(주지사)과 도쿄시장 두 분이 맡으셨는데, 자카르타 시장이 인도네시아 대선에 출마하면서 중도 사퇴하는 바람에 운영위원 공석이 발생하게 되어 동(남)아시아·오세아니아 몫의 운영위원 1명을 선출하게 되었고, 서울시 기후환경본부와 기조실(국제협력과) 간 긴밀한 협업을 통해 훌륭한 선거전략을 마련하여 추진함으로써 서울시장이 운영위원에 당선된 것이다.

동(남)아시아·오세아니아 지역에는 서울시, 도쿄, 방콕, 하노이, 호치민, 자카르타, 쿠알라룸푸르, 퀘손시티, 시드니, 맬버른, 요코

---

7) C40는 도시기후리더십그룹(C40 Cities-Climate Leadership Group)의 약어로 100여 개 세계 대도시 시장들이 참여하여 기후변화 대응을 위한 도시의 역할을 논의하는 회의체로, 현재 의장은 사디크 칸 런던 시장이 맡고 있다.
8) 지역별 구성(16명) : 의장 1, 아프리카 2, 유럽 2, 북미 2, 남미 2, 동(남)아시아·오세아니아 2, 동아시아센트럴 1, 서남아시아 2, 기타 2

높이 오르지 않아도 꿈꿀 수 있는 이유

하마 등 11개 도시가 참여하고 있어, (서울과 맬버른을 제외한) 9개 도시에서 과반수인 5개 도시의 지지표를 얻으면 당선이 유력한 상황인데, 아무리 서울이 K-컬처 등 한류의 동남아 확산되고 있고 많은 도시와 이미 우호관계를 유지하고 있다고 해도 안심할 수 있는 상황이 아니었다.

동(남)아시아·오세아니아 지역을 대표하는 운영위원은 둘인데, 이미 도쿄도지사가 운영위원으로 활동하고 있는 상황에서, 투표권을 보유한 여러 도시에서는 역내 균형을 고려하여 오세아니아도시 즉 맬버른 시장을 선호할 수 있을 것 같다는 불안감이 엄습했다. 확실한 서울시장 선출을 위해 보다 세련된 선거전략이 필요하였다. 투표권을 보유한 도시별로 차별화된 선거전략을 마련하고 기조실(국제협력과), 국제관계자문대사의 측면 지원이 절실하였다.

먼저, 투표권 보유 도시별로 차별화된 내용의 서울시장 명의의 지지 요청 서한을 발송하였으며, 다음으로는 투표권을 보유한 도시가 속한 주한대사관을 방문하여 대사를 직접 찾아 뵙고 서울시장에 대한 지지를 요청하였다. 환경기획관이 주한태국대사관(방콕)과 주한베트남대사관(하노이, 호치민)을 방문하여 대사를 직접 면담하여 서울시장의 강점과 서울과 해당 도시와의 교류사업 증진 방안 등을 논의하면서 지지를 요청하였다.

서울시 국제관계자문대사와 한국 외교부 네트워크를 활용하여 투표권을 보유한 도시에 소재한 해외 한국대사관에도 서울시장에 대한 지지 활동을 해줄 것을 요청하였다.

두 달 동안의 선거 과정을 거쳐 드디어 서울시장이 동(남)아시아·오세아니아를 대표하는 C40운영위원회 운영위원 겸 부의장으로 선출되었고, 이 자격을 통해 2023년 9월 뉴욕에서 개최된C40 운영위원회 회의와 UN기후정상회의 일부 세션에도 참석하여 기후대응을 위한 서울시의 앞서가는 정책 등을 소개하는 등 부의장도시로서 활발한 활동을 펼치고 있다.

주요성과 5 공무원부터 탄소중립! 환경교육 의무화!

탄소중립 목표달성은 기후환경본부만 하는 것이 아니라 서울시 전 부서가 참여해야 겨우 달성가능한 도전적인 담대한 사업이다. 즉『전사적』으로 추진해야 한다! 중의적 표현이지만 전사적(戰士的) 의미와 전사적(全社的) 의미를 다 가지고 있는 표현이다.

공무원들이 자기 본연의 업무에 탄소중립을 위한 시책을 발굴하여 접목시켜서 저탄소(무탄소) 정책이 되도록 해야 한다. 이를 위해 관련 조례 개정을 추진하여 서울시 공무원들이 "탄소중립"에 대한 교육을 의무적으로 받도록 했다.

탄소중립 도전적 목표달성을 위해, 티끌 모아 태산! 이라는 표현도 사용하고 있는데, 유사한 표현이 "전사적(全社的)"이 아닐까 싶다. 그러나 현실 세상에서 공무원들은 '탄소중립' 하면 '종이 없는 사무실'과 같은 부정적 인상을 갖게 된다. 또 '기후예산제'처럼 예산편성과정에 불필요한 일이 추가되어 귀찮게 하는『귀차니즘』의 대명사로 생각하기 쉽다.

2050년에『넷-제로』를 달성하기 위해 2030년까지 2005년 온실가스 발생량의 40%를, 2040년까지 70%를 감축해야 하는 서울시로서는 크나큰 부담이 될 수밖에 없다. 서울은 건물과 수송부문에서 약 90%를 쓰레기 처리 과정에서 7%의 온실가스를 배출하고 있어서 시민의 역할이 매우 중요하다. 물론 제도적으로 시민참여를 담보해야 하지만 자율적 참여도 중요하다.

제도적으로는 건물을 신축할 때에는 건축주가 온실가스를 전혀 배출하지 않는 제로에너지건물(ZEB)로 하도록 법령으로 규제하고, 기축 건물에 대해서는 건물에너지효율화(BRP)를 의무적으로 하는 방안도 있을 수 있다. 물론 그 과정에 용적률 완화, 필요재원에 대한 융자(보조) 지원 등의 인센티브가 필요하다.

요즘은 기후위기로 인해 여름철에 도시열섬, 폭염이 극성을 부리면서 도시 전체가 불가마로 변하고 있다. 따라서 도시 곳곳에 나무를 심어 도시 전체를 숲과 공원으로 조성하는 사업이 필요하다.

특히, 여름철 도심 열섬을 야기하는 도로와 주차장을 숲과 공원으로 조성해야 한다. 종래 아스콘으로 포장하던 주차장을 잔디주차장으로 조성하고 중간중간에 나무도 심고, 도로 중앙에 수목으로 분리대를 설치하여 여름철 도로에서 발생하는 열섬을 조금이라도 완화시켜야 한다.

건물도 수직 공원으로 조성해야 한다. 건물 옥상과 벽면에 태양광 발전시설 설치와 병행하여 나무를 심고 잔디나 화훼를 조성하여 전기도 생산하고 도시 온도도 낮추는 역할을 하도록 해야 한다.

이런 일은 우선 관공서에서 모범을 보여야 한다. 민간에서는 돈이 많이 들어가는 일이어서 제도적으로 강제하면 반발을 할 수 있다. 공공부문이 솔선하여 공공이 보유한 시설이나 건축물·공간 등을 활용하여 재정을 투자하여 선례를 남겨 관련 산업이 발전할 수 있는 토대를 마련해줘야 한다.

기후테크 스타트업들이 기술 및 제품을 개발했어도 관공서가 이를 솔선하여 채택·활용하지 않으면 아무 쓸모가 없다. 다소 무리가 따르더라도 공무원들이 도전정신을 가지고 시행할 수 있도록 면책 규정 마련도 필요하다.

그래서 공무원의 탄소중립에 대한 마인드 강화가 필요하다. 단순히 공무원이 한 개인 차원에서 전기를 아껴 쓰고, 종이 대신 태블릿으로 보고하고, 재활용을 잘 하는 게 중요한 게 아니다. 각 분야의 공무원이 자신의 업무와 관련하여 앞에서 언급한 탄소중립실현을 위한 시책을 개발하고 관련 업무에 접목시켜야 하는 것이다.

이것이 "티끌모아 태산", "전사적 추진"의 내용이다. 그리기 위해서는 공무원들의 생각의 전환이 필요하다. "탄소중립"은 『귀차니즘』이 아니라 『괜차니즘』이라는 생각들을 갖도록 환경교육 이수를 의무화했다. 서울시 환경교육조례를 2023년 하반기에 개정하여 공무원의 환경교육 의무 이수제를 도입하였다.

후속 조치로 담당 사무관이 인재개발원과 협업하면서 2050탄소중립정책 과정에 대한 온라인, 오프라인 과목 설계 및 교재 제작 준비에 여념이 없는 것을 보았다.

이와 별도로 서울시 4급 이상 관리자, 투자출연기관 임직원을 대상으로 하는 『탄소중립 전략 특강』을 추진하는 것을 행정국과도 협의한 바 있다. 요즘은 서울시 간부들이 종종 유명한 기후분야 대가들의 특강을 듣곤 한다.

2023년 3월에는 서울시와 자치구가 2050탄소중립을 실현하기 위해 한마음으로 원팀을 구성해서 추진하자는 취지로 "원팀 서울 출정식"을 서울시장, 시의회의장, 국가탄소중립위원회 위원장, 25개 자치구청장이 참여한 가운데 멋지게 개최했는데, 그 핵심은 탄소중립 실현에 소요되는 막대한 재원을 어떻게 확보할 것이냐 였다. "녹색예산" 확충에 대한 고민과 연구를 진행하였다.

서울시나 자치구에서 탄소중립 실현을 위해서는 막대한 예산을 투자해야 하나 전체 녹색예산에서 상당 수준은 기후재난을 예방하고 대비하기 위한 풍수해대책 인프라 등 확충에 투자되고, 탄소감축을 위한 실질적 대책 마련 분야에는 전기차보급, 신재생에너지 보급 등에 일부 투자하는 정도로 편성되고 있다.

일반회계 예산 외에 일천억 원 규모의 『기후대응기금』이 운영 중이나 주로 건물에너지효율화(BRP), 자원재활용 사업, 신재생에너지 분야에 집중적으로 지원해 주고 있다. 자치구에서는 3개의 자치구만이 기후대응기금을 운영 중이었는데, 서울시나 자치구가 운영하고 있는 기후대응기금 규모를 확대하거나 추가 설치하는 방안을 포함하여 탄소중립에 필요한 재원("녹색예산") 마련을 위해 많은 고민을 하였다. 자치구에도 기후대응기금을 설치하는 것을 권고하였으나, 자치구에서는 열악한 재정 여건을 이유로 소극적인 입장을 취하는 것 같다.

서울의 건물노후화에 따른 온실가스 감축은 쉽지 않은데, 건물에너지효율화(BRP)를 위해 서울시가 매년 200억~300억 수준의 융자지원만으로는 "언 발에 오줌 누기" 식이 아닐까 싶다. 그래서 25 개 자치구에서도 적정한 수준의 기후대응기금을 설치하여 서울시와 같은 BRP 융자지원 사업 등 실질적 탄소감축 활동을 해야 하는데, 자치구는 그런 시스템을 가지고 있지 않다.

사실 제대로 된 탄소중립을 위해서는 막대한 재정투자가 필요한데 현실은 당장 돈 들어갈 데가 많은 공공기관의 입장에서는 실효성에 의문이 드는 탄소중립에 많은 재원을 투자한다는게 쉽지 않은 일이다. 그래서 다들 "탄소중립"을 구두선(口頭禪)으로, 대외홍보용으로 활용하는 선에서 이용하는 어정쩡한 스탠스를 취하려는 경향이 강하다.

탄소중립을 위해 필요한 막대한 재정 확보를 위해 두가지 접근이 필요하다. 먼저, 자체적으로 불요불급한 예산 감축, 선심성 사업 축소 등을 통해 상당한 수준의 재원을 마련할 수 있다. 그리고 서울시 세입원 중 환경과 관련된 세입원을 기후대응기금 재원으로 활용하는 방안도 검토 필요하다.

예를 들면, 환경개선부담금과 폐기물처분부담금 징수교부금은 현재는 시와 자치구의 일반예산 세입원으로 귀속시키고 있는데, 이를 시와 자치구의 기후대응기금 세입원으로 전환하는 것이 손쉬운 방안9)이 될 수 있다.

그리고 지방정부의 적극적인 탄소중립 실천을 위해 진정한 지방분권이 확립되어야 하는데, 우선 재정분권이 선행되어야 한다. 국

---

9) 전라남도, 충청북도, 부산광역시 등 다른 시·도에서는 환경개선부담금 징수교부금 등을 기후대응기금 재원으로 전환하여 운용 중임(시·도 관련 조례에 근거 마련).

높이 오르지 않아도 꿈꿀 수 있는 이유

세와 지방세의 비율을 6:4로 조기 전환하는 방안, 아니면 국가 기후대응기금의 재원 중 일부를 지자체 기후대응기금으로 이전 전환하여 지자체가 선제적으로 탄소중립 실현을 위한 탄환을 많이 확보할 수 있게끔 하는 방안을 마련해야 한다. 그 외 지자체가 징수하여 국고로 귀속시키는 각종 부담금(예: 환경개선부담금 등)을 지자체의 기후대응기금 세입원으로 전환하는 것도 검토가능하다.

서울시 예산부서나 중앙정부에 지자체의 탄소중립 목표 달성에 필요한 소요 재정 확충을 위한 중장기적 대안 마련을 체계적으로 할 필요가 있어 서울연구원과 협업하여 관련 연구도 진행하였으나 만족할 만한 성과를 거두지는 못했다.

그 외 녹색예산을 확실하게 확보하는 방안으로 기후예산제가 22년도부터 운영되고 있다. 기후예산제는 예산과 기금이 투입되는 주요 사업의 수립 단계에서부터 온실가스 배출 영향을 평가해 감축 방안을 정책에 반영하는 제도이다. 서울시 추진사업을 온실가스 배출 영향에 따라 4개 유형(감축, 배출, 혼합, 중립)으로 나누고, '감축사업'은 온실가스 감축 효과를 산정해 사업을 확대하거나 우선순위로 고려하고, '배출사업'은 온실가스 배출을 최소화하는 방안을 마련하도록 한 것이다. 아직은 제도 도입 초기라 운영에 다소 어려움이 있는 것도 사실이지만 향후 제도가 고도화되고 정착된다면 녹색 예산 확충에 많은 역할을 할 수 있을 것이라는 기대가 있다.

기후예산제가 보다 확실하게 "녹색예산" 확보의 디딤돌 역할을 수행하기 위해서는 몇 가지 조건이 충족되어야 한다. 그렇지 않으면, "성인지 예산제"처럼 형식적으로 운영될 가능성이 높다는 게 중론이다.

먼저, 예산편성 단계에서부터 "기후예산"을 총괄할 수 있는조직("기후예산팀")을 기후환경본부에 두어서 기후예산 운영 준칙과 운영매뉴얼을 마련하고, 사업부서 담당자에 대한 컨설팅 등을 수행하여야 한다.

그 외 온실가스 다량 배출이 예상(일정 기준)되는 사업에 대해서는 온실가스 감축을 위한 추가 예산을 반드시 반영하도록 강제할 수 있는 장치 확보가 필요하다. 기후예산제 운영위원회에서 선정한 사업에 대해서는 기조실 예산편성 총괄부서에서 반드시 수용토록 하는 내용이 서울시예산편성규정에 반영되어야 한다.

주요성과 7 기후위기 시대의 지혜로운 삶: 폼생폼사 "No"

탄소중립을 위한 시민들의 행태변화가 중요하다. "덜 쓰고" "덜 먹고"(특히 고기를), 그 결과로 "덜 버리고" 그러면 탄소중립은 자연스럽게 이루어지지 않을까 생각해 본다. 그렇다고 무조건 덜 쓰고 아끼자는 것은 아니다. 「아낄 땐 아끼고, 쓸 땐 쓰자」가 맞는 표현이다.

서울의 연간 온실가스배출량은 4천6백만 톤('21년) 인데, 시민 1인당으로는 연간 약 4.8톤 정도의 온실가스를 배출하고 있는 것이다. 주요 배출 부문인 건물부문과 수송부문에서 각각 68%와 18%를 배출하고, 나머지 15% 정도는 폐기물처리, 산업공정에서 발생하고 있다. 가정과 업무·상업 건물 등에서 사용하는 전기, 도

높이 오르지 않아도 꿈꿀 수 있는 이유

시가스에서 그리고 쓰레기 처리과정에서 직·간접으로 배출되는 이산화탄소가 대부분을 차지하고 있는 것이다.

그런 의미에서 나처럼 농부의 아들로 태어나 궁핍한 60년대부터 80년대 초까지의 농촌생활에 체화되었던 사람에게는 탄소중립이라는 그리 어려운 말이 아니다. 쉽게 말하면 과거로 회귀해서 살 수만 있다면 탄소중립은 자연스럽게 이루어질 것이다.

나는 인류의 안전을 위협하는 기후재난으로부터 벗어나기 위해 우리가 꼭 해야 할 "탄소중립"을 실현하는데 절실한 '환경시민'의 자격을 갖추고 있다고 생각한다.

① 화장실 세면대 이용 후에 종이 타올을 이용하지 않고 손수건을 활용한다. 물론 손수건을 깜빡 잊고 출근했을 때에는 불가피하게 종이 타올 한 장으로 해결하려고는 하지만…. 물론 종이 타올을 만들기 위해 나무를 베어냄으로써 탄소흡수원을 제거한다는 거창한 생각이 들기 때문만은 아니지만, 종이 타올을 많이 쓴다는 게 매우 아깝다는 생각이 들 때가 많다.

② 여름철에는 나는 아주 간편한 복장으로 출근한다. 성공한 CEO들은 전용 자가용으로 이동하고 사무실도 별도로 쾌적하게 근무할 수 있게끔 되어있어 항상 긴팔 와이셔츠와 정장 수트를 입고 출근한다. 멋지긴 한데, 비환경적이다. 공공기관이나 민간기업의 최고의사결정권자들이 여름철 폭염이 심할 때는 가벼운 반팔 차림으로 대외활동을 하는 모습을 TV 등 대중매체를 통해 많이 봤으면 좋겠다. 여름철과 달리 겨울철에는 내의를 착용하여 사무실, 집안 온도를 낮춘다.

③ 나는 샤워도 5분 이내로 하려고 최선을 다한다. 우리가 매일

마셔야 하는 물을 만들고 공급하는데 엄청난 행정력이 투입되고 있다. 원수를 취수하고 정수하고 상수도관을 통해 가가호호로 물을 보내는데 많은 전기와 에너지가 투입된다. 그래서 나는 공공화장실이나 공중목욕탕에서도 함부로 물을 틀어놓고 칫솔질을 하지 않는다.

④ 출근하려고 집을 나설 때 집안에 전등불 소등상태를 확인하고 쓰지 않는 전자레인지나 믹서기, 에어프라이어 등의 플러그를 뽑아버린다. 전기밥솥도 한 번에 밥을 많이 한 다음 꺼버리고 밥을 소분해서 용기에 담아 냉장고에 냉동보관한다.

⑤ 좋은 옷을 구매해서 오래 입는 것을 목표로 한다. 옷 한 벌 만드는 천을 염색할 때 많은 물이 쓰인다고 하지 않는가! 패션산업에서 전 세계 탄소배출량의 8~10% 정도를 차지한다고 한다. 청바지 한 벌 만드는데 7천~8천 리터의 물이 사용된다고 하니 쇼핑할 때도 환경을 생각하면서 구매 여부를 결정해야 할 것이다. 예전에는 돈이 별로 없어 저렴한 옷을 사 입다보니 시간이 지나면 맘에 안 들어 새 옷을 또 사게 되는 경향이 있었던 것 같다.

⑥ 이제는 고기 먹는 것도 줄이려고 한다. 이미 나이 들어 키 클 것도 아니고 어차피 소식이 필요한 시기이긴 하지만… 소고기를 만들기 위해 사육과정에 소가 내뿜는 방귀나 트름에서 이산화탄소보다 25배 정도 강한 온실효과를 가져오는 메탄가스가 나오기 때문에 고기를 덜 먹는 것이 온실가스 감축에 기여한다는 것이다. 유엔보고서 등에 따르면 가축이 배출하는 메탄가스로 인한 온실가스 배출량이 전세계 온실가스 배출량

높이 오르지 않아도 꿈꿀 수 있는 이유

의 18%를 차지한다고 하는데, 이는 교통수단에서 배출되는 13.5%보다 많다고 한다. 어떤 나라에서는 소를 키우는 농가에 방귀세를 부과한다고 하니 웃고픈 현실이 아닐 수 없다. 한국은 많은 양의 육류를 수입해 오고 있어 국내 자체 온실가스 발생량은 얼마 안되지만 어찌됐든 전 세계 온실가스 배출량을 증가시키기는 마찬가지인 것이다.

⑦ 일회용품 사용을 자제하고, 텀블러를 적극 활용한다. 플라스틱을 안 쓸 수는 없지만 최대한 안 쓸려고 한다. 디지털시대 쓰레기라 할 수 있는 메일함의 스팸메일이나 불필요한 자료들을 수시로 삭제한다. 이메일을 통해 자료(데이터) 전송하고 저장하는 과정에 엄청난 에너지가 필요하다고 한다.

나는 기후환경정책과장으로 재직 기간 중에 여름철 폭염기를 두 번이나 맞게 되었는데, 폭염기에 에너지도 아끼면서 온실가스 감축에도 기여하고 업무 효율성도 높일 수 있는 일거삼득(一擧三得)의 숏폼 형태의 《슬기로운 직장생활》 동영상을 촬영하기도 하였다. 아마 지금도 유튜브에서 『서울시 시원차림』이나 『(서울시) 제로서울 챌린지』를 검색하면 나와 기후환경본부 동료들이 함께 출연한 "여름철 간편차림 복장" 홍보 동영상을 볼 수 있다.

나처럼 재미없는 사람에게 홍보 동영상 주인공으로 발탁해 준 당시 환경실천팀장에게 감사드린다.

서울국제기후환경포럼:
K-탄소중립 국제사회 확산

코로나 19 확산 이전에는 매년 기후환경본부에서 두 세건의 국제회의를 별도로 개최하였다. 대기질개선 국제포럼, 환경분야 세계시장회의 등이었는데, 2022년부터는 이런 회의도 구조조정 차원에서 『서울국제기후환경포럼』으로 통합하여 개최하였다. 두 세개 국제회의를 통합하다 보니 처음 2022년도에는 이틀간에 걸쳐 진행했으나, 2023년도에는 참여 시민들에 포커스를 맞춰 단 하루 개최하되 보다 흥미를 느낄 수 있도록 콘텐츠 구성에 각별히 신경을 썼다.

서울국제포럼은 서울시는 C40(도시기후리더십) 부의장도시, ICLEI동아시아 집행위원 도시로 서울은 기후위기 시대 탄소중립 선도도시로서 책임감을 느끼고 방향타 역할을 하고 있다. 이러한 서울의 앞서가는 환경정책을 세계도시와 공유하고 세계도시 간 협업을 통한 탄소감축 네트워크에서 이니셔티브를 확보하는데 그 의의가 있다.

서울시의 앞서가는 재활용정책, 대중교통정책, 쓰레기분리수거

(음식물 쓰레기 포함) 등은 전 세계가 주목하고 있다. 모리재단이 2022년도 세계도시들의 재활용분야 평가에서 서울시가 1위를 차지하기도 하였다. 음식물 쓰레기 분리수거와 사료와 에너지로 전환하는 정책은 뉴욕 등 세계 도시에서도 벤치마킹하고 있다.

최근 서울시가 시행하고 있는 기후동행카드는 대중교통을 많이 이용할수록 교통비가 적게 들게 함으로서 승용차 이용자의 대중교통으로의 전환을 목표로 하고 있지만, 그 외 대중교통을 이용함으로써 교통부문 온실가스 감축에 기여한 점에 대한 보전적 측면과 교통복지 제고 효과도 함께 노리고 있다.

그 외 서울시에서는 기후위기 대응 선도도시로서 해외 저개발도시의 온실가스 감축에도 상당한 노력을 기울이고 있다. 대표적인 사례가 몽골 수도 울란바타르에서 북쪽으로 수백㎞ 떨어진 아르갈란트 솜(한국의 郡)에 100ha 규모의 황사방지용 수목 지대 "비밀의 화원: 서울숲"을 조성하는 사업을 지난 2015년부터 2023년까지 25억 원의 시 재정을 투입하여 지원한 바 있다.

2022년도에는 서울시장이 C40 운영위원 겸 부의장으로 선출됨에 따라 국제사회에서 기후대응 관련 서울의 역할과 책임감은 앞으로 더욱 중요하게 될 것이다.

이런 상황인식하에 2022년과 2023년 개최된 서울국제기후환경포럼은 해가 갈수록 그 규모와 컨셉 및 컨텐츠 등을 업그레이드하여 추진하였다. 앞으로 보다 더 의미 있는 행사로 자리매김하기 위해 관련 예산 확충이 필요하다고 판단된다.

준비 예산이 2억 원 정도밖에 안 되다 보니, 해외 저명인사를 기조연설자로 모시는 데 한계가 있을 뿐 아니라 각 분야의 전문가를 세션 패널로 참여시키는데도 부족함이 있었다. 그럼에도 담당 실무자들의 헌신적인 노력 덕분으로 해를 거듭하면서 그 위상을 드높이고 있다.

2022년도에는 준비과정에 웃지못할 해프닝이 있었지만, 『지구를 위한 동행- Zero Waste』를 주제로 이틀(12.1.~12.2.)에 걸쳐 국내외 도시정부 관계자, C40 및 ICLEI 등 국제기구 등에서 참여하여 성공적으로 마무리하였다.

기조연설자로 이회성 IPCC의장께서 참석, "탄소중립: 과학과 정책" 주제로 국가간 협력을 강조하였다. 기후변화문제는 근본적으로 국가경제 인프라 구축에 관한 문제이며, 이는 과학적 증거에 기반한 국가적 정책선택의 문제라고 언급했다.

고위급 토론회에는 주한유럽연합대사, C40동아시아디렉터 등이 참석하여 "기후변화시대 도시정부의 역할과 취약계층 지원"에 대해 토론하고, 이튿날에는 이클레이 회원도시 중심으로 세션별 패널로 참여, 자원재활용 정책 등에 대해 공유하고 자원순환경제 조성과 온실가스 감축, 지속 가능한 소비 방안 등 순환경제 실현 방안 등에 대해 전문가들이 참여하는 4개 세션별 토론이 진행되었다.

2022년도 행사는 코로나 19 시기인 점을 고려, 온·오프라인 동시 진행으로 국내외 전문가 및 시민 참여 및 관심도를 높일 수 있었다.

2023년도에는 2022년도와 같이 해외도시들과 정보공유, 네트워크 구축도 병행하면서 시민참여를 높이고자, 행사구성을 보다 심플하게 하면서도 재미를 더하는 콘텐츠를 가미하였다. 포럼 개최

기간을 하루로 줄여 오후 시간에 진행하고, 참여 시민들의 호응도를 높일 수 있도록 저명 기후학자의 강의, 숏폼 공모전 등을 진행하였다.

『기후정의(기후형평성), "모두를 위한 여정, 기후동행"』을 주제로 10월 31일에 C40, ICLEI동아시아본부, 기후변화센터 등과 함께 개최하였고, IPCC 제6차 종합보고서 핵심 저자인 이준이 부산대 교수가 기조연설자로 나서 "기후위기는 우리사회의 공정성 및 형평성의 부재와 연결된다며, 당면한 문제해결위해서는 효과적이고 공평한 기후행동 주류화가 필요"하다고 강조하였다.

기후위기로 미래 잠재적 피해자가 될 수 있는 "청년"층을 대상으로 『서울시-국내외 청년간 간담회』를 통해 청년들이 느끼는 기후형평 문제, 청년이 본 기성세대의 기후문제 접근 태도 등에 대해 불만을 표현하였다.

"더 가깝게 생각해 볼 기후변화"로 저명한 기후학자의 기후강연에는 많은 참석자들의 관심이 집중되었으며, 이어서 기후재난과 기후형평성, 대기질 개선 관련한 두 개의 정책 세션에서는 C40 관계자, ICLEI회원도시 공무원 등이 참여하여 열띤 토론을 하였다.

특기할 만한 사항으로는 연사, 참여자 등이 포럼에 참여하기 위해 이동과정에 발생하는 탄소배출량 등을 계산한 결과 15톤이 발생, 그에 상응하는 탄소크레딧(배출권)을 구매하여 저개발국(캄보디아) 기후위기 대응사업에 지원하였다.

여담 - 2022서울국제기후포럼 에피소드: 불명예 & 좌절

"시장님 죄송하지만 전화 한번 해주시면 감사하겠습니다" 이 말은 국제회의 준비과정에 중대한 실수가 있어서 시장님께 혼나고 있던 와중에 용기를 내서 꺼냈던 말이다. 큰 실수는 해서 야단을 맞아도 싸지만 그래도 국제행사를 해야 하는 마당에 꾸지람을 들을 걸 각오하고 말씀을 드렸다. 지금 생각해 봐도 도저히 이해가 안 되는 일이 일어난 것이었다. 그러나 어찌하랴! 관리자가 당연히 챙겨야 할 것을 챙기지 않아 발생한 참사인 것을…. 전말은 이러했다.

2022년 12월 1일에 개최 예정인 22서울국제기후환경포럼이 얼마 남지 않은 11월 중순경에 시장실에서 호출이 왔다. 뜬금없이 호출을 받아 당황스러웠는데, 다름 아니라 모 시장 비서관께서 주요 인사로부터 한 통의 전화를 받았는데, 그 내용인즉 "국제포럼 기조연설자로 참여 예정이었던 당시 IPCC[10]의장께서 시장님의 사과를 받고 싶어 한다"는 것이었다.

담당 주무관을 불러 자초지종을 확인해 본 결과 "깜놀"이었다. 보통의 국제회의나 행사는 기획부터 준비, 개최까지를 국제회의전문 용역업체(PCO)를 선정해서 주관부서 실무자와 협의해 가면서 치르는 게 일반적인 프로세스이다. 보통은 행사 주제에 맞게 컨셉과 기

---

10) IPCC(Intergovernmental Panel on Climate Change) '기후변화관련 정부간 협의체'로 1988년 지구온난화에 관한 종합적인 대책을 검토할 목적으로 UN산하 각국 전문가로 구성된 조직으로 지구온난화의 과학적 평가, 환경이나 사회에의 영향, 국제적 대응방안을 마련하는데 그 목적이 있음. 제6대(2015년~2023년) IPCC 의장으로 이회성 고려대 석좌교수가 역임하였음.

　높이 오르지 않아도 꿈꿀 수 있는 이유

획을 시 해당 부서에서 결정하고 PCO는 그 범위에서 사업을 구체화하여 시의 컨펌을 받아 실행계획을 만들고 실행하는 것이다.

국제행사나 회의 준비과정에서 가장 중요한 것이 컨셉과 그에 따른 구성안 수립과 기조연설자 선정 및 섭외가 아닐까 싶다. 기조연설자는 그 회의에 주제에 맞춰 저명인사 풀을 작성하고 예산 범위에서 참여가능한 분을 행사용역사, 즉 PCO에서 한분 한분씩 연락해 가면서 조건을 협의해 가면서 최종 결정하게 된다. 그런데 연사료 협의 과정에서 문제가 터진 것이다. PCO 관계자가 기조연설자 측과 협의해서 연사료를 5백만 원으로 하는 것으로 합의를 본 다음 시 담당 팀장·주무관에게 컨펌 받는 과정에서 서울시 인재개발원의 강사료 기준을 들어 장관급은 최고 60만 원 이상은 지급하면 안 된다고 했다는 것이다. 그 내용이 기조연설자 측에 전달되면서 그 사단이 일어나게 된 것이었다.

PCO와 서울시 부서에서 기조연설자 선정을 위한 섭외를 진행하면서, 연사료 협의 중에 기조연설자를 불쾌하게 만드는 실수가 있었고 작은 일이 크게 불거진 것이다. IPCC 의장께서 나중에 충분히 이해를 하셨고 행사에 참석하셔서 자리를 빛내 주셨지만 부서장에게는 큰 오점이 되었던 것은 분명하였다.

참으로 황당한 일이 아닐 수 없었다. 나중에 확인해 보니 한 세션의 모더레이터로 섭외했던 유명 국내 거주 외국인은 300만 원을 지급하기로 협의했다는 것이다. 그 중요한 기조연설자는 장관급이 최고로 받을 수 있는 60만 원 이상은 안 된다고 하면서 한 세션을 맡은 모더레이터에게는 300만 원을 지급하다니 말이다.

그러나 어쩌하랴!! 이미 엎질러진 물인데 말이다. 시장실 호출을 받고 나서 바로 튀어가서는 시장님께 자초지종을 말씀드렸다. 그리고 말미에 기조연설자에게 전화 한번 해주실 것을 부탁드리고 물러 나왔다. 시장께서 얼마나 황당해하셨을지는 불문가지일 것이다. 내심으로는 "뭐 이런 놈이 다 있나" 하셨을 것 같다.

당시 국제회의를 준비하는 실무자는 자기 나름의 원칙을 내세워 공직자다운 결론을 내린 것이라고도 할 수 있지만… 보통의 국제회의에서 국내외 주요 저명인사를 기조연설자로 모시기 위해서는 적게는 몇백부터 많게는 몇억 원까지 불러야 가능할 텐데, 기껏 몇십만 원으로 하려고 했다 하니… 국제회의를 준비하고 성황리에 개최하기 위해서는 일반적인 예산회계규정상으로 한계에 직면할 때가 있다고 한다.

대표적인 것이 기조연설자에 대한 "거마비"일 것이다. 그래서 현실과 규정상의 간극을 좁히기 위해 국제회의전문용역업체(PCO)를 선정하는 측면도 있다는 생각을 하면 어처구니없는 실수라 할 수 있다. 그것을 챙기지 못한 담당 부서장도 책임을 면할 수는 없는 것이었기에 유구무언, 책임을 떠맡아야 하지 않겠는가! 2023년 상반기 인사에서 불명예스럽게 다른 부서로 발령받을 수 있을 것 같다는 생각을 하면서 암울하게 연말을 보냈던 기억이 있다.

다행히 그런 일은 당장 일어나지 않았으나 엄청난 후폭풍이 일어났는데, 다름 아니라 서울시청이 발칵 뒤집힌 것이다. 국제회의나 행사 준비에 필요한 매뉴얼 재정비를 기획조정실에서 대대적으로 추진하면서 이번 행사에서 발생한 망신적인 해프닝이 시청 고위 간부부터 전 부서 직원들까지도 알게 된 것이다.

공무원으로서 "가오"가 한순간에 날아 가버린 느낌으로 그 시기

높이 오르지 않아도 꿈꿀 수 있는 이유

를 견뎌야 했던 것 같다. 좀 더 챙겼어야 했는데…. 최근에 그 원인을 돌이켜보건대 2022년만 해도 아직 코로나19 여진이 사라지지 않은 상황에서 하이브리드 방식(온·오프라인 병행)으로 기획하면서 상대적으로 예년보다 관심도가 적었던 것에 기인한 것 같다.

서울시장께서 이런 황당한 상황에 적지 않게 당황스러워 하셨겠지만, 직접 IPCC 의장께 전화드리셨고, 나는 환경기획관과 함께 보라매공원 인근 기상청 내에 위치한 IPCC의장 집무실로 찾아뵙고 그간의 자초지종을 설명드리고 실수로 불쾌하게 해드린 것에 대해 사과드렸다. 의장께서도 흔쾌히 양해해 주셨다. '비온 후에 땅이 더 굳는다'라는 속담이 말해주듯이 탈 많던 국제회의는 성공적으로 개최되고 마무리되었으나 그 여운은 끝까지 씁쓸함을 남겼다. 참고로 이회성 의장님은 연사료를 일절 받지 않으셨다.

이 자리를 빌어 의장님께 크나큰 결례를 끼쳐 죄송하다는 말씀과 멋진 기조연설을 해주셔서 감사하다는 말씀을 드리고 싶다. 나는 최근에 기상청 옆 보라매공원에 인접한 남부수도사업소에서 일수거사(一水去士)로 근무하기도 하였다. 세상에는 원인이나 이유없이 일어나는 일들은 없는 것 같다.

비밀의 서울 숲! 몽골에

　내가 2023년 5월에 몽골 수도 울란바토르에서 멀지 않은 곳에 위치한 "비밀의 숲"인 서울 숲에 가서 화룡점정을 찍었다. 울란바토르에서 차를 타고 사막과 초원으로 이어진 황량한 길을 6시간이나 달려간 곳에 사막 한가운데 푸르름으로 우거진 오아시스와 같은 별천지가 펼쳐져 있었다. 서울에서 출발하기 전에 항공사진으로 봤던 푸르름보다 더욱 확연한 푸르름을 느낄 수 있었다.

　드디어 보는구나! 내가 얼마나 보고 싶어 했던가! "서울 숲"을… 이곳은 이름하여 "비밀의 숲", 몽골 사막화를 차단하기 위해 서울시가 2015년부터 2023년까지 25억 원을 들여 사막에서 버틸 수 있는 유실수와 방풍림을 약 100ha 정도 조성한 곳이다. 드넓은 천지가 오직 "사막"과 "비밀의 숲"으로 구분되는 느낌이 들었다.

　이제 서울 숲을 오랜 시간 조성하고 말라 죽지 않도록 관개시설도 어느 정도 구비되어 마무리를 할 때가 된 것이다. 마치 금지옥엽 키운 눈에 넣어도 아프지 않을 막내딸을 출가시키는 아버지의 마음처럼 무거운 마음과 대견한 마음이 함께 들었다.

　　　　　높이 오르지 않아도 꿈꿀 수 있는 이유

이제는 비밀의 숲을 유지하고 관리하는 주체로 그곳 마을 주민들로 구성된 "협동조합"에 넘겨주고 그 후견인으로 아르갈란트 솜(郡)장을 위촉하고 협약식을 체결하였다. 서울시도 지금까지 비밀의 숲을 조성하는데 함께 한 "푸른아시아"와 함께 계속 지켜보고 제대로 관리가 안 되면 직접 회수하여 관리하는 방안도 포함시켰다.

그런데 걱정할 것 없을 것 같다. 서울숲에 유실수, 비타민나무가 마을주민, 협동조합원 12명의 효자 노릇을 하고 있었다. 매년 다량의 비타민 열매를 수확하여 그 수익금을 조합원들에게 분배하고 나머지는 서울숲 유지관리에 재투자하고 있다. 그뿐 아니라, 빈터에 비닐하우스를 설치하여 각종 채소를 재배하여 이웃 주민들에게 저렴하게 판매하여 부가적인 수입을 올리고 있었다.

마을주민들이 숲을 잘 가꿈으로서 사막화도 예방할 수 있다는 대의를 알고 있을 뿐만 아니라, 가계소득을 증가시킬 수 있다는 확신을 갖고 있었다. 그들과 함께 전통적 스타일의 숙소"몽고 파오"에서 숙식을 하면서 그들의 근면성을 알 수 있었다. 밤하늘에 쏟아지는 별빛들을 보고자 숙소 밖으로 나와 하늘을 쳐다보니, 마치 헤아릴 수없이 많은 별이 나에게 쏟아지는 것 같았다. 늦은 밤 유성우처럼 쏟아지는 별들을 바라보면서 몽골 하늘 아래의 서울숲을 산책하기도 하였는데, 그 감회란 이루 말할 수가 없었다.

내가 거기서 3박 4일 정도 체류하는 동안, 서울 숲에 나무를 심으려고 온 많은 한국 학생들을 만날 수 있었다. 그들은 서울시가 애써 조성한 서울 숲을 참관하고 사막화 방지에 기여하고자 나무를 심고 물을 주려고 서울, 부산, 대구 등 각지에서 온 것이다. 어찌나 그 표정이 밝고 아름답던지! 한국의 젊은 학생(중고생)들이 몽골이라는 곳에서 사막화 방지를 위한 서울의 노력에 모두 놀라워하고 자긍심을 느꼈을 것이라고 생각한다.

우리는 함께 나무도 심고 물도 주고 나서 "몽골 사막화 방지를 위한 서울 숲 조성"이라고 쓰인 대형입간판 앞에 모여 합동으로 기념사진도 찍었다.

그 행사를 마친 후에 우리 일행은 협동조합장과 함께 '아르갈란트 솜(한국의 郡)' 청사를 방문하여, 서울시와 아르갈란트 솜이 서울 숲이 잘 관리되도록 후원하겠다는 내용이 포함된 협약서에 서명하는 의식을 진행했다. 물론, 서울 숲을 책임지고 유지관리해야 하는 '협동조합'과 기술적으로 도움을 줘야 하는 '푸른아시아'도 함께 협약식에 참여하였다.

앞으로 서울숲을 더욱 친환경적으로 관리해야 할 필요성에 대해 진지한 대화를 나눴다. 지하수를 펌핑하고 비닐하우스 난방을 위해 필요한 전기에너지를 태양광 발전으로 생산하는 방식에 대해 의견을 나눴다. 서울에서 폐기되는 태양광 패널을 서울숲으로 보내면 "푸른아시아"가 기술적 지원을 해서 그곳 상황에 맞게 가능한 장소에 가능한 방식으로 태양광 패널을 설치할 수 있다는 것이다.

나는 서울 숲 현장에서 많은 것을 느꼈다. 서울시가 국제적인 환경문제를 해결하기 위해 어려운 재정 여건하에서도 십여 년간 막대한 재정을 투자해서 눈에 보이는 '산전벽해'와 같은 서울 숲을 조성한 것에 대해 서울시 공무원으로서 뿌듯함을 느꼈다.

뿐만 아니라, 앞으로 세계무대에서 한국을 대표할 초중고생들의 국제환경문제에 대한 인식을 폭넓게 하고, 탄소중립과 대기질 개선을 위해서는 국가 간 연대와 도시정부 차원의 협력이 중요하다는 것을 현장에서 느끼고 깨우칠 수 있도록 '서울 숲'을 비밀의 숲이 아닌 '열린 숲'으로 전환했으면 좋겠다.

그런 기반을 선배 공무원들이 애써 조성해 놓았으니 더 뛰어난 후배 공무원들의 멋진 후속 조치를 기대해 본다.

건설산업의 혁신

2020년 7월부터 2021년 6월까지

건설혁신과장

좋은 정책은 정권이 바뀌어도 Go Go: 건설일용직근로자 사회보험료 지원사업 활착

공무원은 정치적 중립을 지켜야 할 의무가 있다. 이를 담보하기 위해 공무원은 특별한 흠결이 없는 한 정년까지 일할 수 있는 권리를 보장받고 있다. 시민의 삶과 직결되는 좋은 정책은 정권이 바뀌더라도 계속 추진되어야 한다. 물론 정책 타이틀과 내용은 일부 변경되더라도 그 골격은 유지되어야 한다.

2020년도에 건설일용직근로자 개인이 부담해야 할 사회보험료(국면연금, 건강보험)에 대해 서울시 재정으로 지원하여 청년층 등 내국인의 건설현장 유입을 장려하려는 정책이 마련되었다. 그 정책이 실행되기까지 많은 우여곡절과 역경이 있었다.

내용인즉 서울시가 발주하는 관급 건설현장에서 일하는 건설일용직근로자가 일정 수준의 근무일수를 충족하면 주휴수당을 지급하는 것과 개인이 부담해야 할 사회보험료를 지원해 주는 것이 주요 내용이었다. 그런데 2020년 7월 이후 전임 시장 유고 상황 발생 이후부터 시청 내부에서 미묘한 분위기가 감지되었다. 당초 정책 입안 과정에서 계획서에 서명했던 고위 간부들의 태도가 바뀌는

게 아닌가! 그런 분위기를 감지했던 것인지 이 정책을 최초로 입안했던 부서인 건설혁신과 내부에서도 전임 시장의 치적이 될 수 있는 정책을 실행하는 것에 부담을 느끼는 분위기가 확산되었다. 고위 간부들도 입장을 번복하려고 하는 마당에 담당 팀장, 주무관들의 태도가 소극적으로 바뀌는 것은 당연한 일일 것이다.

주휴수당은 근로기준법에 규정된 사항이라 재정 여건만 충족되면 즉시 시행 가능하다. 그러나 사회보험료 지원은 새로운 사회보장제도를 신설하는 것이어서 보건복지부에서 주관하는 "사회보장심의"를 거쳐야 하고 그것을 통과한 다음에는 서울시 조례에 지원 근거를 마련해야 해서 사전에 조례 개정 작업이 진행되어야 했었다. 그런데 관련조례[11] 개정을 위해서는 당해 정책에 대한 최고의 사결정권자의 컨펌이 필요한 상황이었다.

당시 나는 담당 부서장으로서 이 정책에 너무 몰입한 탓일 수도 있겠지만, 위험한 건설현장에서 열심히 일하는 일용직 근로자들, 특히 청년층에게는 그에 상응하는 인센티브를 제공하는 것이 지극히 당연하다고 생각했다. 취업을 준비하는 청년들에게는 월세 지원, 청년수당 지급, 교통비 지원 등 다양한 혜택을 주고 있는 반면에 창조적 생산활동 현장에서 땀흘리는 청년들에게는 아무것도 지원해주는 것이 없다는 것은 명명백백한 역차별이라고….

당시만 해도 건설현장에서 연간 430여 명이 사망하였는데, 이는 전국 860여 명 산재 사망자의 50%를 차지하고 있어 건설업이 산재사망자 발생 1위의 불명예를 차지하고 있었다. 그 원인은 건설

---

11) 관련조례: 「서울시 지역건설산업 활성화에 관한 조례」

현장의 근로환경 열악과 잦은 안전사고로 인한 청년층의 기피 심화에 따른 건설인력의 고령화 추세 심화, 언어소통에 애로가 있는 외국인들이 많이 유입되고 있는 것으로 나타나고 있다. 따라서 내국인 청년층의 건설현장으로 유입을 촉진하는 것이 필요한데, 그러기 위해서는 근로환경 개선과 함께 안전한 일자리로 대전환이 필요한 실정이다.

이러한 큰 그림 아래 주휴수당 지급과 노후생활 보장을 위한 국민연금과 건강보험 가입 확대가 필요하여 시 재정으로 개인 부담분 7.93%(건강보험 3.43 + 국민연금 4.5)의 일부를 지원해주는 것이었다. 비록 전임 시장 재직 중에 발의되고 입안된 정책이지만 그 정책이 지향하는 방향성이 올바르기도 하고 현직 시장께서 강조하는 "약자와의 동행" 비전과도 궤를 같이하는 의미 있는 사업이기도 하였다.

여하튼 우여곡절 끝에 3년여 간('23.12.限) 시행해 보고 그 시행 성과 등을 평가하여 계속 시행 여부를 결정하는 '한시정책'으로 조례를 개정하여 시행하는 것을 보고 다른 부서로 떠났다.

한참 후('23.12.)에 들은 바로는 이 정책의 효과성이 입증되어 3년여 간의 한시지원 조항이 조례에서 삭제되어 앞으로 계속 지원할 수 있게 되었다고 하니 얼마나 다행인지 모르겠다.

최근 한시 지원을 폐지하는 것 외에도, 당초 35세 청년까지 지원하던 것을 39세까지 지원대상을 확대하고, 보험료 지원 비율도 근무일수에 따라 80%까지 지원하던 것을 전액 100% 지원하는 것으로 확대하였다 하니 듣던 중 반가운 소식[12]이다.

　그 당시 만약에 건설혁신과장이었던 나까지도 정권교체기의 상황에서 소극적으로 대응하였다면 어찌 되었을까 생각해 본다. 이 자리를 빌어 당시 조례개정안을 의원발의해 주셨고 상임위인 서울시의회 도시안전건설위원회에서 심의 의결 될 수 있도록 아낌없는 지원해 주신 홍성룡 전 서울시의원님께 깊은 감사를 드린다.

　그러나 조례개정안이 시의회를 통과하기까지는 지난한 과정을 거쳤다. 서울시의회 제298회 정례회('20.12.)와 제299회 임시회('21.2.) 두 차례 안건 상정 결과 실패하였다. 당초 상정안에서는 외국인 근로자를 제외한 모든 건설 일용근로자에게 사회보험료(국민연금, 건강보험) 개인부담분을 서울시가 발주하는 관급공사비에 태워서 전액 지원하는 것으로 사업안을 구성하였다. 그때는 아직 새로운 시장이 보궐선거로 당선되기 전의 일이었다. 따라서 299회 임시회에서는 반드시 통과시켜야 했는데, 문제는 상임위 내부에서 막대한 시 재정이 투입되는 것에 대해 의원들의 반대 목소리가 커서 심의 결과 "보류"로 종결되었다. 참으로 난감하였다.

　민주당 출신의 전임 시장께서 추진하셨던 정책을 시의회 다수를 차지하였던 민주당 의원들의 반대로 1차 시도에서는 안건 상정조차도 못 하였고 2차 시도에서는 안건상정은 되었지만 심의 결과 "보류" 판정을 받았으니 얼마나 난감했겠는가! 그리고 보궐선거('21.4.)가 치러지면 전임 시장과는 다른 정치적 성향을 가진 새로운 시장께서 입성할 것이 확실시되는 상황이어서 그리되면 전임 시장

---

12)　최신 개정내용: 건설일용근로자 사회보험료 지원 확대 알림(2024. 7. 16)

재직 기간에 추진되었던 다수의 정책들은 폐기될 가능성이 높았기에 더더욱 불안해지기 시작했었다.

두 차례 실패 경험을 바탕으로 전략의 변화가 필요했다. 그래서 지원 대상을 건설현장에서 열심히 땀흘려 일하는 청년층에 특정하여 집중 지원하는 것으로 하여 시의원들이 우려하는 과대한 재정 투입 걱정도 해소하면서, 정치인들이 관심을 갖는청년층의 지지도 획득하는 두 마리 토끼를 다 잡는 방향으로 전환하였다.

그리되면 시 재정투자도 대폭 줄어들게 되고 각종 선거에서 당락을 결정하는 주요 세력으로 부각한 청년층의 표심을 끌어들일 수 있기에 상임위 통과 가능성뿐만 아니라 새롭게 보궐선거로 당선될 새로운 시장께서도 흔쾌히 수용할 수 있을 것으로 기대되었다.

그 과정에 새벽 인력시장을 두 번 세 번 방문하여 현장의 목소리를 청취하면서 대응 자세와 입장을 정립할 수 있었다. 인력소개소 책임자에 따르면, 예전에는 방학 때가 되면 많은 대학생들이 용돈과 등록금을 마련하기 위해 인력시장에 몰렸었는데 지금은 청년들에게 월세, 청년수당 지원 등 다양한 청년 지원정책이 봇물처럼 시행되면서 대학생들이 인력시장에 오지를 않는다는 것이었다.

여하튼, 전임 시장 시절에 입안됐던 정책이 까딱하면 사라질뻔한 위기에 처했음에도, 예상되는 행정환경 변화에 맞춰 발빠르게 대안을 마련하여 이해당사자들을 설득함으로써 좋은 정책이 사장되지 않을 수 있었다.

무엇보다 전임 시장이 추진한 정책이었지만 좋은 정책은 지속되어야 한다는 당위성에 긍정적인 반응과 지원을 주저하지 않은 신임 시장의 최종 의사가 이 정책이 실행되는 데 있어 성공의 열쇠가 되었다는 것을 누구도 의심하지 않을 것이다.

어찌 됐든 1년여 간의 지난한 과정을 거쳐 시의회에서 심의 의결되었고, 시장께서 드디어『건설일용근로자 사회보험료 지원 추진계획』13)에 서명(21.6.15.)하게 되었다. 이런 험난한 과정을 거쳐 시행된 정책이 소정의 성과가 있었음을 인정받았다는 것에 대해 당시 담당 부서장으로서 매우 큰 자부심을 느끼고 있다.

---

13) 주요 내용: 건설사업장별로 월 8일 이상 근로한 경우에『국민연금·건강보험』본인 부담분(7.93%)에 대해 최대 80%까지 지원
  - 지원 대상: 35세 미만 청년층 + 저임금 근로자(사업장별 월 임금 224만 원 미만)
  - 지원 내용: 월간 근로일수별 지원율 ① 8일~12일 근무 시 60% 지원 ② 13일 이상 근무 시 80% 지원

부적격 건설업체(페이퍼컴퍼니) 퇴출

건설현장의 사고예방과 건설 품질 확보를 위해 부적격 건설업체에 대해 철퇴를 강하게 내릴 수 있도록 건설업 단속체계를 강화하였다. 페이퍼컴퍼니 단속기법을 고도화하였고 전담 팀을 신설하려고 부단히 노력하였다.

건설산업기본법에 따르면 건설업 면허를 받은 자만이 건설공사에 참여할 수 있도록 하고 있다. 면허를 받기 위해서는 건설산업기본법에서 정하는 자본금 조건을 충족하고, 일정 수준의 기술능력을 보유해야 하고, 사무실도 갖추고[14] 있어야 한다.

그러나 시공능력도 없으면서 단순히 계약을 쉽게 따내기 위해 여러 개의 페이퍼컴퍼니를 등록한 후, 공공기관 발주공사 입찰 등에 참여하여 낙찰받아 불공정한 이익과 온갖 부조리(불법하도급 등)

---

[14] 전문건설면허인 상하수도설비공사업을 예로들면, 자본금 1억 5천만 원을 충족해야 하고, 2명 이상의 해당 자격요건을 갖춘 기술인력을 상시 고용해야 하고(4대 보험 가입), 사무집기와 통신설비 등을 갖추어 기본업무가 가능하고 다른 업체 등의 사무실과 명확히 구분된 단독공간의 사무실을 확보하여야 한다.

를 자행하는 부적격업체를 강하게 응징함으로써 건설현장에서 이들이 발붙이지 못하도록 해야 한다.

국내 전체 산업재해로 인한 사망자의 절반 이상이 건설현장에서 발생하고 있고, 부실공사로 인한 피해 및 근로자 임금체불 등에 대한 사회적 우려의 목소리가 커지고 있어서 관급공사현장에서 부적격업체, 즉 페이퍼컴퍼니가 발붙이지 못하도록 단속을 강화할 필요가 있었다.

내가 건설혁신과장으로 부임 이전인 2020년 2월에 『건설업 페이퍼컴퍼니 단속 추진 방침』을 마련하여 시범 단속을 하고 있었다. 그해 2월부터 12월까지 약 10개월간에 걸쳐 서울시가 발주한 134개 관급공사 참여업체에 대해 점검한 결과, 26개 업체가 등록 기준에 미달한 것으로 조사되어 공사계약체결 문턱에서 제외시키는 조치를 하였고, 그와 별도로 영업정지 등의 행정처분을 시행하였다.

이런 서울시의 부적격 건설업체 단속강화에 대한 소문이 나자 시에서 발주하는 관급공사에 참여하여 입찰에 응하는 건설업체 수가 단속 시행 이전과 비교하여 급감하였는데, 예를 들면 교량보수공사는 약 45%, 건축물 건축공사는 36%나 감소한 것으로 조사됐다.

적발된 업체 유형을 보면, (자본금 충족 여부) 출처가 분명치 않은 유가증권을 보유하고 회수 가능성이 없는 장기채권을 보유하는 경우, (기술능력 보유) 기술자가 상시 근무하지 않거나 급여 이체 내역이 없는 경우 등, (사무실 확보) 개인주거공간을 사무실로 신고하거나 건축물대장상 건물 용도가 주택인 경우 등이었다.

어느 건설업체는 동일 건물 같은 층에 동일한 전문면허를 가진 6개 전문건설업체를 운영하는 것처럼 서류를 꾸몄는데, 이들은 서울시 발주 건설공사의 입찰 확률을 높이기 위해 페이퍼컴퍼니 6개 사업자를 동원하여 입찰금액을 다르게 적어 벌떼 입찰을 했다가 단속에 걸리기[15]도 하였다.

또 다른 경우에도, 오피스텔 한 층에 6개의 전문건설업체가 몰려 있었는데, 완전한 페이퍼컴퍼니는 아니었으나 의심스러워 상당한 시간을 들여 기술자 상시고용 등에 대해 집중적인 점검을 하였으나 수사권이 없는 단속 공무원들이 감춰진 의혹들을 밝혀내는 데는 한계가 있었다.

기술인력의 상시고용 여부를 확인하려면, 4대 보험 가입 여부 확인 외에 해당 기술자가 실제로 회사 사무실이나 신고된 공사현장에서 일하고 있는지를 스마트폰 통신기록 정보(위치 파악 등) 조회 등을 통해 확인해야 하는데, 이는 수사권이 없는 지자체 단속 공무원으로서는 확인할 수가 없는 것이었다.

또한 사무실이 독립적으로 구성되어 있어야 하는데 서로 연결통로를 통해 이동 가능한 공간 구조여서, 정황상으로는 페이퍼컴퍼니 가능성이 의심되었지만 확정할 증거자료가 불충분하여 문제없는 업체로 판명한 기억이 있다.

위와 같은 사례에서 보듯이 페이퍼컴퍼니에 대한 실질적인 단속 활동에는 많은 제한이 따랐다. 단속 공무원들이 수사권이 없는 관계로, 실제 기술자 보유 여부를 확인하려면 수사하듯이 암행 점검도 하고 의심되면 관계자들을 소환해서 심층 조사도 할 수 있어야

---

15) 출처: 2021.9. 서울시가 제공한 보도자료를 참고하여 언론사 등에서 기사화한 내용을 참고 (인터넷 기사 내용 참고).

높이 오르지 않아도 꿈꿀 수 있는 이유

하는데, 법령상 그런 규제를 할 수 있는 권한이 없어서 불가능했다.

그래서 건설업체가 면허 관련 서류만 잘 맞춰놓으면 의혹을 밝혀내는 데 많은 한계가 있었다. 그래서 페이퍼컴퍼니 단속뿐만 아니라 불법하도급 등 법규위반 사안에 대해 심층 조사와 수사를 할 수 있는 권한(수사권)을 확보하는 것도 중요한 과제였으며, 이를 위해 건설산업기본법과 특별사법경찰 관련법령 개정을 중앙정부에 건의하기도 하였다.

더 나아가 시의회 도시안전건설위원회 전문위원실과 협의하여 지방자치단체 건설업체 점검 공무원에게 특별사법경찰권을 부여하도록 하는 내용의 서울시의회 차원의 건의서를 의결하여 중앙정부에 건의하는데 논리와 명분을 제공하였던 기억이 있다.

여하튼 법 개정을 통해 지자체 건설업 관리부서 직원들이 "특별사법경찰권"을 부여받아 수사할 수 있는 권한을 확보하는 일이 중요하긴 하였으나, 얼키고 설킨 건설업 생태계를 고려할 때 쉽지 않은 일이었다. 2021년 6월 광주광역시에서 다단계 불법하도급이 원인이 되어 발생한 '건물붕괴사고'로 다수의 사망자가 발생한 이후, 재발방지를 위한 주요대책의 하나로 지자체 건설업 관련 담당 공무원들에게 특별사법경찰권을 부여하는 안이 집중 검토되었으나 종국에는 제외되었다.

관련 부서에 확인한 결과, 주무 부처인 국토교통부에서 특사경 권한을 부여하는 것에 대해 전국 광역시·도의 의견을 수렴하였는데, 서울시와 경기도에서는 찬성하였으나 다른 대다수의 시·도에서는 반대의견을 냈다는 것이다. 그리고 국회 심의과정에서도 중요하게 논의되지 않았다는 것이다. 결국은 없었던 일로 끝나버렸다고 한다.

다른 대다수의 시·도에서 반대의견을 냈으니 성안되기가 어려웠을 것이다. 대부분의 시·도에서는 특사경 권한을 행사하여 불법하도급이나 기술 인력 명의 이용금지 위반 페이퍼컴퍼니 등을 단속하는 것에 대해 두려움을 느꼈던 것 같다.

어찌 됐든, 우선은 법에서 정한 기준 충족 여부에 대해 조사하여 위법사항이 발견되면, 서울시가 발주한 관급공사 입찰 참여 배제, 영업정지 처분 등의 행정처분을 받게끔 하여 페이퍼컴퍼니가 건설업에 더 이상 발붙이지 못하도록 하였다.

이런 1년간의 페이퍼컴퍼니 단속 상황을 평가한 결과, 많은 성과가 나타난 반면 일부 문제점도 도출되었다. 전문조사관 1명이 전담하여 그 많은 건설업체들을 점검하다 보니 필요한 조치를 취하기까지 장시간이 소요되는 등 많은 애로가 있었다.

서울시보다 한발 앞서 페이퍼컴퍼니 단속에 앞서갔던 경기도청에 확인한 결과, 경기도에서는 팀장 포함해서 10명으로 구성된 페이퍼컴퍼니 점검팀이 있는 것으로 확인되었다. 그래서 나름 체계적인 단속과 처분이 이루어지고 있었다.

그러한 체계를 아직 구비하지 못한 서울시에서는 그 많은 점검을 한 명의 전문조사관이 하고 있었으니 문제가 터지지 않을 수가 없었다. 그간 서울시에서는 서울 등록 건설업체만 입찰에 참여하는 "발주금액 10억 원 미만의 소액 경쟁입찰"에 대해서만 페이퍼컴퍼니 점검(단속)을 해왔었는데, 소액 건설공사가 서울시 전체 발주공사의 70~80% 해당하는 상황에서 그 많은 공사건수를 점검하던과정에 관계되는 여러 부서 간(점검부서/발주부서/계약부서)에 갈등이

높이 오르지 않아도 꿈꿀 수 있는 이유

생긴 것이다.

적격심사 대상업체 1~3순위 업체에 대해서 등록기준 등 위반사항을 점검하면 자료조사부터 행정처분까지 최대한 빨리 끝낸다고 해도 40일 이상 소요되는데, 발주부서 등은 그 기간을 기다려 주지를 못하는 것이다.

만약 점검 결과, 1순위 업체가 페이퍼컴퍼니로 판명되면, 원칙적으로는 청문 절차를 거쳐 행정처분이 내려져야 계약에서 배제시킬 수가 있는데, 그렇지 않고 점검 결과에 근거하여 탈락시키면 해당 업체로부터 소송을 당할 위험이 있을 뿐 아니라, 공사발주부서에서도 다시 적정업체 선정을 위한 재공고 과정 등을 거쳐야 하기 때문에 공사착수 일정 지연으로 인한 불만들이 이만저만이 아니었다.

그래서 이러한 문제점을 극복하기 위해 현실적인 대안을 마련하게 되었는데, 먼저, 경기도청 사례를 참고하여 페이퍼컴퍼니 전담 점검 조직을 신설하고 점검인력을 확충하기로 했다. 해당 분야 전문성을 보유한 일반임기제 6급(회계전문가), 시간선택제임기제 공무원 등 7명을 충원해서 『건설업지도팀』을 신설하고, 페이퍼컴퍼니 점검 대상업체도 전체 관급공사 참여업체 중 적격심사에서 1순위로 선정된 업체에 대해 샘플 점검하기로 한 것이다.

그리고 단속 점검 전략도 변화를 주었다. 이전에 전수 점검을 하던 방식을 샘플 점검으로 전환한 것이다. 샘플 점검의 특성상, 누구든지 무작위로 점검해서 걸리면 "뼈도 못 추린다"라는 예방효과도 거두면서, 우선은 단속조직이 체계적으로 완비되는데 걸리는 시간을 고려하여 담당자의 업무 스트레스도 줄여 주는 효과가 있었다.

　그와 별도로 전담팀을 정규 조직으로 신설하는 것은 많은 시간과 노력이 필요하였다. 그래도 시간선택제임기제공무원 5명은 최대한 빠르게 채용하여 페이퍼컴퍼니 점검작업에 투입할 수 있었으나, 전담팀을 신설하는 것은 기획조정실(조직담당관)을 설득하여야 하는데 쉽지 않을 것 같았다. 그래서 서울시의회 전문위원실과 협의하여 관련 조례상에 전담팀 신설을 명문화하였다. 즉 "등록기준, 면허대여 등 부적격업체에 대한 단속 및 전담팀 신설"을 규정하는 조례 개정을 의원 발의로 추진하여 전담팀 신설의 명분을 조례에서 찾을 수 있게 한 것이다.

　그리고 그해 7월에 예정되어 있는 인사발령에 나도 포함될 수 있다는 생각에 우선 임시조직으로라도 『건설업지도팀』을 신설하는 것으로 내부 방침을 마련하였다. 정규 전담팀 신설은 관련 부서와 협의도 거쳐야 하고 해서 관행상 상당한 시간이 소요되고, 또한 필요성도 입증해야 해서 상당한 노력이 수반되어야 할 사안이었다.

　그래도 우선은 전담팀 신설 명분을 조례개정으로 만들어 놓은 상태에서, 임시조직으로라도 『건설업지도팀』을 그해 8월부터 운영하도록 하였다.

　임시조직이지만 건설업지도팀이 그동안 실적을 거두면 아무래도 기획조정실을 설득하여 정규팀으로 하는데 수월할 것으로 판단하였다. 이러한 나의 전략이 통하여 지금 건설업단속팀이 정규조직으로 많은 일들을 하고 있다는 것을 알아줬으면 한다.

　그러나 이런 행위가 혹시나 건설현장에 만연해 있는 불법행위들에 대해 되레 면죄부를 주는 것이 아닌가? 하는 의구심을 떨쳐버리기가 쉽지 않다. 페이퍼컴퍼니 조사라는 게 그저 사무실은 구비하고 있는지? 기술인력은 상시 보유하고 있는지? 자본금은 갖추고 있는지? 등을 확인하는 아주 형식적인 수준이다. 이런 조사망을 교묘하게 회피하기는 그리 어렵지가 않을 것이다.

그래서 건설현장의 고질적인 불법하도급이나 기술인력 명의대여와 같은 불법행위를 뿌리 뽑아 건축물이나 시설물의 품질과 건설근로자의 안전을 담보할 수 있도록 시·도 공무원에게 『특별사법경찰권』을 부여할 수 있게끔 관련 법령 정비가 조속히 추진되어야 할 것이다.

최근, 건설업면허등록(종합/전문) 현황을[16] 보면, 전문건설업 면허 등록 건수가 상대적으로 증가 추세에 있는 것으로 나타났다. 건설업의 경쟁력 향상을 고려한다면 능력 있고 우수한 업체들만 살아남도록 경쟁 구도를 조성해야 하는데, 업역규제 폐지 정책 시행 이후 일부 전문건설업종 등에 대한 진입장벽이 낮아지는 등으로 인해 전문건설업 등의 신규면허 등록 건수가 증가하고 있다고 하니 안타까울 뿐이다.

감독청에서 페이퍼컴퍼니를 단속해서 영업정지나 면허취소 등

---

16) 페이퍼컴퍼니 단속강화 등 규제정책이 제대로 그 효과를 발휘하고 있다면, 건설업면허 등록 건수가 감소 추세를 보이는 것이 보다 타당하지 않을까 싶다.
  〈건설업면허 등록 현황(전문/종합)〉

구분	전문건설면허		종합건설면허	
	서울	전국	서울	전국
2024.10.	10,228	83,717	2,754	21,986
2023.12.	9,769	79,976	2,842	22,227
2022.12.	9,127	75,670	2,674	21,545

의 고강도 행정처분을 하여도 사업주가 폐업해 버리고 다른 사람의 명의를 빌려 새로운 건설업체를 창업하는 경우가 많다고 하니, 아무리 시에서 페이퍼컴퍼니 단속과 처벌을 강화해도 건설업의 건전성 제고가 더디지 않을까 우려 된다.

못다한 혁신: 지하도상가 운영 정상화

서울에는 공설시장이라 할 수 있는 25개 지하도상가가 있는데, 총 2,788개 점포가 영업 중[17]이다. 이중 여건이 좋지 않은 4개 상가는 서울시설공단이 직영하고 나머지 21개 상가는 공개입찰을 통해서 수탁업체를 선정하여 관리하고 있다. 연간 총 임대료는 394억 원으로 (점포당 평균 1천 4백만 원) 서울시 일반 세입으로 편입된다.

이 지하도상가가 아주 편법적으로 운영되고 있어 이를 정상화하려고 이해당사자들로 협의체를 구성하여 간담회 등을 개최하면서 타협점을 찾아보기도 하였으나 미완의 실패로 끝나게 되었다.

서울의 지하도상가는 서울시 공유재산으로 공공시설이지만 거기서 영업을 하는 분들은 그렇게 생각하지 않는다. 상가 입점 상인들은 오래전에 방치되어 있던 지하도를 직접 리모델링하여 상가로 개발하였기 때문에, 그들의 영업권을 영구히 보장받아야 한다고

---

17) 권역별 상가운영 현황: 을지로 권역 5개 상가 453점포, 종로권역 8개 상가 453점포, 명동 5개 상가 605점포, 터미널 1개 상가 620점포, 영등포 3개 상가 291점포

주장한다. 그래서 공공시설임에도 불구하고 지하도상가 관리업체만 공개입찰을 통해 변경될 뿐, 상가에 입점해 있는 점포주들은 상속까지 하면서 영업권을 대물림하고 있는 상황이다.

예전에는 보행환경이 열악했던 시기에 지하도상가는 성황리에 영업활동이 가능했으나, 보행친화적 도시환경으로 전환과 온라인 쇼핑몰 활성화에 따라 지하도상가가 침체기에 들어서면서 공실 상태의 점포가 늘어났고 그에 따라 상가별 영업 상황이 열악해졌다.

내가 건설혁신과장으로 재직 시에는 코로나 19 팬데믹으로 지하도상권이 더욱 위축되었다. 그래서 소상공인 지원책으로 그 기간 동안 임대료 50% 감면, 임대료 납부 기간 연장 등의 지원대책을 마련·시행하였다.

서울시설공단이 직영하는 4개 상가 외에 나머지 21개 상가는 서울시설공단이 위탁기간이 종료되면 공개입찰로 최고가 응찰한 업체를 신규 관리업체로 선정하여 위탁계약을 맺고, 그 수탁사업자가 점포주들로부터 임대료를 납부받아 공단에 납입하고 있다.

점포주의 경우, 서울시와 공단의 정책에 동의한 임차인에 한해 신규수탁자와의 임대차계약을 승계할 수 있다는 원칙[18]에 따라 대부분의 점포주들은 영구적으로 영업활동을 보장 받고 있는 상황이다.

다수의 상가에서 주기적으로 시설공단과 수탁계약 체결 시 갈등 상황이 재현되고 있다. 상가 관리 수탁업체로 선정된 사업자는 상

---

18) 이 원칙은 서울시가 지하도상가 운영 정상화를 위해 부단히 노력하였음에도 불구하고 그 한계를 인정하고 마지못해 "소상공인 임차권 보호 정책"을 명분으로 17년부터 적용하고 있는 상황임.

높이 오르지 않아도 꿈꿀 수 있는 이유

가와 관련된 이해당사자들이 많은데, 예를 들면 서울고속터미널 지하도상가의 경우에는 상가에 입점한 상인들로 구성된 관리회사가 수탁업체로 선정되어 오랜 기간 동안 관리해 오고 있다.

점포주들은 자기들이 막대한 비용을 들여 상가 리모델링 등을 추진했기 때문에 공유재산 감정평가액이 올라간 것이므로, 시설공단이 그 올라간 감정가격을 기준으로 대부료를 산정하여 점포주들에게 납부하도록 하는 것은 불합리하다고 주장하면서, 임대료를 낮춰 줄 것을 강력하게 요구하고 있었다.

위와 같은 문제를 해결하는 것은 단순하다. 지하도상가는 서울시 공유재산이기 때문에 민간에 임대를 하는 경우에는 공유재산법령에 따라 감정가격을 기준으로 한 대부료를 받도록 한 원칙을 그대로 적용하면 되는 것이다.

그리고 지하도상가 중 일부 여건이 양호한 상가에 대해서는 수탁업체로 선정되기를 희망하는 사업자들이 경쟁하고 있어 최고가 입찰방식으로 수탁업체를 선정하고 있으나, 과도한 대부료 상승으로 인한 점포주들의 부담을 덜어주기 위해 최고가 입찰에 제한을 두어 낙찰상한율을 120%로 설정하고 있다.

이러한 여건하에서 다수의 지하도상가는 앞서 언급한 여건 변화로 인해 빈 점포가 많아지면서 새로운 활로를 찾아야 한다. 그래서 시에서는 지하도상가 활성화를 위한 연구용역도 추진하기도 하였으나 연구 결과를 현실에 접목하는 데는 근본적인 한계를 드러낼 수밖에 없었다.

지하상가에 입점해 있는 점포들에서 판매하는 물건들에 대한 품질을 어느 수준까지 담보할 것인가가 관건이다. 지하도상가에서 판매하는 품목들의 대부분은 중저가로 구성되어 있어 자체 경쟁력을 확보하기가 쉽지 않은 구조이다.

그러한 한계에 직면한 상황을 고려하면서 지하상가의 경쟁력을 확보할 수 있다는 확신이 들어서야 만이 고객들의 상가 방문을 편리하게 할 수 있도록 엘리베이터를 설치하던지, 상가내부 리모델링을 하여 더 많은 고객을 끌어들이도록 할 것인데, 그러려면 막대한 재원투자가 이루어져야 할 것이다. 공유재산이기 때문에 시가 재정사업으로 하거나 민간자본을 투자받아서 해야 하는데, 그에 대한 확신이 서지를 않았다.

다른 문제는 지하상가에 입점한 점포주들의 영업권이 상속까지 된다는 것에 대해 어떻게 하면 이를 종결시킬 것인지에 대해 고민을 많이 했었다. 지하도상가를 활성화하기 위해서는 영업권 상속을 금지하여 공공이 환수한 점포에 대해서는 입점을 희망하는 누구에게나 개방을 하여, 새로운 바람이 지하에 들어올 수 있게 하여야 한다.

공유재산인 지하도상가가 언제까지 영업권을 주장하는 점포주들에 의해 장기간 부당하게 점유되면서 새로운 활용방안을 검토하는 것까지 불가능하게 되고 결국은 상권활성화도 어렵게 되기 때문에, 모든 근원적인 문제인 "영업권"을 서울시가 회수하여 누구나 입점을 희망하는 시민들에게 공정하고 투명한 방법으로 활용할 수 있게 하는 것이 가능해야 한다.

이 해결책을 강구하고자 이해당사자. 갈등조정 전문가, 상권활성화 전문가 등으로 협의체를 구성하여 여러 차례 회의도 개최하면서 논의하였으나 뾰족한 해법을 찾을 수가 없었다.

건설업 업역규제 폐지
vs
공사추진 방식의 투명성

내가 건설업에 대해 아는 수준은 다음에서도 말하겠지만, 과거 공무원 시험공부를 할 때 FM(Father & Mother) 장학금이 바닥나서 생활비가 필요한 경우에 건설현장에서 잡부 일이나 벽돌 나르는 일 등을 경험했던 게 전부였다. 그런 내가 당시 가장 핫했던 "건설업 업역규제 폐지"관련해서 이해당사자인 종합건설협회와 전문건설협회 사이에서 조정자 역할을 했던 것이 나름 의미 있는 일이었다.

물론, 건설업 업역규제 폐지는 건설업의 경쟁력을 제고하기 위해 그간 업역과 업종에 따라 건설사업자의 업무영역을 엄격히 제한해 오던 '칸막이'가 사라지고 발주자가 역량있는 건설사업체를 선정하기 위한 제도로, 국토교통부가 오랜 기간 준비 끝에 관련법인 『건설산업기본법』을 2018년에 개정하여, 공공공사는 2021년부터, 민간 발주 공사는 2022년부터 폐지하기로 하였다.

국내 건설업의 운영 실태를 풍자하는 우스갯소리가 있다. "대규모 공사를 시공하는 대형건설회사 창고에 삽 한 자루도 없다." 이는 건설회사가 큰 공사를 따내서는 직접 시공하지 않고 공종별로 쪼개 전부 전문건설사에게 하도급을 줘서 공사하는 관행을 비꼬아서 하는 말일 게다.

국내 건설산업의 주요 폐단 중의 하나인 (불법)다단계 하도급 구조를 개선하려면, 원청(수급인)의 직접 시공비율을 높이고 건설업역 규제 폐지를 통해 시공 능력이 우수한 건설사만 경쟁에서 살아남을 수 있도록 관련 제도 정비가 필요하다. 그러면 제대로 된 공사가 가능하여 공사의 품질이 담보되고 안전사고 발생도 현저히 감소할 것이라는 기대를 갖고 있다.

한마디로 얘기하면, 전에는 전문건설업체는 아무리 시공능력이 뛰어나고 회사 규모가 크더라도 오로지 철근콘크리트, 석공사와 같이 단위공사만 할 수 있었는데, 이제는 능력만 된다면 종합공사에도 직접 참여할 수 있게 되는 것이다. 반대로 종합건설업체도 위와 같은 전문공사를 따낼 수 있게 된 것이다.

여러 개의 전문면허를 보유한 중견 전문건설업체의 경우에는 종합공사에서 제시하는 요건을 충족하면, 단독으로도 입찰에 참여할 수 있고 아니면 다른 전문면허 업체와 컨소시엄을 구성해서 종합공사를 따낼 수[19]도 있게 된 것이다.

그런데, 건설업 업역규제 폐지 논의과정에 종합건설협회와 전문건설협회가 함께 참여해서 각각의 소속 회원사들의 입장과 이익을 대변하며 오랜 기간 논의 끝에 그 접점을 찾아내어 법령 개정을 하

---

19) 이 사항은 2027.1.1.부터 적용하는 것으로 관련 법령 개정되었음(근거: 「건설산업기본법」 제16조제1항제3호).

높이 오르지 않아도 꿈꿀 수 있는 이유

게 된 것인데, 시행 후에 전문건설협회에서는 전문건설사들이 손해를 보고 있다고 하면서 불편해했던 것 같다. 서울시가 발주하는 관급공사에서도 업역규제 폐지 이후에 전문건설사가 주로 해왔던 전문공사들도 종합건설사가 들어와 뺏어가고 있다는 것이다.

아무래도 전문건설사가 상대적으로 더 영세하기 때문에 업역규제 폐지로 인해 기존의 자신들의 영역을 종합건설업체들에게 다 뺏길 거라는 생각 때문일 것이다. 서울의 전문건설사 중 3개 이상의 면허를 보유한 중견업체는 432개사로 서울에 등록한 6,523개 ('21.1.)의 6.6%에 불과하다.

면허를 여럿 가지고 있는 중견전문업체들은 업역규제 폐지가 도움이 될 수 있으나, 대다수의 영세 업체들은 예전과 비교하여 달라질 게 없는 상황이라 할 수 있다. 종합공사의 하도급에 의지하여 명맥을 이어갈 뿐이다. 그래도 영세한 전문건설업체를 보호하기 위해 정부가 취한 조치도 있었다. 공사예정 금액 2억 원 미만의 전문공사는 2023년까지는 종합건설사가 참여할 수 없도록[20] 한 것이다.

어찌 됐든, 당시에 서울시에서 발주한 관급공사를 분석한 결과, 종합건설사들이 전문공사에 응찰하여 낙찰받은 비율이 저조한 것으로 나타났는데, 전문공사는 여전히 전문건설사가 낙찰받은 것으로 나타났다. 데이터를 가지고 설명을 해도 잘 납득이 되지 않는 모양이었다. 아마도 전문건설협회에서 제시한 전국을 기준으로

---

[20] 이 사항은 법령 개정으로 2026년 12월까지로 연장되었으며, 공사예정금액 4.3억 원 미만의 전문공사로 확대 적용('24.1. 개정).

한 자료에서는 전문건설사들이 손해를 보는 것으로 나타난 모양이었다. 그러나 서울시에서 추출한 자료에 따르면, 전문건설사가 여전히 서울시에서 발주한 전문공사를 더 많이 따내고 있다는 것을 보여주고 있었다.

아무래도 업역규제 폐지가 시행된 지 얼마 지나지 않은 시점이어서 서울시 발주부서 담당자들이 관행을 따라서 예전 방식대로 발주를 하고 있어서 전문공사에는 주로 전문건설사들이 공사를 따내기 때문일 것이다.

특히, 상수도공사에 대해서는 상수도본부가 공사발주 금액과 상관없이 연간 단가공사에 대해서는 '상하수도공사업'면허를 가진 전문건설사만 참여할 수 있도록 제한함으로써 업역규제 폐지와 역행하는 듯한 입장을 보여줬다.

당시 총괄부서장으로서 나는 이런 생각을 했다. "태어날 때부터 잘하는 사람이 어디 있나". 상수도 연간단가 공사는 상수도 누수사고에 긴급히 대응해야 하고, 땅속에 묻혀있는 수도관로를 숙지하고 있어야 하는 등의 전문성이 필요하기 때문에 종합건설사가 참여하면 안된다는 논리였다. 종합건설사가낙찰받더라도 어차피 상하수도면허를 가진 전문건설사에 하도급을 줄 것이 뻔하지 않느냐 하는 생각도 한 모양이다.

서울시종합건설협회에서는 이 건에 대해서 시청을 방문하여 안전총괄실(건설혁신과)이 상수도본부에 그렇게 하지 못하도록 시정해달라는 청원을 제출하기도 하였다. 양자의 이해가 상충되는 상황에서 중재자로서의 역할을 수행하는 데 많은 한계가 있었다.

그럼에도 기존 관행대로 하려는 서울시 건설사업 발주부서의 잘

못된 행태를 개선시키려고 많은 권고성 공문을 시행하고, 발주부서의 건설공사 추진 방식에 대해 사전 검토 과정에 공종분리를 제대로 하게끔 하여 업역규제 폐지 정책의 효과가 제대로 나타나도록 하였다.

어찌 됐든 종합건설업체는 업역규제 폐지 정책으로 전문건설업체보다 우위를 점하지 않았나 하는 생각이 든다. 이 업역규제 폐지로 한국의 건설산업이 경쟁력을 확보할 뿐만 아니라 안전한 공사현장이 되는데 초석과 같은 역할을 할 수 있기를 갈망해 본다.

그런데, 최근 확인된 자료를 통해서 추정컨대, 업역규제 폐지로 인해 건설업의 투명성에 대해 전문건설협회와 종합건설협회 간에 상반된 입장을 보이는 것 같다. 업역규제폐지 정책 시행 이후 그 효과를 분석한 「2022년도 공공공사 상호시장 진출 발주·수주현황」자료[21]에 의하면, 이전에는 전문업체만 입찰에 참여할 수 있었던 '전문공사'에 종합업체도 참여하여 '상당한' 수준의 수주실적을 달성한 반면, 종합공사에 대해서는 전문업체가 '미미한' 수준의 수주실적을 달성한 것으로 나타났다. 위 자료에 따르면 종합과 전문의 상호시장 수주 점유율비 격차가 공공공사에서 약 6배 차이가 발생하는 것으로 분석되었다.

전문건설협회에서는 전문건설업체들이 해야 할 전문공사를 종합건설업체가 많이 뺏어갔다고 하면서, 그간의 업계 관행에 비추

---

21) 국토연구원이 '23.6월 발표한 "22년 공공공사 중 상호허용공사 금액은 12.43조 원임. 그 중 '종합공사'는 7.41조 원으로 종합업체가 6.99조 원(94.4%)을, 전문업체가 0.41조 원(5.6%)을 수주하였음. 반대로 '전문공사'는 발주금액 5.01조 원으로, 종합업체가 1.66조 원(33.1%)을, 전문업체가 3.35조 원(66.9%)을 수주하였음.

어 종합건설업체들이 혹시나 '위장 직접 시공'을 하는 게 아닌가 하는 의구심을 가지는 것 같다. 종합건설업체가 전문공사를 낙찰받으면 이제는 직접 시공을 해야 하기 때문이다.

물론, 종합건설업체들의 입장은 그렇지 않을 것이다. 관련법령 규정에 따라 전문공사를 직접 시공하고 있다고 할 것이다.

투명한 공사업체 선정과 공정한 계약질서의 확립이 되지 않으면 공사의 품질과 근로자의 안전이 담보되기가 어려운 것은 자명한 이치이다. 업역규제 폐지가 확립되어 건설업의 경쟁력을 높이기 위해서는 공정하고 투명한 공사업체 선정과 공사추진 체계가 마련되어야 한다. 그래야 만이 능력과 실력을 겸비한 우수한 건설업체가 양산되어 건설산업을 반석 위에 올려놓을 수 있을 것이다.

높이 오르지 않아도 꿈꿀 수 있는 이유

1부 리그, 2부 리그 경험담

내가 본의 아니게 2부 리그에서 근무하면서 1부 리그에서는 배우지 못했던 많은 일을 배우고 경험하게 되었다. 2018년까지 4년간의 교통지도과장을 끝으로 1부 리그를 떠나 2부 리그에서 시설안전과장과 건설혁신과장을 2년 6개월간 경험하면서, 토목직 세상을 느낄 수 있었다.

행정2부시장 산하에서 처음 근무였고 많이 생소한 느낌이 있었다. 특히 토목 세계의 독특한 조직문화, 선·후배 간의 안정적인 관계 설정 등 행정직 세계와는 다른 안정감을 느낄 수 있었다. 부서장인 과장의 인사권한이 행정직에 비해 상당히 쎄다는 것도 느낄 수 있었다. 6급 기술직 근평을 과장이 하는 것에 대해 깜짝 놀랐다. 즉 부서 내에 6급 토목직원이 5명이 있으면 근무평정에서 1명의 직원에게 자체 "수"를 줄 수 있는 것이다. 행정직 세계에서는 그 권한이 한 단계 위인 실·본부·국장이 직접 행사한다.

공무원들은 승진에 목숨 거는 존재가 아닌가! 승진하려면 근무평정에서 "수"를 받아야 하는데, 그 평정을 토목직 등 기술직이 주류인 2부 리그에서는 부서 단위로 하고 있으니 부서장의 권위가 얼마나 크겠는가! 1부 리그에서는 그러하지 않기 때문에 '위아래도 없고' '각자도생' '콩가루 조직'과 같은 단어가 딱 들어맞는 그런 분위기이다.

내가 행정1부시장 소속 도시교통본부의 교통지도과장을 4년간 담당하면서, 6급 행정직원이 12명까지 근무하고 있었는데, 그 많은 직원 중에 "수"는 고사하고 "우" 상위 근평도 제대로 받은 직원이 없었다. 그러다가 4년째 즈음에 교통지도과 행정6급 서무주임이 최하등급의 "수"를 받았던 적이 있었다. 그때 얼마나 기쁘던지! 부서장이 12명이나 되는 행정 6급 중에 단 한명도 "수" 근평을 챙겨주지 못했을 때 느끼는 모멸감은 이루 말로 다 할 수 없을 것이다.

북한의 김정은 위원장이 외국 정상과의 면담 등에 부인을 대동하고 나타나는 행위 등을 두고 언론 등에서 "비정상 국가"에서 "정상 국가"로의 변화하는 모습을 보여주는 상징적 의미가 있다고 보도를 한 적이 있었다. 나는 이 사례를 인용하여, "드디어 교통지도과가 '정상 부서'가 되었다" "너무 기쁘다"라고 떠들어 댔던 기억이 있다.

당시 2부 리그에서 근무하면서 느꼈던 또 다른 충격적 사건이 있었는데, 다름 아니라 부서 워크샵을 1박 2일로 추진하는 게 아닌가! "깜놀"이었다. 때는 바야흐로 2020년 즈음으로 기억한다. 당시만 해도 직원들이 "자유게시판" "블라인드" 등에 '회식 반대' '체육단련 행사 반대' 등이 도배를 하던 시기여서 행정직 공무원이 주류인 1부 리그에서는 부서 단위로 그것도 1박 2일로 "워크숍"을 간다는 건 거의 불가능한 일로 간주되었던 시기였다.

더 깜놀인 것은 평일 워크숍이 아니고 금요일 출발해서 휴일인 토요일에 마무리한다는 것이다. 그나마 직원들의 불만을 줄이려면 목요일에 출발하여 금요일에 끝낸다던지 해야 할 텐데, 그것도 아니고^^.

나중에 그 원인을 곰곰이 생각해 보니 다름 아닌 "끈끈한 토목직"이었다. 그런 그룹 분위기를 다들 수용하고 묵묵히 따르는 것이 앞으로의 처신에 도움이 되기 때문일 것이다.

행정직은 왜 부서장이 자체적으로 근무평정을 하지 못할까? 궁금하다. 토목직 등 기술직처럼 부서장이 자체 근무평정을 할 수 있도록 하면 어떨까? 그러면 모든 부서가 서울시장을 대리하여 맡은 업무에 대해 최상의 서비스 품질을 보장하려고 죽기살기로 일하지 않을까!

나는 2부 리그에서 두 개의 직책을 맡았었는데, 처음은 시설안전과장이었다. 시설안전과는 서울의 공공 및 민간 건축물과 시설물의 안전점검을 총괄하는 부서로서, "시특법[22]" "제3종 시설물" 등 평소 들어보지도 못했던 용어들을 많이 알게 되었고, 국가안전대진단 업무 총괄, 건설현장 안전사고 예방 위한 안전어사대 운영을 통해 안전한 서울을 만들기 위해 의미 있는 시간을 보냈다.

국가안전대진단 업무 총괄하면서 2019년도에 서울시가 최우수 기관에 선정되는 영광의 순간도 있었다. 안전어사대 요원들과 건설현장 안전 점검을 하면서 사고는 너무나 가까운 곳에서 일어날

---

[22] 풀네임은 "시설물의 안전 및 유지관리에 관한 특별법"으로 1994년 10월 성수대교 붕괴사고, 1995년 6월 삼풍백화점 붕괴사고를 계기로 하여 주요 시설물의 안전점검과 적정한 유지관리를 통해 재해를 예방하여 공중의 안전을 확보하고자 1995년 4월에 시행되었음.

수 있다는 것을 깨우치기도 하였다.

공사현장에 난간이 설치되어 있지 않아 2m 아래로 떨어져서 사망했다는 사고를 처음에는 믿지 않았으나 사실이었다. 건설현장은 의외의 곳에 위험이 항시 도사리고 있다는 것을 알 수 있었다.

그 후 1년을 건설혁신과장으로 보냈는데, 건설업에 대해 잘 알지도 모르면서, "건설업 업역 규제 폐지" "건설혁신대책 마련" "부적격 건설업체 단속 강화" "적정공사비 보장" 등과 같은 생소한 업무들을 우수한 직원들과 해나갔다.

그 과정에 뛰어난 토목직의 일꾼들을 많이 만날 수 있었다. 그분들 덕분에 그나마 1년여 간의 건설혁신 업무를 대과 없이 마무리할 수 있었던 것 같다. 고마움을 표한다.

사실 나는 이미 건설현장의 느낌을 알고 있었다. 대학졸업후 공무원 시험을 준비하면서 주말에는 속칭 "노가다"현장에 나가 용돈을 벌기 위해 공사장 잡부부터 들짐을 이용해 벽돌도 나르기도 했고, 공사가 끝난 후 땅속 깊이 박혀있는 H빔을 뽑아내는 일에 보조 역할도 해봤고, 목수 보조도 해봤다. 특히 목수 보조(시다)를 할 때는 욕도 많이 들어 먹었던 기억이 난다. 다양한 형태의 목재 자재를 일컫는 말들이 거의 다 일본말이어서 많이 헷갈려 했는데, 내가 엉뚱한 자재를 가져다 줬을 때에는 목수로부터 핀잔을 들어야만 했다.

그리고 돌아가신 선친께서도 농한기에 시간이 나면 건설현장에 나가서서 "철근"일을 하기도 하셨다. 내가 행정고시에 합격했다는 소식을 듣게 된 1992년의 늦가을 무렵의 어느 날에도, 나의 부친께서는 건설공사장 숙소에서 꽤나 오래 합숙하시면서 일하시다가 나의 합격 소식을 전해 들으시고 무척이나 기뻐하셨다고 하셨다.

나는 알게 모르게 뼛속 깊이 2부 리그에 익숙해져 있었던 것이다. 그 경험을 토대로 건설일용직 노조 간부들과도 진정성있는 소통을 할 수 있었다.

선친에 대한 미안함

지금도 선친에 대한 후회스러움으로 가끔 몸서리치는 일이 있다. 때는 바야흐로 1993년도 대전엑스포 조직위원회에서 시보로 2개월 근무한 적이 있었는데, 당시 엑스포 정식 오픈 전에 조직위 근무자 가족들을 초청해서 시범운영을 하게 되었다. 나도 부모님을 초대했었다. 당시 나는 조직위 지역협력본부에서 근무하고 있었는데, 본부장이 그날 행정자치부 차관이 엑스포에 오신다고 하면서 나에게 엑스포 정문 게이트에서 영접을 맡아서 하라고 지시를 하였다.

나는 부모님이 오신다는 것을 말씀드리지 못하고 차관을 영접하기 위해 부모님이 오시는 게이트하고는 반대되는 곳에서 두 시간 이상 기다려야 했다. 그때 마음이 얼마나 타들어가던지! 반대쪽 게이트에서 나를 목매고 기다렸을 부모님을 생각하니 어떠했겠는가! 그때는 핸드폰도 없던 시기라서….

그때 말씀을 드렸어야 했는데, 설익은 나의 못난 생각 때문에… 선공후사(先公後私). 참으로 못났다!

그로 인해 나의 부모님은 두 시간 이상을 게이트에서 기다렸다가 나를 만날 수 있었다. 게다가 내가 융통성이 없어서인지, 다른 사무관들은 가족들이 볼만한 인기 전시관들은 미리 애기들을 해놓아서 줄 서지 않고도 관람할 수 있게 하는데, 나는 그런 것도 할 줄 몰라 줄을 서지 않아도 되는 전시관 몇 군데 보여드리고 저녁 늦게 서대전역으로 가서서 남원으로 내려가셨다. 그때 함께 오셨던 친척분도 계셨다.

　나라는 사람이 이런 부류였다. 부모님에게 약간의 특혜, 줄서지 않고 유명 전시관을 보여드리는 게 그렇게 문제되는 반사회적 행위도 불공정한 행위도 아닐진대. 그렇게 하지 못하고… 아들 덕에 모처럼 엑스포 구경하러 오셨다가 사람들만 구경하다가 가신 선친에 대한 미안함이 가끔 나를 괴롭게 한다.

　　　　　　　　　높이 오르지 않아도 꿈꿀 수 있는 이유

4년의 기록:
교통지도 이야기

2015년 1월부터 2018년 12월 까지

교통지도과장

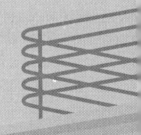

한 폭의 수묵화 같은 애뜻한 기억들

4년을 교통지도과장으로 지내면서 주야로 단속 공무원들과 함께 현장을 누비면서 많은 것을 배우고 느낄 수 있었다. 그 과정에 당시 단속체계의 한계를 느끼면서 '시민들로부터 박수 받는' 정의로운 단속에 대한 실체적 대안을 탐구하여 『단속체계 고도화』라는 거대한 담론을 완성할 수 있었다.

지금은 웃고 있지만 당시에는 고달프면서도 안타까움이 우러나는 애달픈 에피소드가 많았다. 나는 시민들과 단속 공무원들 모두로부터 불편함을 느낄 수 있는 많은 욕을 얻어먹은 기억들이 있다. 긴 시간이 흐른 지금은 한 폭의 수묵화와도 같은 애뜻한 기억들로 남아있다. 평생 들어먹을 욕을 4년간 다 들었던 것 같다^^

70세에 가까운 분이 자전거순찰대원 채용시험에 응시하여 자전거 타기 실기시험, 자동차 운전능력 테스트 등을 통과한 후 면접시험에도 합격한 다음에 나에게 하신 말씀이 새록새록 기억에 남아 있다. "월급은 욕값이다"라고. 그분은 시험 합격 후 집안에 공무원

23)이 처음 탄생한 것에 대해 엄청난 자부심을 갖고 계신 분이었다.

단속체계고도화 이후 단속 공무원들은 심한 욕설이 난무하고 거센 저항이 제기되는 위험한 상황에서도 절대 물러서지 않고 꼭 필요한 단속을 하는 분들이 많아졌다.

> "단속현장에서 위반자들의 거센 저항과 위협에 한번 굴복하여 패배자처럼 물러나게 되면 그 다음에는 동일한 장소에 갈 수가 없게 됩니다. 끝까지 어떻게든 단속하면 그 다음에도 그 장소에 가서 단속을 할 수가 있습니다."

이 말은 어느 단속 공무원께서 말씀하신 내용인데, 당시 단속 공무원들의 결연한 단속 의지를 보여주는 명언이라 생각한다.

[ep. 1] 주차단속현장에서 평생 들어먹을 심한 욕설을 듣다

나는 주차단속 공무원들과 합동단속을 여러 차례 했었다. 담당 과장이 현장에서 단속 공무원들과 함께하면서 우리가 하고 있는 단속이 어떤 성과를 거두고 있는지, 단속 공무원들이 느끼는 애로는 무엇인지 등등 단속의 실효성을 확인하는 방법으로 합동단속만큼 확실한 것이 없다.

한번은 관악구의 남부순환로변에 위치한 유명 음식점이 점심·저

---

23) 서울시 단속 공무원의 신분은 "시간선택제 임기제" 공무원으로, 경력직 채용인 관계로 채용 시 '연령제한'이 없고, 보통은 주당 근무시간에 따라 20시간, 30시간, 35시간 근무할 수 있다.

녁식사 시간대 등에 방문하는 고객 차량들을 보도 등에 불법주차하는 상습적인 발렛파킹으로 인해 보행자들이 큰 불편을 겪고 있어, 다수의 단속 공무원들과 함께 합동단속을 실시한 적이 있었다. 나를 포함하여 7~8명의 주차단속원들이 함께 현장에서 단속활동을 벌이고 난 후에, 다른 장소로 이동하여 불법 주차된 차량에 대해 단속절차를 진행하려고 스티커를 차창에 부착하려는 순간, 위반 차주가 나타나서는 엄청난 욕설을 쏟아내면서 격렬하게 저항하는 것이었다.

내 지금까지 한평생 사는 동안 직접 들어보지 못했던 정말로 심한 욕설이었다. 그분은 현장을 떠나려는 우리 일행을 향해 "배××를 칼로 찔러 죽여 버리겠다" 등등 저주 섞인 욕설을 퍼부으면서 단속용 관용차량 앞바퀴 부분에 드러누워 버렸다. 우리는 그곳에서 별의별 욕을 30분 정도 들어먹다가 간신히 자리를 떠날 수 있었다.

절실히 느낄 수가 있었다. 내가 강조했던 시민 눈높이 맞춘 "필요하고도 적정한 단속" 전략을 현장에서 올바르게 집행하는 것이 얼마나 어려운 것인지를 현장에서 체험으로 느낀 것이다.

[ep. 2] 심야 단속 공무원들의 단속행태, 몰래 관찰하다가.

가끔 지인들과의 저녁 약속이 끝난 후 혹한의 심야 시간에 강남역이나 종로 거리 등에서 택시 승차거부 단속을 하고 있는 단속 공무원의 단속행태를 고찰하기 위해 멀리서 그들을 지켜보곤 하였다. 겨울철이라 머리에 두터운 모자를 푹 눌러쓰고 해서 아무도 알아보지 못할 것이라는 생각으로 가끔 지켜보곤 했다.

그들이 잘 하고 있는지를 확인하기 위한 지도감독 차원은 아니었고, 승차거부 단속하는 방법들을 지켜보면서 보다 나은 방법들을 연구해보자는 순수한 의도였다. 그런데 나중에 어느 사무실 직원이 나에게 다가와서는 단속 공무원들이 과장에 대한 불평하는 목소리가 나온다는 말을 전해 줬다. 과장이 단속현장에 몰래 와서 숨어서 자기들이 단속하는 것을 감시하고 있다는 것이었다.

분명히 나는 얼굴을 가리고 멀리 떨어져서 잠깐 지켜본 것이었는데, 귀신같이 알아차린 모양이었다. 나의 본의는 그런 게 아니었는데 말이다.

[ep. 3] 삼고초려하여 인재를 모셔오다

지금도 가끔 당시 상황을 생각하면서 나라는 사람의 위대성에 감탄할 때가 있다. 당시 교통지도과는 사무실 직원과 단속 공무원을 다 합치면 350명에 이르는 거대 부서였다. 나의 명예를 대외적으로 실추시키면서 교통지도과를 떠났던 직원에 대해서, 나는 교통지도과라는 거대조직의 안정적인 운영을 위해 조직 내외부에서 압력에도 불구하고 다시 그 직원의 부서 전입을 허용해 주었고, 부서에서 나름 중요한 인사업무 등을 맡겼다.

교통지도과 인사주임으로 다른 직원을 선임하도록 하는 외부 압력이 들어왔지만, 교통지도과의 특성상 다수의 직원들을 관리해야 하고 부서의 위상을 드높이기 위해서는 강한 업무추진력과 친화

력, 그리고 약간의 문필력도 구비해야 하기 때문에 불가피한 측면
도 있었긴 하지만….

그 직원과 나의 인연은 꽤나 깊었다. 그 직원은 예전에 단속 공
무원 등 120여 명의 단속인력을 관리하는 한 지역대를 총괄하는
대장 역할을 수행하고 있었다. 나는 그 일 보다는 부서에서 보다
비중 있는 일을 맡기려고 사무실로 불러들이는 인사발령을 했는
데, 이에 불만을 표시하면서 사무실에 출근도 하지 않고, 시청 인
사 부서에 가서 나의 인사발령이 부당하다고 고자질하면서 나에
대해 입에 담지 못할 험담을 쏟아내기도 했다는 것이다. 이로 인해
나에 대한 명예도 많이 훼손시켰던 사람이다.

무단으로 결근한 지 며칠 지나지 않아 경기도 모처에 위치한 주
거지까지 찾아가서 사무실 복귀를 종용하기도 한 기억이 있다. 주
거지를 찾아간 것은 한 번이지만 그래도 삼고초려라고 불러도 괜
찮지 않을까 싶다.

[ep. 4] 청산가리도 뒤집어 쓸 뻔 했다

인사가 만사라는 것을 새삼 느낄 수 있었던 소중한 사건이 있었
다. 때는 바야흐로 앞에서 말한 삼고초려까지 하면서 중용했던 인
사주임과 함께 근무하고 있었던 어느 날이었다. 부족한 인력 문제
로 불가피하게 4개 지역대 근무 인력에 대한 재배치 인사발령이
있었던 지 얼마 안 지난 시점이었다.

그 인사발령에 불만을 가진 나이 드신 직원 한 분이 씩씩거리면

　　　　　　　　　　높이 오르지 않아도 꿈꿀 수 있는 이유

서 흥분한 상태로 과장실로 들이닥쳤다. 듣고 보니 그럴만하다는 생각이 들었다. 정년을 6개월 남겨놓은 상태에서 다른 지역대로 발령을 낸 것이어서 나도 그분의 입장을 이해할 수 있었다.

"과장에게 청산가리를 뿌려버리고 싶다" 그분이 쏟아낸 말이었다. 그분은 내가 업무 실력을 인정하고 있어서 인사의 불가피성을 이해해 줄 것이라는 판단하에 그런 인사를 한 것인데, 서운하기도 하였지만 사실 관계를 설명하고 양해를 구했다. 역지사지하면 그분의 입장은 충분히 이해할 수 있을 것 같다. 그분도 며칠간 출근을 하지 않았다. 담당 부서장으로서 난감한 상황이 발생한 것이다. 그래서 인사주임을 중심으로 작전을 짜기 시작했다. 그 직원을 출근시킬 수 있는 사람은 가족이라는 생각을 하고 특히, 부인이 광화문 부근에서 식당을 운영한다는 정보를 입수하고는 나와 인사주임 등 해서 몇 명이 그 식당을 찾아갔다.

부인에게 인사발령의 불가피성을 진정성 있게 설명하고 남편을 설득시켜 달라고 부탁드렸다. 다행히 부인의 설득이 유효했는지 그 직원이 출근하기 시작했다.

다시 한번 '인사가 만사'라는 말의 의미를 이해할 수 있었다.

[ep. 5] 생명의 위험을 무릅쓰고: 택시 승차거부 단속 공무원의 애환

택시 승차거부 단속 공무원들은 4명이 1조를 이뤄 심야 시간에 서울의 주요 도심에서 엄동설한에도 불구하고 승객들의 안전한 귀가를 위해 생명의 위험을 감내하면서 승차거부 단속에 나선다.

내가 근무한 4년 동안에 수차례에 걸쳐 단속 공무원들이 단속 중에 부상을 당한 사례를 접하였다. 특히, 강남역 부근에서 승차거부 단속 중에 택시 급발진으로 부상을 당한 경우가 있었는데, 해당 택시운전자를 특수공무집행방해죄로 강남경찰서에 고발하기도 하였다. 나에게 보고되지 않은 사건도 꽤나 많은 것으로 알고 있다.

승차거부단속시스템은 꽤나 조직적으로 짜여있다. 움직이는 택시 차량을 대상으로 4명이 1개 조로 움직이는데, 1명은 승차거부 차량 전면에 서서 차량이 움직이지 못하도록 하고, 다른 1명은 승차거부 사실을 고지하면서 사진 촬영하고, 1명은 단속적발고지서를 6하 원칙에 따라 작성하고, 1명은 위반사실을 입증하는 승객인터뷰 등을 동시에 진행한다.

나도 현장에서 그들과 함께하면서 매우 위험한 상황을 많이 목격하였다. 택시기사가 거세게 항의하면서 택시를 막고 있는 단속 공무원을 밀고 나가려고 액셀을 밟기도 하면서 심한 욕설을 내뱉어 댄다. 그러다가 잘못되면 단속 공무원을 치고 나가는 경우도 발생한 적이 있었다. 위험한 장면을 보면서 그분들의 안전을 특별히 보장해야겠다는 다짐을 여러 차례 한 바 있었다.

[ep. 6] 불법주차 시민신고 과정에서 해병전우회 어르신들로부터 들으면 안 될 얘기를 듣다

"네가 뭔데…." "너는 그렇게 깨끗하냐! 털면 먼지 안 나오냐!" 이 말들은 불법주차 차량을 시민신고 하는 과정에 내 휴대폰도 빼앗

　　　　　　　　높이 오르지 않아도 꿈꿀 수 있는 이유

길 뻔한 위기에서 해병전우회 회원분들에게 들었던 거칠고 정제되지 않은 품격 없는 말들이다.

그날 정동교회에서 큰 행사가 있어서 그런지 교회 앞 보도에 불법주차된 고급 차량들이 즐비했다. 나는 시민신고를 잘 활용하면 주차질서 확립에 도움을 줄 수 있다는 생각으로 직접 체험하려 했던 것이다.

불법주차 장면을 핸드폰으로 촬영하고 있는데, 차주로 보이는 중년부인과 딸이 나타나서는 "왜 사진을 찍느냐"고 따져서 사실대로 불법주차 차량으로 신고하려고 한다고 말했다. 그랬더니 핸드폰 속의 사진을 지워라, 핸드폰을 보여달라 등등 거센 항의가 제기되었고, 교통질서 유지를 위해 근무 중인 두 분의 고령 해병전우회 회원이 나타나서는 나에게 위와 같은 '어르신들이 은이들에게 해서는 안 될 얘기'들을 쏟아낸 것이다.

"겨 묻은 개가 똥 묻은 개 나무란다"라는 속담이 있다. 이는 잘못한 정도가 '도긴개긴'인 경우에는 누가 누구를 비판해서는 안 되고 그냥 가만히 있는 게 좋다는 의미라고 생각한다. 그러나 나의 지론은 '덜 더럽혀진 사람이 더 많이 더럽혀진 사람을 비판할 수 있어야 사회가 조금이라도 발전할 수 있다'라는 것이다.

세상에 털어서 먼지 나지 않는 사람이 어디 있겠는가!

[ep. 7] 단속 공무원, 집합교육에 대한 불만의 목소리

교통지도과장 첫해에 300여 명이 넘는 단속 공무원들을 이틀에 걸쳐 시청에 집합시켜 직무교육을 실시하면서 교육장에서 많은 불만의 목소리를 듣게 되었다. "이런 교육을 왜 하느냐?" "교육내용이 현실에 맞지 않다" 등등…. 처음으로 실시하는 집합교육이어서 그런 것이겠지만 그런 소리를 듣게 된 나도 매우 당혹스러웠다.

이전에는 교통지도과가 헤드쿼터로서 단속전략과 단속계획 수립을 총괄하고, 그 아래 6개 지역대를 두어 지역대장의 책임하에 단속 공무원들을 관리하고 현장 단속을 진행하고 있었다. 지역대장이 소속 단속 공무원들에게 단속에 필요한 소양 교육을 주기적으로 실시하고 있었지만 "민원발생하지 않도록 주의하라" "단속 시 안전에 주의하라" 등등 의례적이고 형식적인 내용이었다.

350여 명의 단속 공무원들이 단속전략, 단속기법 등에 대해 동일한 내용으로 직무교육이 진행되어야 할 필요가 있어서 내가 부임한 후 처음으로 집합교육을 추진하게 되었다. 지금까지는 각자가 알아서 편의주의적인 단속을 진행하고 있었는데, 서울시가 새로이 준비한 단속전략 등에 대해 교육을 한다고 하니 마치 자유를 뺏기게 되어 기분 나빠하는 그런 볼멘 분위기가 교육장에 만연해진 것이다.

그래도 집합교육이 끝나고 시청 주변의 식당에 모여 저녁 식사를 겸해 소주 한잔 곁들이면서 서로 한마음으로 소통할 수 있는 장을 마련했는데, 처음으로 진행하는 집합교육이어서 필요한 경비를 마련하는데 애로가 많았다. 예산이 없어서 윗분들에게 예산지원도 부탁드리고 당시 시청 예산과장이셨던 지금의 아리수본부장에게도 지원요청을 드려서 간신히 단속공무원 전원에게 따뜻한 저녁 한 끼를 제공할 수 있었다.

높이 오르지 않아도 꿈꿀 수 있는 이유

단속 공무원들이 집합교육을 통해서 서울시 단속전략 등에 대한 정보를 공유하는 의미도 있지만, 무엇보다 그들이 서울시 단속 공무원이라는 것과 공무원으로서 신분을 재인식할 수 있는 기회를 제공한 것이 또한 의미가 있었다.

[ep. 8] 서울시, 자치구 공무원 합동 워크샵 개최

서울시와 자치구 교통지도단속 관련 부서 공무원들이 함께 속초 바닷가에서 1박 2일로 직무 워크샵을 처음으로 개최하였다. 구청 소속의 공무원들은 주차단속부서에 발령받는 순간부터 다음 인사에는 다른 부서로 옮길 생각을 한다고 한다.

그들이 하는 업무가 마치 '계륵'과 같은 취급을 받고 있고, 단속하지 말라는 민원과 단속해 달라는 민원이 첨예하게 대립하는 것이어서 구청 직원들이 소명의식을 가지기가 쉽지 않다.

동병상련의 처지에서 서로 고충을 얘기하고 현장에서의 교통지도업무의 수용성을 제고하는 방안 등에 대해 깊은 논의의 시간을 가지면서, 한편으로는 업무 스트레스로 피폐해진 심신을 힐링할 수 있는 유익한 프로그램으로 진행하였다.

속초 바닷가 횟집에서의 맛있는 저녁 식사와 바닷바람을 맞으며 걷는 기분은 참으로 좋았다. 서울과 속초를 오가는 길에 봄바람에 흩날리는 벚꽃을 바라보면서 버스 안에서 들었던 가수 이적과 버스커 버스커의 "걱정 말아요 그대" "벚꽃 엔딩"은 참으로 감동적이었다.

[ep. 9] 서울시가 주차단속 과태료부과권 취득에 실패하다

도로교통법상 서울시는 불법주차 단속권한을 가지고 있지만 과태료부과권은 없다.

"서울시가 불법주차 단속한 건에 대해서 서울시가 과태료 부과"할 수 있도록 하는 도로교통법시행령 개정안을 제대로 처리하지 못했다. 이 건에 대해 자치구 의견을 조회하는 과정에 거의 모든 자치구에서 자치구 수입이 감소한다는 이유로 반대하였다. 만약 「서울시의 주차단속권과 과태료부과권 일원화」 관련한 법령개정이 잘 처리되었다면 서울시가 매년 30만 내지 40만 건 정도의 불법주차 단속을 하고 있는 상황에서, 연간 100억 원 이상의 과태료 수입이 서울시 세입으로 처리되어 주차단속이 더 이상 "계륵" 취급을 받지 않을 수도 있었다.

자치구에서는 서울시가 주차단속을 쎄게(제대로) 하는 것을 싫어한다. 서울시는 단속만 할 수 있지, 과태료는 부과할 권한이 없다. 그래서 서울시가 단속한 것을 해당 구청으로 보내서 구청장이 과태료를 부과하도록 하고 있다. 결국 주차단속민원이 해당 구청으로 몰리기 때문이다.

그래서 서울시가 단속한 건은 서울시가 부과한다는 "단속권과 부과권의 일원화"에 대해서 자치구에서는 찬성할 것으로 판단했는데, 그것은 큰 오산이었다. 그리되면 자치구 수입이 줄어들 뿐만 아니라, 과태료 부과라는 일종의 권한 축소에 따른 상실감 등 여러 가지 요인이 작용한 것 같았다.

지금은 서울시청 조직도상에서 "교통지도과"가 사라진 원인(遠

囷) 중의 하나로 "주차단속 과태료 부과권" 취득 실패를 들 수 있을 것 같다. 서울시가 매년 단속 공무원 인건비 등으로 100억 원 이상을 사용하면서 얻는 게 무엇인가? 하는 비용 논리를 무시할 수는 없을 것이다.

그러나 주차단속에 투입되는 행정비용과 과태료 수입만 비교하여 실익을 따지는 것은 문제가 있다. 서울시가 주차단속을 직접 함으로서 얻을 수 있는 성과를 무시할 수는 없다. 민선 지자체장이 들어서면서부터, 선거에서 "표"를 의식할 수밖에 없는 구청장들이 불법주차단속과 같은 규제행정에 대해 소극적으로 대응할 수밖에 없는 상황에서, 서울시와 같은 광역지자체가 교통수요관리라는 뚜렷한 명분을 가지고 법령개정 등의 지난한 과정을 거쳐 "불법주차단속권한"을 확보하여 추진한 결과, 도심으로의 차량통행량 감소와 물류비용 절감 등에 상당한 성과를 거둘 수 있었다.

어찌 됐든 일부 구청에서 마치 서울시가 몇 푼 안 되는 과태료 수입을 챙기려고 주차단속권과 과태료부과권을 일원화하는 것을 추진하고 있다는 식으로 언론에 흘린 결과, 서울시에 상당히 불리한 여론이 형성되어 버렸다.

그 과정에 행정부시장실에도 불려가서 부서 입장에 대해 설명드리면서 나름 관철시키려 하였으나 뜻대로 되지 않았다. 어쩔 수 없이 자치구의 반대 의견을 반영하여 서울시도 '부동의'하는 것으로 하여 종결 처리하였다. 당시에 느끼는 감정은 "참으로 안타까웠다"라는 것이었다.

교통사법경찰반 탄생 비화

서울시가 택시불법운행 중 그 정도가 가장 나쁜 「명의이용금지의무」를 위반하는 택시(일명 '도급택시')를 체계적으로 규제하기 위해 전국 광역시도 중 처음으로 『교통사법경찰반』을 창설하였다 ('2018.1.). 교사경(교통사법경찰의 약칭)들은 전직 경찰 출신, 금융업계 종사자들로 구성되어 수사능력이 탁월한 분들로 구성하였다. 이전에는 전문 수사인력이 없어 경찰과 공조하여 수사를 진행하였으나 한계가 있어 수사 전담반을 신설하게 되었다.

당시 사회적으로 많은 문제점이 있는 도급택시는 정상적인 근로계약을 맺은 택시 기사와 달라 사고 발생시 무자격자 운전에 따른 논란이 예상되고 범죄에 악용될 소지가 있고 도급액을 벌기 위한 무리한 운행, 교통법규 위반 등으로 시민안전을 위협하는 요인이 되었다. 또한 사업자의 통제에서 벗어나 있어 근로 시간 착취, 탈세 수단으로 악용되어 선량한 택시업계의 건전한 경영을 저해하고 있어 이런 많은 문제점이 있는 택시회사에 대해 수사를 집중하게 되었다.

높이 오르지 않아도 꿈꿀 수 있는 이유

이들 '교사경' 요원들의 끈질긴 노력으로 당시 도급택시를 운영하고 있는 것으로 의심되는 몇몇 택시회사들에 대해 법원으로부터 압수수색 영장을 발부받아 관련 자료 압수와 피의자 인신구속과 심문 등을 통해 결정적 위반자료를 확보하여 검찰에 기소의견으로 송치하기도 하는 등 탁월한 실적을 거둔 바 있었다.[24]

택시는 교통수단분담율이 5%('22년 3.3%) 정도에 불과하여 지하철이나 시내버스에 비하면 아주 미미하지만 그것이 가지는 사회적 의미는 매우 크다 할 수 있다. 혹한기 심야 시간대에 만연해 있는 택시 승차거부, 외국인 관광객 대상 부당요금 징수와 같은 불법행위로 인해 시민들께서 겪는 불편은 이루 말할 수 없다.

택시 서비스 수준을 끌어올리기 위해서는 택시운전자들의 소양을 높이는 것과 함께 택시회사 경영자들의 선진경영을 유도하는 것이 무엇보다 중요하다. 시가 택시업계 경영자들을 적정하게 지도·감독함으로서 법상 부여되는 택시면허에 의한 독점적 이익보장에 대한 사회적 책임감을 운수종사자 모두가 가지도록 해야 한다.

택시 운수사업은 사양산업(斜陽産業)이라 할 수 있는데, 그 중 법인택시업계가 힘든 상황이다. 택시승객 감소 등으로 인해 운휴 중

---

24) 이 글 작성 중에 해당 부서에 확인한 결과, 기소의견으로 송치된 택시회사 중 1개 회사는 1, 2심에서 모두 유죄를 선고받았으나 이에 불복하여 대법원까지 상고하였고 최종심에서도 패소하였다고 함. 서울시에서는 대법원 판결을 반영하여 행정처분을 진행 중이라고 함. 이 대법원 판결로 인해 많은 도급택시를 운영하는 택시회사에서 도급택시 운영을 회피 또는 주저하고 있어 이 또한 교통질서 확립과 사전 예방 차원에서 교통사법경찰반의 성과라 할 수 있을 것이다.

인 법인택시가 전체 댓수의 40% 이상을 넘는다고 하는데, 택시회사 관계자들을 면담하면 운전자 모집을 해도 운전할 사람이 오질 않는다고 한다. 코로나19가 확산되면서 시민들 이동이 제한되고 비대면 배달서비스가 활성화되면서 상당수의 택시운전자들이 보다 수익이 많은 배달업 등으로 빠져나가서 택시를 운행할 사람이 없다는 것이다.

과거에는 택시 영업이 잘될 때 법인택시를 대당 얼마씩 돈을 받고 빌려주어 택시 영업을 불법으로 하는 '도급택시' 영업, 법규상 '명의대여금지의무위반' 택시들이 암암리에 성행하였다. 정상적인 택시 영업이 아니어서 도급택시 기사들에 의한 사회적 물의를 많이 야기하기도 하였는데, 택시기사들에 의한 극악무도한 성범죄 등이 발생하기도 하였었다.

택시회사로부터 제대로 된 지도감독을 받지 않는 도급택시 기사들이 심야 시간대 등에 여성승객 등을 대상으로 성범죄를 저지르기도 하였기에 감독청의 도급택시에 대한 강력한 규제행위는 양질의 택시 서비스를 담보하기 위해 반드시 필요한 조치였다. 그래서 교통지도업무의 최대 과제로 불법도급택시 철폐를 위한 "교통사법경찰반" 창설에 행정역량을 집중하였다. 도급택시는 그 운영방법이 교묘하고 은밀하게 이루어지는 관계로 장기간의 잠복수사와 필요시 인신구속(체포) 등을 통해 사실관계 확인과 집중적인 심문(조사)가 필요하다.

그러려면 특별사법경찰권한을 부여받아야만 강제 조사, 수사가 가능하며 이를 위해 그런 수사능력을 보유한 분들을 채용하고 검찰청의 허가를 받아서 특사경 지정을 받아야만 가능하다. 1단계로 고도의 수사능력과 회계능력을 보유한 전직 경찰, 금융업 종사자들을 채용하여 임시조직 형태로『교통사법경찰팀』을 신설하고 도급택시 단속업무를 추진하였다.

그런데 교통사법경찰반 운영과 관련하여 아주 불쾌한 경험을 한 기억이 있는데, 다름아니라 행정부시장으로부터 반장을 다른 직원으로 교체하라는 지시를 받은 것이었다. 아주 예외적인 현상이어서 당혹스럽기 그지 없었다.

반장을 행정부시장이 알고 있는 직원으로 교체하라는 것은 지금까지 열심히 부서장의 뜻을 받들어 팀을 만들고 운영해 온 직원에 대한 불신임일 뿐 아니라 조직 운영을 책임지는 부서장의 리더십 실추를 의미하는 것이어서 도저히 받아들일 수 없는 것이었다. 아마도 그 직원이 행정부시장에게 반장을 자기가 하고 싶고, 만약 반장을 맡겨주면 많은 실적을 거둘 수 있다고 들쑤셔 댔던 것 같다. 사실은 초기에 그 직원에게 반장 자리를 맡기려 했었는데 하기 싫다고 거절했었던 기억이 있어서 더욱 기분 나빴었다. 어찌 됐든 행정부시장의 지시사항을 일개 과장이 이행하지 않은 것인데, 내 일신상의 진로에 낭패를 가져다준 사건이 아닐까 싶다.

'전쟁터에 나간 장수는 때론 임금의 명령도 듣지 않을 수 있다(將在外,君命有所不受)'라는 내용이 손자병법에 있다. 현장 상황을 잘 알지 못하는 인사권자의 부당한 지시는 따르지 않아도 된다는 뜻으로 해석할 수 있다.

지금은 시의 정책 전환으로 도급택시 단속이 어렵게 되어 다른 불법행위를 집중적으로 단속하고 있다고 한다. 수사의 눈높이를 화물자동차나 택시 등 사업용자동차 유가보조금 부정수급, 무허가 운송주선사업, 무면허 운송사업등 사회전반에 깊숙이 숨어있는 불법행위에 대해 적극적인 수사에 집중하고 있고 특히, 유가보조금 부정수급은 유류비 일부를 정부에서 보조하고 있는데 일부 택시 및 화물자동차의 운송사업자는 법망을 교묘히 이용하여 유가보조금 부정수급을 자행하고 있어 적극적인 수사를 진행하고 있다고 한다.

그리고 그간의 공로와 필요성을 인정받아 임시 팀에서 정규 팀으로 격상되었다고 한다. 멀리서나마 고질적인 운송업계의 불법행위를 근절하기 위해 불철주야 음지에서 수고하는 교사경의 활약에 응원의 박수를 보낸다.

높이 오르지 않아도 꿈꿀 수 있는 이유

외국인 대상 택시 바가지요금 단속 원년

외국인 관광객 대상으로 바가지를 씌우는 택시를 단속하기 위해 『외국인 택시 부당요금 단속반』을 조직하여 2016년 8월부터 본격 가동하였다. 외국 관광객이 택시를 이용하여 공항에서 명동, 동대문, 강남, 홍대 등 서울 도심으로 이동하거나 아니면 그 반대로 이동하는 경우에 호텔 등에서 잠복하다가 부당요금 등을 징수하는 현장을 급습, 승객인터뷰를 통해 위반사실을 정사진이나 동영상으로 확보한 후 추후 택시기사를 사무실로 소환하여 확인서를 징구하는 형식으로 단속하게 된다[25]. 처음에는 단속 공무원을 주로 외국어 소통이 가능한 다문화가정 출신의 여성들로 특별채용을 하다가 나중에는 영어·일본어·중국어 등 외국어 소통이 가능한 분들을

---

25) 초창기에 외국인 관광객 대상으로 바가지요금을 씌우는 불법택시를 단속하는 효과적인 방법들을 찾아내기 위해, 심야 시간에 담당주무관과 함께 동대문상가 등에서 잠복근무하면서 불법운행이 의심되는 택시의 경우에 차량으로 추적하기도 하였으나 교통사고 발생 등 위험한 상황이 우려되어 여러 차례 시행착오 끝에 택시 도착지에서 외국인 탑승객이 하차할 때 인터뷰하는 방법으로 증거자료를 확보, 단속하는 것을 기본으로 하게 되었음.

'교통고시'를 통해 공개 채용하게 되었다.

당시 나는 서울의 교통질서를 확립하고픈 진심이 있었다. 주요 교통질서 교란행위인 택시 승차거부 등 불법운행, 외국인 대상 택시 바가지요금, 상습 불법주정차 발생, 어린이보호구역 등에서 불법주정차로 어린이 사망사고 등을 효과적으로 제어하고 개선하기 위해 무엇을 해야 할 것인가? 나는 최우선으로 단속 공무원의 전문성과 열정 등 소양을 강조하였다. 자질과 소양이 뛰어난 분들을 채용하여 강병으로 훈련시켜 흉내내기의 형식적 교통지도가 아닌 불법행위 발생빈도를 줄여나가는 실질적인 교통지도가 가능하도록 하고 싶었다.

한번은 교통지도 단속 공무원 채용 시 외국어 회화가 가능한 사람들을 채용해야 한다고 했다가 그에 대해 언론의 부정적 보도를 접한 시청 내부 간부들조차 나에게 "웃기는 얘기"라고 혹평을 쏟아냈던 기억이 있다. 2015년 내가 교통지도과장으로 발령받아 근무하기 시작할 즈음에 불법주차단속과 택시불법운행 단속 업무에 350여 명의 단속 공무원이 근무하고 있었다.

당시만 해도 공무원 정년퇴직 후 소일거리로 또는 손주들에게 줄 용돈벌이로 나선 분들이 대부분으로 단속 공무원들은 주당 20시간, 즉 1주일에 2일 내지 3일 근무하면서 나름 손쉽고 스트레스 덜 받으면서 적당하게 시간 때우기식의 단속업무를 추진하고 있었다. 한마디로 말해 편의주의적 단속 행태의 전형을 보여줬다.

그래서 나는 시민들께서 "박수치는 정의로운 단속" "꼭 필요하고도 공정한 단속"으로 전환해야겠다는 결연한 의지하에 단속 전략부터 단속 공무원의 근무형태, 근무체계 등을 전면적으로 새롭게 개편하였다.

그 중 대표적인 것으로 주당 35시간제 도입과 단속 공무원 선발 시 외국어 회화 가능자 채용이었다. 주당 35시간제는 주당 20시간 제가 갖는 한계점을 보완하기 위해 도입한 것인데, 아무래도 격일 로 근무하는 주당 20시간제는 업무 전문성과 집중성이 떨어지기 때문에 꼭 단속해야 하는 난이도 있는 단속은 회피하는 좋지 않은 관행이 체화되어 있다고 할 수 있다.

근무시간이 길어지고 그에 따라 급여 수준이 높아지면 업무에 대한 소명의식이 더 생길 수도 있다는 생각 즉 공무원은 "월급만큼 일한다"라는 말이 있겠는가! 한편으로는 난이도 있는 단속업무를 해야 하는데, 먼저 생각했던 것은 외국인관광객을 대상으로 하는 택시 승차거부나 부당요금 징수와 같은 고질적인 불법영업행위를 근절시키려면 외국인대상으로 의사전달이 가능한 단속 공무원이 필요하다는 것이었다.

당시만 해도 택시 승차거부나 부당요금 단속은 내국인만을 대상 으로 할 수밖에 없었는데, 이유인즉 단속 공무원들이 외국어 소통 능력을 구비하지 못하였기 때문이었다. 그래서 중국어, 영어, 일어 로 외국인과 어느 정도의 의사소통이 가능한 언어능력을 갖춘 분 들을 채용하게 된 것인데, 여기에도 에피소드가 있는데 그리 유쾌 하지만은 않은 것이었다.

모 일간신문에서 "주차단속 공무원도 영어 회화 가능해야"라는 제목으로 보도를 냈었는데, 내용인즉 단순반복적인 일을 하는 단 속 공무원을 뽑는데 외국어회화 가능자를 뽑는다는 명목으로 고령 자들을 제외시키려고 한다는 것이었다. 그런 보도 내용을 읽게 된 고위 간부가 먼저 나를 향해 비판의 목소리를 냈다. "사고만 안치면 되는 부서(교통지도과)에서 웬 쓸데없는 일을 만들어 가지고 괜히 시끄럽게 하느냐"는 것이었다. 그 말을 듣는 순간 자존심이 무척이나 상했었다. 내가 맡고있는 업무가 성격상 규제행정이어서 시장단에서도 별로 관심이 없는 업무를 하면서 쓸데없는 일을 만들어 공연히 다른 중요한 일을 못하게끔 한다는 느낌을 받았기 때문이었다.

한바탕의 소동이 있었지만 6개월 후에 그 필요성을 인정받아 주당 35시간 근무하는 외국인승차거부와 부당요금 징수 단속 공무원 채용에 국한하여 외국인과 소통할 수 있는 분들을 선발하게 되었다. 그 외 단속 공무원 채용과정에 단속용차량을 운전해야 하는 사유로 자동차 운전능력 테스트도 하였으며, 신체 건강한 분들을 모셔야 힘든 단속도 제대로 할 수 있겠다는 판단하에 국민건강진흥공단에서 발행하는 "기초체력 판정"결과도 응시원서에 포함시켜 제출토록 하였다.

따라서 서울시 교통지도과 단속 공무원 채용시험은 관련법령에 대한 소양지식 외에 일부는 외국어 소통능력을 보유해야 하고 운전도 잘해야 하고 건강한 체력도 가져야 하는 등 마치 "교통고시26)"라는 외부 평가가 있다는 우스게 소리도 돌아다니기도 했었다. "까불고 있어! 니들이 뭘 안다고" 이 말은 내가 가슴속으로 묵혀둔 말이었다. 윗 사람들이 알지도 못하면서 말이다.

---

26) 당시에는 교통지도 단속 공무원이 되기까지 네 차례 시험을 통과해야 했다. 1차 필기시험(객관식), 2차 공무원 인적성평가시험, 3차 자동차운전 실기시험, 4차 면접시험.

높이 오르지 않아도 꿈꿀 수 있는 이유

당연한 일이겠지만, 나는 단속 공무원 채용과정에서 외부로부터 들어온 채용청탁은 일절 들어주지를 않았다. 공정하고 투명한 채용과정을 통해 우수한 소양을 갖춘 인재를 선발하여야 품격있는 단속, 시민이 박수치는 멋진 단속을 할 수 있기 때문이다.

　그런데, 교통고시를 통해 채용된 단속 공무원들이 워낙 잘한다는 소문이 나서 유사한 규제행위를 추진하는 시청 여러 부서에서 시행하는 단속인력 채용시험에 쉽게 합격하여 이직하는 경우가 빈번하게 발생하였다. 그래서 "죽쒀서 개준다"면서 자조(自嘲)하기도 하였다.

주차단속 스티커에 대한 생각: 내로남불

내가 2015년 교통지도과장으로 첫 발령을 받고 얼마 지나지 않아 "주차단속스티커 빼주기 없기"를 선언하였다. 서울에서만 매년 300만 건의 불법주차단속 차주에 대해 과태료가 부과되고 있다. 그런데 불법주차로 단속된 후 과태료가 부과되기까지 일부 위반자들은 구의원, 시의원 등 유력자들의 조력을 받아 구청이나 시청 주차단속 부서에 압력(청탁)을 넣어 적법한 단속행위 자체를 무효화시키기도 하는 사례가 빈번하였다. 나는 시 차원에서는 그것을 일체 못하도록 했던 것이다.

과거 단속스티커를 "빼내는" 방법은 대략 다음과 같다. 단속 공무원이 현장에서 불법주차 차량을 단속한 경우, 과태료부과 절차 진행 전에 "서손처리", 즉 잘못 단속한 것으로 하여 폐기하는 것이다. 이는 주차단속 이후 단속사진 등 단속기록을 하루 이틀 기간에 대사하여 단속 사진이 불완전하거나 잘못 단속된 스티커 등은 내부 의사결정 절차를 거쳐 삭제하는 것을 말한다.

문제는 정상적인 단속임에도 유력자의 청탁이나 위반자의 거센 항의에 직면하면, 단속자료의 적확성을 확인·검증하는 대사(對査) 기간에 고의로 "서손처리" 하는 사례가 많았다는 것이다. 이런 잘 못된 관행을 없앤 것이다.

서울시와 25개 자치구에 천여 명의 주차단속 공무원들이 주차단 속 활동을 매일 벌이고 있는데 제대로 단속된 것을 임의로 "서손처 리"하는 방법으로 빼주는 것은 단속 주체가 스스로 주차단속의 투 명성과 공정성을 훼손하는 자해행위이기 때문에 아주 "나쁜 행위" 여서 위와 같은 특단의 조치를 취한 것이다.

서울 전역의 주차단속 총괄부서장인 나에게도 간혹 그런 청탁이 있었는데, 그런 청탁을 받으면 나는 "단속스티커를 빼줄 수는 없 다. 대신 제가 과태료를 납부할테니 고지서를 나에게 보내달라"고 응사하였다. 그러면 대부분의 사람들은 알았다고 하면서 청탁을 그만두게 된다. 이런 이야기는 김영란법 시행 전후 과도기에서나 존재했었고 지금은 사라졌다고 확신한다.

서울 시민들은 주차단속에 대해서 어떤 생각들을 가지고 있을 까! 4년간의 교통지도과장 재직 기간 동안 느꼈던 것을 요약하면 두 가지로 정리할 수 있다.

첫째는 '내로남불'이다. 내가 하는 불법주차는 '어쩔 수 없는' 것 이요, 남이 하는 불법주차는 '나쁜 것'이라는 이중적인 잣대를 가지 고 있다. 그래서 보도 등에 불법주차된 차량 곁을 지나칠 때에는 보행에 불편을 주고 있는 차량에 대해 손가락질을 하기도 하면서 도, 본인이 막상 불법주차 할 때에는 '주차장이 없어서'와 같은 핑 계를 대면서 '어쩔 수 없어' 불법주차 할 수밖에 없음을 피력한다.

그래서 더 나아가 왜 불법주차로 인한 과태료를 시민이 부담해야 하느냐^^. 원인을 제공한 자동차제조회사가 부담해야 하는 거 아니냐! 하는 불만의 목소리를 내는 분들도 있다. 심지어 어떤 자치구청장께서는 '불법주차 1분 단속제' 시행과 관련한 논의를 위한 회의 자리에서 위와 같은 발언을 하기도 하였다. 차를 만든 회사에서 책임을 지라는 얘기가 말이 되는 것인지….

그러면 살인사건에서 만약 식칼이 사용되었다면 그 식칼을 만든 대장장이가 살인사건의 일부 책임을 져야 한다는 말인가! 참으로 한심할 수밖에 없었던 당시 구청장협의회 회의 장면이 떠올라 씁쓸하기만 하다. 구청장이라는 분께서 그런 발언을 하였다는 게 믿기지 않을 뿐이었다.

두 번째로는 불법주차로 단속되어 단속스티커를 받게 되는 대부분의 시민이 "재수가 없어서" 단속되었다는 반응을 보인다. 분명히 도로교통법이라는 국회의원들이 입법활동을 통해 만든 법률에 근거하여 단속하는 것임에도 불구하고 과거 1990년대와 2000년대 초반에 교통수요관리 대책을 강력하게 추진하던 과정에 나타난 "마구잡이식"의 강압적인 주차단속에 대한 아픈 기억이 남아있어서 그런 부정적인 반응을 보이는 것 같다.

먼저 단속스티커를 쉽게 빼낼 수 있다는 '세력과시형'이 있다. 시의원 등 지역유력자 등을 통해 단속부서에 압력을 넣어 스티커를 아예 시스템상에서 삭제 처리토록 하려고 한다. 사전통지서를 받고 자진 납부하면 20% 할인된 32천 원이다. 물론 비싸다면 비싸다고 할 수 있는데 지역의 유력자라 할 수 있는 분들이 구의원이나 시의원들을 찾아 과태료 스티커를 빼내려는 것은 그럴만한 힘을 가지고 있다는 것을 은근히 과시하고픈 욕망이 내재해 있는 것 같다.

높이 오르지 않아도 꿈꿀 수 있는 이유

다음으로는 단속을 당했다는 그 자체에 대해 기분 나빠하는 것이다. 위의 세력과시형과도 다소 유사하지만 주차단속 적용 대상에 자기가 포함되어 있다는 것 그 자체에 대해 불쾌해하는 유형이다. 다시 말해 주차단속은 일반 서민들이나 당하는 것으로 알고 있었는데, 자기도 그들과 같은 취급을 받는 것 같아 단속 그 자체에 기분 나빠서 어떻게든 주차단속 이전으로 되돌려보려는 심리상태가 있는 것 같다. 법은 가진 자들의 이익을 대변하기 위한 것이라고 하지 않던가! 과태료가 아까운 게 아니라 기분 나쁜 것이다. 그래서 시청이나 구청 단속부서장 등에게 전화를 걸어 단속 방법 등이 잘못되었다면서 비판과 훈계를 쏟아내기도 한다.

그다음으로는 단속되면 과태료가 아까워서 단속부서 담당자에게 전화를 걸어 길게는 한 시간 정도 듣기 힘든 욕설과 함께 불만을 표시하면서 때로는 안타까움을 자아낼 정도의 사정조로 과태료 처분을 무효화시키려 하는 유형이 있다. 주로 조그만 화물트럭을 이용해 길거리 영업을 하거나 전통시장 등에서 물건을 운반하는 자영업자 등 생계형 운전자들이 해당한다.

마지막으로 시민으로서 준수해야 할 법을 어겼다는 약간의 미안함을 가지고 애써 마음속으로 삭이는 유형이다. 과태료 금액에 대해서는 어쩔 수 없는 아쉬움을 가지고 있으며 대부분의 서울 시민들이 이 유형에 속한다고 생각한다.

요즘 텔레비전 뉴스 등을 보면 아파트나 오피스텔 경비원들이 입주자들에게 주차 시비로 인해 폭행을 당한다는 사건을 자주 접하는데 위와 같은 네 가지 심리상태와 연관성이 있는 것 같다. 대부분은 아파트 내 주차해서는 안 될 공간에 주차된 차량들이 있는 경우에 경비원들이 주차위반 스티커를 붙이고 있는데, 입주민 차주들이 이에 대해 거세게 항의하면서 폭행하는 사건들이 대부분이다. 사실 아파트 단지 내 도로는 도로교통법상 도로가 아니어서 불법주차단속을 할 수 없다. 무개념 주차로 인해 아파트 단지 내 도로에서 어린이들이 교통사고 피해 대상이 될 수 있어서 경비원들의 조치는 적절한 것인데도, 차창 유리에서 잘 떨어지지 않는 주차 스티커를 떼어내면서 분풀이 대상으로 경비원을 삼은 것이다.

직업에는 귀천이 없다고 하는데, 경비원을 하찮게 보고 주차위반을 경미한 사안으로 취급하는 관념이 외부로 표출된 사례라 할 수 있다.

높이 오르지 않아도 꿈꿀 수 있는 이유

불법주차 1분 단속제 시행: 절반의 성공

『불법주차 1분 단속제』는 내가 교통지도과장으로서 4년 근무하면서 가장 곤혹스럽기도 하면서 나의 돌아이적인 기질을 또다시 펼쳐 보인 센세이션한 사안이었다. 어찌 보면 내가 만든 정책이 공익적 가치 수호를 위한 최고 정책으로 시행된다면 세상을 천국으로 만들 것 같은 나 홀로 "정책 나르시시즘"에 빠져 정책시행으로 불편을 겪게 될 이해당사자들의 입장을 소홀히 한 대표적인 탁상행정의 결과물이라는 평가도 받을 수 있고 또는 어린이보호구역 등에서 교통약자 안전을 도모하기 위한 불가피한 정책대안이라 변명할 수도 있지 않을까 싶다.

불법주차 1분 단속제는 고정식 CCTV로 단속하는 경우에 보도, 횡단보도, 정류소, 소화전 등 시민 안전을 위해 절대적으로 주차 또는 정차를 불허하는 장소에 자동차가 1분 이상 서 있는 경우에 단속스티커를 발부하겠다는 내용이다. 2018년 당시만 해도 서울 전역에 고정식 주차단속 CCTV가 2,500대가 설치되어 있으나 단속실적은 1대당 일평균 1.5건으로 매우 낮은 것으로 나타났다. 단속용 CCTV가 설치되어 있음으로 나타나는 예방효과를 고려하면, 단속실적이 낮은 것은 이해 가능하나 사실은 다른 측면이 있었다.

상가나 음식점 등이 밀집해 있는 지역에 고정식 단속 CCTV가 설치되어 있어도 "등잔 아래가 어둡다"는 격으로 상습적인 불법주차가 만연한 경우를 쉽게 목도할 수 있는데, 상인들이 단속당하지 않는 팁을 제공하는 경우가 많았다. 차량번호판의 일부 숫자를 장갑으로 가린다거나, 단속 유예 시간인 5분을 최대한 활용하는 팁 즉, 주차한 후 5분이 경과하기 전에 1m 정도 이동 주차하도록 하여 단속을 피할 수 있도록 하는 편법 등등을….

이러한 편법 등을 뿌리 뽑아 상습불법주차 문제도 해소하고 어린이 등 교통약자의 안전사고 예방을 목적으로 시행코자 했던 『불법주차 1분 단속제』는 모 방송사의 9시 메인뉴스('17.5. 어느 날)에서 "불법주차 1분 단속제 전격 유보" 보도를 하면서 전면 시행이 보류되었다. 변죽만 요란하게 울리다가 결국은 반쪽짜리로 명맥만 이어 나갔다. 현재 "1분 단속제"는 강남 고속터미널과 남부터미널 구역 등 일부에서만 제한적으로 시행되고 있다. '시작은 작지만, 끝은 창대하리라'는 성경 구절을 되새기면서 서울의 불법주차문제를 해소하는데 기여할 획기적 아이디어로 강력한 의지를 가지고 추진했던 이 사업은 그렇게 초라하게 용두사미 격으로 끝나게 되었다.

물론, 보도·횡단보도·정류소·소화전 등과 같이 잠깐의 정차도 허용되지 않는 『주·정차금지장소』가 아닌 그 밖의 장소에서는 5분 이상의 단속 유예 시간을 제공하고 있다. 사실 『불법주차 1분 단속제』는 시민신고제에서는 이미 적용되고 있었다. 즉 서울스마트불편신고앱을 활용하여 불법주차 장면을 촬영하여 전송하는 경우에 요건이 성립되면 소정의 절차를 거쳐 신고만으로 과태료부과가 가능하게 되어 있다.

앱을 켠 다음에 위에서 언급했던 강력하게 단속해야 할 장소에 불법 주정차한 차량들이 있는 경우에는 1분 간격으로 사진을 두 컷 이상 찍어 신고하면, 해당 구청에서 단속 공무원의 현장 출동과 단속 없이 과태료를 즉시 부과하는 것이다.

즉 주차단속 1분 단속제가 이미 온라인에서 실시되고 있는 상황에서 도로변에 설치되어 있는 고정식 CCTV 단속에도 적용하려고 하였던 것인데…. 결국은 여러 이해 당사자들의 극렬한 반대로 인해 절반의 성공(실패)으로 마무리되어 무척 아쉬웠다. 어린이보호구역 내에서 매년 많은 어린이가 불법주차나 운행차량 등으로 인해 사망하는 사고들이 발생하고 있는 안타까운 현실을 개선하기 위해 필요한 사업 중의 하나로 1분 단속제가 가까운 미래에 긍정적 평가를 받을 수 있기를 기대해 본다.

횡단보도에 주차된 차량에 아이가 가려 운전자가 보지 못해 어린이들이 차에 치여 사고를 당하는 사례가 빈번한데, 한 보험사가 최근 4년간 스쿨존에서 발생한 어린이 교통사고 사례를 조사한 바에 의하면 10건 중 4건은 "불법 주정차" 때문[27]이라는 것인데 스쿨존에서 어린이 교통사고를 획기적으로 줄이기 위해서는 불법주정차에 대해 강력한 단속이 필요하다. 뿐만 아니라 교통사고를 야기한 차주에 대해서는 민형사상의 책임을 물을 수 있도록 법제화를

---

27) 출처: 2024.5.3., SBS 8시 뉴스: 스쿨존 사고 38% '불법주정차' 때문(삼성화재 보도자료 참고)

해야 할 것이다.

불법주차 1분 단속제를 앱에 의한 시민신고에서뿐만 아니라 고정식 CCTV 단속에도 적용하려던 것인데, 자치구청장, 택시 종사자, 택배노동자 등 현장에서 불이익을 받을 수밖에 없을 것이라는 이해당사자들의 반대로 중간에 좌절되고 말았는데, 모 방송사 9시 메인 뉴스에서 1분 단속제가 시행될 경우 택시운전자, 택배노동자 등이 직접적인 타격을 받을 수 있다는 우려 섞인 목소리와 함께 "불법주차 1분 단속제 유보"라고 방송을 타면서 시들어 버렸다.

시행 전에 여러 차례 서울교통방송(TBS) 라디오, YTN 라디오 등 주요 방송매체와 인터뷰도 하면서 그 필요성을 강조하고 시민 여론을 긍정적으로 움직이게 하기 위해 다양한 노력을 하였는데, 결정적으로 구청장협의회에서 불만의 목소리를 내고 개인택시조합 등에서도 시행유보를 요청하면서 '시행유보'로 매듭짓게 되었다. 답답한 노릇이었다.

구청장협의회에서는 두세 차례에 걸친 회의에서 '시행유보'를 요청했고, 덕분에 나도 두세 차례 회의에 참석하여 시행의 불가피성을 설명하기도 하였으나, 당시(2018년) 대통령 선거를 앞둔 시기여서 정치적 이해득실을 따질 수밖에 없는 구청장들로서는 '1분 단속제 시행'은 선거에 부정적 영향을 줄 수밖에 없는 것으로 생각했던 모양이었다. 다만, 당시 서초구청장처럼 관내에 위치한 고속터미널, 남부터미널 등에서 상습 불법주·정차로 골머리를 앓고 있던 구청장만 홀로 불법주차 1분 단속제에 대한 긍정적인 의견을 제시하기도 하였었다.

불법주정차로 인한 사회적 손실은 막대한데 여전히 현실은 불법주차는 '어쩔 수 없는' '불가피한' 현상으로 더 나아가 '지역경제 활성화'를 위해 주차단속은 최소화해야 하고 그래서 "계륵"과도 같은 취급을 받는 현실에서 "불법주차 1분 단속제"는 정책의 취지를 제대로 살리지도 못하고 결국은 "반쪽짜리 정책"으로 퇴색해 버렸다.

편의주의적 단속관행 혁신

CCTV 카메라 단속차량을 이용해 하루에 200건 이상 불법주차된 차량을 단속한 공무원도 있었다. 5분 간격을 두어 동일 구간을 CCTV 카메라 단속차량으로 순회하게 되면 그 이상으로도 단속이 가능한데, 나는 더 이상 이런 편의주의적 단속을 하지 않도록 강제했다. 차량 단속을 하다가도 보도, 횡단보도, 소화전 등에 불법주차가 되어 있으면 단속차량에서 하차하여 "인력단속"으로 전환하고, 단속 필요성이 거의 없는 한적한 골목길 등 생활도로에서는 단속하지 못하도록 했다.

주차단속과 같은 규제업무는 자칫 잘못하면 '편의주의' 함정에 쉽게 빠져들게 된다. 그로 인한 피해는 온전히 시민들에게 돌아가게 되고 행정력과 예산 등 행정자원만 낭비되는 나쁜 일이 되기 쉽다. 단속업무와 같은 규제행정은 시민들로부터 환영을 받지 못하는 특성상 시 내부로부터도 칭찬을 듣기가 어렵다. 강하게 규제하면 표 떨어진다고 생각하는 선출직들이 많아 기관 내부에서도 비판받기 일쑤다.

높이 오르지 않아도 꿈꿀 수 있는 이유

그러나 또 단속을 안 하면 안 한다고 시민들로부터 역민원을 받을 수 있어 "계륵(鷄肋)"과 같은 취급을 받기 쉽다. 그래서 단속 공무원들이 스스로 알아서 적당히 해야 한다. 너무 열심히 해서도 안 되고 너무 티 나게 안 해도 안 된다. 그러다 보면 '손쉬운 단속' '편안한 단속' 그래서 '스트레스 없는 단속' 등과 같은 편의주의적 단속의 함정에 빠져들기 쉽다. 조직 내부의 최고 의사결정권자가 관심을 보이지 않는 단속업무의 특성상 실무책임자인 실·본부·국장들도 관심을 보이지 않기 때문에 단속 공무원들이 알아서 하면 되기 때문이다.

게다가 부서장도 관심을 두지 않으면 글자 그대로 단속 공무원만 살맛 나는 편의주의적 단속의 극치로 빠져들기 쉽다. 단속 공무원이라면 어느 누가 힘들고 어려운 단속을 하면서 시간과 에너지를 빼앗기고 싶겠는가! 과거 편의주의적 단속의 극치를 보여줬던 사례를 소개해 보겠다.

예전에는 CCTV 카메라 단속차량 한 대로 두세 시간 만에 무려 200건 이상의 불법 주차된 차량을 단속하기도 하였는데, 그로 인해 해당 자치구에서 제발 상황을 봐가면서 단속해 달라는 민원을 제기한 사례가 있었다. 보통 도로상에 불법주차된 차량이 동일 장소에서 5분 이상 있게 되면 CCTV 카메라 단속차량이 지나가면서 5분 간격으로 두 장의 사진을 촬영하여 자동으로 단속하는데, 주로 휴일 등산로 입구에 장시간 주차된 차량들을 대상으로 위와 같은 불합리한 단속이 이루어졌던 것이다.

물론 불법주차는 맞긴 하지만 단속을 안 해도 시민들에게 큰 피해를 끼치지 않는 상황인데도 단속실적을 채우고 우수한 평가를 받기 위해 그렇게 무리하게 하는 것이다. 불법주정차로 극심한 교통혼잡을 유발한다던지, 보도·횡단보도 등과 같이 보행자의 안전을 저해하는 장소에서 집중적인 단속을 해야 하는데, 그런 장소에서는 막상 단속하려고 하면 차주와 싸워야 하고 심한 욕설을 들어야 하니 단속 공무원들은 지극히 소극적으로 '단순계도' 혹은 '이동조치'로 갈음하고, 진정 단속의 손길이 필요하지 않는 한적한 이면도로(생활도로)에 주차된 차량들만 단속하게 되는 지극히 편의주의적인 단속관행에 빠져들기 쉽다.

4년간 교통지도과장으로 재직하면서 가장 중요하게 생각했던 것이 어떻게 하면 단속 공무원들의 편의주의적 단속관행을 혁파하여 시민 눈높이에 맞춰 꼭 필요한 단속을 하는 '공정한' 단속체계를 현장에 뿌리내리도록 할 수 있을까 였다. 10건의 단속보다 꼭 필요하면서도 어려운 1건의 단속이 더 높은 평가를 받을 수 있게끔 단속실적평가시스템을 획기적으로 개선하기도 하였다.

택시불법운행단속도 마찬가지였다. 택시의 부당한 바가지요금 징수나 명의이용금지 의무위반(도급택시) 등 그 피해 정도가 상대적으로 심각한 불법행위에 대해서는 단속도 하지 못하면서 주구장창 택시 승차거부 단속만 하던 시절이 있었다. 내가 교통지도과장 4년간 재직이라는 전대미문의 역사를 쓰면서 이러한 편의주의적 단속에 일대 개선을 가져왔다.

그런데 이런 어려운 단속들을 하다 보면 과거 물량 위주의 쉬운 단속보다 실적 건수가 대폭 감소할 수밖에 없음에도 불구하고 일부 간부는 단속실적(건수) 감소에 대해 강하게 불만을 표시하면서 비판하기도 하였다.

"야, 이 바보야! 문제는 건수가 아니고 품질이야!"

이 말이 나의 마음속 대답이었다. 매년 서울시와 자치구의 일천 여 명의 단속 공무원들이 300만여 건의 불법주차 단속을 하고 있 지만 서울의 주차 질서는 개선되지 않고 도시의 곳곳이 마치 주차 장처럼 변해가는 상황은 어떻게 판단해야 할까.

불법주차는 이면도로(생활도로)에서 어린이 등 교통약자의 안전한 보행을 저해하는 나쁜 행위로 사망에 이르게 하는 교통사고를 유 발하기도 하여 '단순한 행위'로 방관만 할 것은 아니다. 심각한 사 회문제로 인식해야 함에도 단속권한을 가진 구청장 등은 선거에서 이해득실을 따져 소극적 행정행위로 '불법주차 단속'을 취급하고 있다. 즉 단속을 강하게 하면 표가 떨어진다는 생각들을 하기 일쑤 여서 주차단속은 '계륵' '천덕꾸러기'와 같은 취급을 받기 일쑤였다.

이러한 현실적 제약 여건을 고려하여 어쩔 수 없이 불법주차 단 속에 대해 '탄력적' 개념을 적용하였다. 시민의 안전에 직결되는 보 도, 횡단보도, 정류소와 같은 장소에 대해서는 견인조치가 수반되 는 강력한 단속 더 나아가 "운전자가 있어도 단속"과 같은 강도 높 은 단속수준을 적용하고 그렇지 않은 위반행위에 대해서는 '이동 조치' '계도'와 같은 약한 수준을 적용하는 것이다.

불법주차 중 "운전자가 현장에 있는 경우"에 도로교통법상 경찰 도 단속할 수 있지만 서울시와 자치구 단속 공무원들도 단속할 수 있다. 그러나 경찰은 주차단속은 시와 자치구 단속 공무원이 하는 것으로 생각하여 단속하지 않는 반면, 시와 자치구에서는 "운전자가 현장에 있는 경우"에도 단속할 수 있음에도 불구하고 주야장천 "현장에 운전자가 없는 경우"만 단속하는 웃지 못할 코미디 같은 행정을 하고 있다. 공정한 단속이란 무엇인가? 위반 정도에 따라 단속강도(수준)가 결정되는 것 아닌가! 현장에서 단속 공무원이 단속여부를 결정하는 기준이 "운전자의 현장 존부 여부"라니 뭔가 잘못되어도 한참 잘못되었다. 그래서 꼭 단속해야 할 위반 정도가 중한 경우에는 운전자가 현장에 있어도 단속토록 도로교통법상 사문화된 조항을 근거로 단속하기 시작했다.

더 나아가 강남 등 대형음식점이 많은 지역에서 성행하고 있는 '발렛파킹'에 의한 보도상 상습불법주차에 대해 철퇴를 내리고자 단속 공무원 4명 이상으로 한 조를 구성, 현장에서의 예상되는 완강한 저항을 제압하면서 단속할 수 있는 "집중단속조"를 구성하여 운영하기도 하였다. 보통 2명이 1개 조를 구성하여 단속하게 되면 현장에서 건장한 발렛파킹 요원들에 의해 단속원이 제압당하는 경우가 비일비재하게 발생한다. 단속 공무원은 주차단속을 해달라는 민원이 접수되면 형식적으로 단속 차량을 타고 나가서는 내리지도 않고 "불법주차 차량 단속합니다"라는 안내방송만 반복하면 된다. 그러면 발렛파킹 요원이 잠시 차량을 이동시키는 것처럼 하다가 단속차량이 떠나면 다시 원래 장소에 차를 가져다 놓는 식인 것이다.

도로 곳곳에 설치된 고정식 CCTV 단속카메라 하단의 조그마한 표시판에 "운전자가 있어도 단속합니다"라는 문구가 지속적으로 표출되고 있는 것을 볼 수 있는데, 이 내용은 반드시 개선되어야 할 불법주차 문제에 대해 강력한 단속이 필요한 차량에 대해서는

'세계' 단속하겠다는 "탄력적" 단속전략을 표명한 것으로 당시 고뇌의 산물이었다.

주차단속통합플랫폼 구축

　주차단속은 서울시와 25개 자치구가 각각 권한을 행사하다 보니 각각 다른 단속기준과 단속시스템이 운용되고 있어 시민들이 혼란스러워하고 불편한 점이 다수 나타날 수밖에 없었다. 그래서 내가 교통지도과장으로 일하면서 단속기준 표준화와 단속시스템 통합 운영 등을 집중적으로 연구, 일부 시행하게 되었다.

　서울, 부산 등 특·광역시는 불법주차 단속권한을 기본적으로는 자치구청장이 행사하고, 예외적으로 특별시·광역시장도 행사하고 있다. 서울에서는 시와 자치구가 단속권한 행사로 나타날 수 있는 단점, 즉 중복단속 등을 방지하기 위해 6차로를 기준으로 단속 지역을 구분하였다. 서울시는 6차로 이상 대로에서, 자치구는 5차로 이하의 도로에서 단속하는 것으로. 다만, 서울시는 단속은 할 수 있지만 과태료는 오로지 해당 지역의 구청장장만 부과할 수 있도록 되어 있다.

　원래는 자치구청장만 행사하던 단속권한을 민선구청장 시대가 되면서 '표'를 의식하는 구청장들이 주차단속을 '표' 떨어지는 행위

　　　　　　　높이 오르지 않아도 꿈꿀 수 있는 이유

로 간주하여 소극적으로 하다 보니 서울의 주차질서가 엉망이 되자 불가피하게 서울시가 도로교통법 시행령 개정을 추진하여 서울시장도 예외적으로 단속권한을 행사할 수 있게 된 것이다.

시와 25개 자치구가 각각 단속하면서 표준화된 기준이 마련되지 않아 혼란스러운 몇 가지 사례를 제시하면 다음과 같다. 첫째, 주차단속 시간과 단속기준이 다르다. 자치구마다 단속 시간대가 평일/주말에 따라 들쭉날쭉한데, 예를 들면 주말에 단속을 하는 자치구가 있는 반면에 하지 않는 자치구가 있고, 단속 시간도 자치구에 따라 저녁 8시까지 단속하거나 10시까지 단속하기도 하고, 단속유예시간28)도 5분으로 하는 경우와 10분까지 하는 경우 등 다르게 적용하고 있었다.

더 나가서, 두 개 자치구가 도로 중앙선을 기준으로 연접해 있는 경우에 같은 도로에서 불법주차된 차량에 대해 한 자치구는 견인하는 데 비해 다른 자치구는 견인을 하지 않는 등등…. 동일한 위반행위가 어느 자치구 관내에서 발생하였는지에 따라 각기 다른 수준의 처분을 받게 되는 불합리한 상황이 발생하고 있었다.

둘째, 단속시스템도 서울시, 자치구가 보유한 시스템이 각각 다르고, 서울시나 자치구 내에서도 단속장비에 따라 또 각각의 단속시스템이 사용되었다. 그 결과 단속데이터가 통합적으로 유의미하게 관리·활용 되지 못하는 관계로 아무 쓸모 없는 데이터만 흩어져 있었다.

---

28) 고정식 CCTV 단속이나 CCTV 카메라 단속차량으로 단속하는 경우에 불법주차를 입증하는 두 장의 사진이 필요한데 두 장 사진 간의 시차를 단속유예시간이라 칭함.

단속시스템은 단속장비에 따라 세 가지로 구분되는데, 하나는 단속 공무원이 직접 현장에 가서 스마트폰이나 PDA로 단속하는 경우, 둘은 고정식 CCTV로 단속하는 경우, 셋은 CCTV 카메라 단속차량으로 이동 단속하는 경우다.

내가 교통지도과장으로 재직 당시, 서울시에서는 단속 공무원에 의한 스마트폰 단속과 CCTV 카메라 차량 단속을 하나의 단속시스템으로 통합관리하고 있었다. 고정식 CCTV 단속은 별도의 시스템으로 관리되어 단속데이터 통합은 불가능했다. 자치구는 세 가지 단속시스템이 각각 별도로 운영되어 유지관리비도 각각 들어가기 때문에 25개 자치구에서 들어가는 비용을 다 합치면 예산낭비가 꽤나 심각하였다.

이런 각각의 시스템 운영으로 나타나는 단점은 불합리한 비용 지출뿐만 아니라 단속데이터의 통합관리와 이를 통한 의미 있는 데이터 분석이 불가능하다는 것이다. 서울에서 불법주차 단속이 많이 되는 장소를 특정할 수 없고 데이터 분석을 통해 불법주차 단속과 주차질서 개선 정도를 파악하는 것이 불가능하였다. 불법주차 단속요청 민원이 많은 곳에서 주차단속 건수가 많아야 하는데 즉 비례관계가 형성되어야 하는데 현실은 그렇지 않을 것이기 때문이다.

셋째, 단속된 이후에는 과태료가 제대로 부과되어야 하는데 자치구마다 부과율이 상이하였다. 특별히 하자가 없으면 과태료 부과 처분이 이루어져야 하는데, 의견진술기간에 위반자가 이의를 제기하면 자치구마다 부과처분을 취소하는 수용률이 상이하였다. 아무래도 자치구 직원들이 거센 민원에 시달리다 보면 취소하고픈

높이 오르지 않아도 꿈꿀 수 있는 이유

생각이 많이 들기도 하고, 표를 의식하는 구청장의 입장과 위반자의 반발 등을 고려하여 단속은 하되 과태료 부과는 가급적 적게 하는 방식으로 대응하기 때문일 것이다.

자치구 관계 공무원들에게 주차단속은 "계륵"과 같은 취급을 받는다. 불법주차로 단속된 시민은 적법한 단속에 대해 거세게 항의를 하지만, 불법주차를 싫어하거나 피해를 보는 시민들은 구청에서 불법주차에 대해 실효적인 규제(단속)를 하여주기를 바란다. 그래서 단속요청 신고를 하면 어쩔 수 없이 단속 공무원이 출동하여 단속할 수밖에 없는 상황에서 "단속은 하되, 과태료부과는 적당하게" 하는 것이, 단속을 요청한 시민과 불법주차로 단속된 시민 양자를 만족시킬 수 있는 묘답이라고 구청 직원들은 생각할 수 있다.

이러한 문제점들을 개선하기 위해 먼저 단속기준 등을 표준화한 단속매뉴얼을 제작·배포하였다. 단속유예시간은 서울시와 같이 5분을, 보도·횡단보도·정류소·소화전 등 시민안전과 직결되는 곳은 '즉시(1분) 단속'과 '운전자가 있어도 단속(견인병행)' 하는 것으로 권고하였다. 고정식 CCTV 단속 시 적용하려 했던『불법주차 1분 단속제』역시 단속기준 표준화의 한가지였다. 다만 주말, 저녁 단속 종료 시점 등에 대해서는 자치구가 지역적 특성을 고려하여 평일에 비해 탄력적으로 운영하는 것이 타당하다는 판단하에 언급하지는 않았다.

그 외 "주차단속알림서비스"에 대해서는 시행 중단을 요구하였다. 주차단속지역에 불법주차하는 경우에 '단속유예시간 내에 이동 주차하지 않으면 단속'됨을 운전자 스마트폰으로 개별 안내해주는 서비스를 자치구에서 많이 시행 중인 것을 중단하라고 요청했다.

참고로 서울 전역에서 위와 같은 서비스가 통용되도록 서울시가 통합알림시스템을 구축해 줄 것을 요구하는 민원도 있었는데, 이는 서울시정 방향과 맞지 않아서 무산시키기도 하였다. 모든 서울 시민들에게 주차단속을 하지 않을 테니 대중교통 이용대신 자동차를 가지고 다니세요! 하는 것과 다를 게 없어서 「보행친화도시 서울 조성」과 같은 시정 비전에 어긋나기 때문이다.

둘째, 자치구마다 다르게 운영 중인 주차단속시스템은 서울시 주차단속시스템을 사용할 것을 지속적으로 권고하였는데, 당시 5개 자치구가 서울시 시스템을 사용하였는데 최근 25개 자치구가 『서울시 주차단속 통합플랫폼』을 활용하고 있는 것으로 확인됐다. 먼저, 서울시가 중앙정부의 지원을 받아 다양한 단속시스템을 통합하고 과태료부과시스템과 연계한 플랫폼을 구축하고 나서, 자치구에게 서울시 통합플랫폼을 활용하지 않는 경우에는 과태료부과시스템을 사용하지 못하도록 끊어버리겠다고 반 협박하면서 25개 자치구가 자체적으로 보유하고 있던 단속시스템을 폐기하고 서울시 통합플랫폼을 사용하기로 하였다고 한다.

내가 그렇게 소망하던 일들이 거의 10여 년이 경과한 후에 마무리되었다. 내가 불씨를 당겼고 그 바통을 이어받은 후임자들의 노력으로 거대한 여정이 마무리되어 무척이나 감개무량하다. 1개 자치구 당 3개의 단속시스템을 별도로 운영하면 매년 1~2억 원의 유지관리비용이 필요하니 25개 자치구를 합하면 25~50억 원의 비용을 절감하는 효과가 있다. 뿐만 아니라 자치구별로 생성되고 관리

된 단속데이터들이 통합되어 서울 전역에 걸친 효과적인 단속정책을 수립하는데 필요한 가치 있는 정보를 활용할 수 있게끔 되었다.

셋째, 스마트불편신고앱 성능 개선을 통해 불법주차로 불편을 겪는 시민들이 쉽게 앱을 통해 신고할 수 있게 하고 그에 대해 바로 과태료를 부과토록 하여 시민신고가 제대로 가동되도록 하였다.

보도·횡단보도·정류소·소화전 등 시민 안전과 직결되는 장소에서 불법주정차 하는 경우에 한해 시민이 사진 두 장을 1분 시차로 촬영하여 신고하면 단속공무원 현장 출동 없이 즉시 과태료 부과가 가능하게 되니 신고처리에 대한 만족도가 높아져 시간이 갈수록 신고에 의한 단속건수가 급증하고 있다.

단속 공무원이 현장에서 단속한 건에 대해 과태료를 부과하면 거센 항의를 받기 일쑤여서 담당 공무원들도 무척이나 힘들 했는데, 지금은 시민이 시민신고앱을 통해 불법주차를 신고해서 불가피하게 과태료를 부과할 수밖에 없다고 설명하면서 단속 및 과태료부과에 따른 거센 민원을 쉽게 넘길 수 있게 되었다.

그런 연유로 구청 공무원들은 「시민신고제」에 대해 적극 환영하고 있다.

교통지도 조직 개편&나

세금을 아끼고 일을 효율적으로 하기 위해 행정조직은 때론 인력 재배치 또는 구조조정이 필요하다. 행정수요 변화에 맞춰 한정된 인력과 재원을 효율적으로 활용하기 위해서는 조직이 보다 탄력적으로 운용될 필요가 있다.

교통지도과장 재임 2년 차에 접어들면서 6개의 지역대를 4개로 통합 조정하고 직원들을 재배치하는 과정에서 얼마나 많은 고충과 에피소드가 있었겠는가! 교통지도과는 당시 6개 지역대를 운영하고 있었는데 1개 지역대당 6명의 공무원이 근무하면서 120여 명의 단속 공무원과 질서계도요원을 관리하고 있었다. 그런데 그중 3개 지역대가 같은 빌딩 같은 층에 위치하면서 1개 지역대당 6명씩 총 24명의 관리인력이 일하고 있었다. 나는 그 당시에 이런 낭비적인 조직 운영에 대해 시민들이 알게 된다면 얼마나 서울시를 비난할 것인지 걱정되었다. 민간 조직에서는 이런 방만한 조직 운영은 상상하기 어려운 광경이었을 것이다.

그래서 3개 지역대를 1개로 통합하면서 부족한 관리인력 문제를 해소하면서 세금 낭비도 줄이고 경영효율화도 도모할 수 있었다. 그 과정에 남아도는 인력과 장비를 다른 지역대와 본청 사무실로 적정하게 분배하여 적재적소에 배치하게 되었다.

한 지붕 세 가족처럼 옹기종기 모여 소꿉놀이하듯이 오손도손 근무하고 있었는데 하루아침에 통합되면서 뿔뿔이 흩어져야 했으니 그런 구조조정을 추진한 부서장인 나에 대한 직원들의 원성과 불만이 어떠했겠는가는 불문가지였을 것이다. 결과적으로 2개 지역대에 근무했던 12명의 공무원들과 다수의 단속 인력들이 정들었던 원래의 근무지를 떠나 다른 지역대로 뿔뿔이 흩어져야 했으니 얼마나 힘들어했을까?

이런 비효율적인 조직관리는 있을 수 없다고 생각했는데, 왜 내가 교통지도과장으로 발령받기 전까지 그런 상황이 유지될 수 있었을까? 그것은 단속행위와 같은 규제행위는 최고의사결정권자의 관심사항이 아닌 것에서 그 원인을 찾을 수 있을 것이다. 그런 이유로, 부서장 등 중간 관리자들도 단속 체계 개선과 같은 것에 관심이 없고 현상 유지만 추구할 것이기 때문이다.

단속행위와 같은 규제행정도 시민들의 요구에 맞춰 꼭 필요한 단속업무에 상대적으로 더 많은 에너지를 더 집중해야 하기에 때론 그 일을 담당하는 직원들의 안정 추구 욕구와 상충될 수가 있는 것이다. 민선 자치단체장에게 규제행정은 마치 "계륵"과도 같은 것인데, '해도 그만, 안 해도 그만'이라는 인식이 강해서 관심들이 저조한 실정이다. 공무원들이 너무 열심히 하면 구청장에게 혼이 날 수 있다는 생각이 만연해 있는 것 같다. 그래서 단속해달라는 민원이 있으면 현장에 느지막이 출동하여 이동 조치와 같은 아주 약한 수준의 단속 강도를 적용하는 등의 형식적 단속에 그치는 경우가 태반이었다.

불법주차된 차량을 단속해달라는 신고가 접수되면 3시간 이내에만 처리하면 된다는 민원처리규정에 따라 느지막이 현장에 출동하여 그때까지도 불법주차된 차량이 있으면 적당히 운전자에게 이동조치를 명하고 얼버무리고 자리를 떠 버린다. "단속하되 봐주기" 식의 형식적 수준으로 얼버무리는 것이 상식적으로 최상의 방안이 될 수 있다.

주차단속요청 민원에 대한 3시간 이내 처리 원칙과 관련하여 내가 경험했던 '웃고픈' 에피소드를 하나 소개하고자 한다. 이 건은 내가 시민신고를 통해서 불법주차를 개선하는 방안을 검토하는 과정에 어느 구청에서 주차단속 요청을 한 민원인에게 답변한 내용을 조사한 것 중의 하나였다.

한 시민이 금요일 오후 5시쯤 불법주차된 차량을 단속해 달라고 민원을 제기하였는데, 3시간 이내 처리 원칙에 따라 다음 주 월요일 오전 10시쯤 단속 공무원이 현장에 출동하여 "현장에 출동하여 가보니 신고된 차량이 이동하고 없습니다"라고 민원인에게 답변하고 종결처리를 하였다.

당시 나는 상식적으로 이게 말이 되나 싶어 확인해 보니, 서울시 민원처리규정에 따르면, 주차단속 요청민원은 "즉시처리"가 원칙이며, 그것은 민원 접수 후 '3개 근무시간' 내에 처리해야 한다는 의미다. 그래서 위와 같은 우스꽝스러운 답변이 가능하게 된 것이다. 상식적으로 도저히 이해가 안 되는 교통지도행정 서비스가 서울 하늘 아래에서 자행되고 있었다.

불법주차된 차량은 보통은 10분에서 30분이 지나면 신고된 장소를 이탈하게 되는데 단속 공무원이 느지막이 현장에 도착하면 차량은 보이지 않고 자연적으로 민원이 해소되어 버리게 되어 단속 공무원 입장에서는 꽤나 괜찮은 것이다.

그러나 이와같은 편의주의적이고 자의적인 단속은 단속 공무원들의 업무만족도도 떨어지고 자존감도 감소하게 되는데, 교통현장의 무질서를 조금이라도 개선하는데 기여하고 있다는 생각이 들 때 느낄 수 있는 희열감이나 쾌감을 맛보지 못하니 말이다.

그러면 그 조직은 쇠락의 길을 걷게 되고 결국에는 공중분해되고 말 것이다. 시민 눈높이에 맞춰 단속 전략과 수단을 보완, 마련하는 게 우선되어야 하고 그와 함께 단속조직과 단속 공무원을 업그레이드 하는 게 필요하였다.

지금 생각해도 보람있고 의미 있는 일이었다. 물론, 그 힘든 일을 하면서 온갖 비난을 받은 나는 개인적으로는 많은 어려움에 처하기도 하였다.[29] 단속조직 통합으로 막대한 인건비 절감과 사무

---

[29] 교통지도과 4년간의 재직 기간 중 나름 의미 있는 성과가 나타났지만, 나는 그 과정에 「Worst Five」 부서장에 선정되는 등 불명예를 떠안게 되었다. 많은 직원들이 나로 인해 교통지도과를 떠났다. "시민들로부터 박수받는 단속행정"을 캐치프레이즈로 시대상황의 변화에 맞게 "위반정도에 상응하는 탄력 단속: 위반 정도가 심각한 경우에는 쎄게, 그렇지 않은 경우에는 약하게"를 주된 단속전략으로 1천여 명의 단속인력들에게 체득하도록 하였다. "운전자가 현장에 있어도 불법주차 정도가 심각한 경우에는 단속한다", 주당 20시간 근무체계를 주당 30에서 35시간으로 강화하는 등 단속체계 고도화를 추진하면서 많은 직원들이 힘들어했다.
단속 공무원들과 직원들은 이렇게 생각했을 것이다. 아무도 관심없는 불법주차 단속 등에 왜 부서장이 그렇게 집착하는지! 다른 꿍꿍이가 있는 건 아닐까? 결론적으로 매년 140억 원의 인건비 등 예산이 사용되고 있는데 단속주체들은 편의주의적 단속 루틴에 매몰되어

실 임대료 절감 등을 생각하면 정말 큰 일을 해냈다는 자부심이 든다. 지금은 주차단속 업무를 거의 다 자치구로 이관하다시피 해서 무의미한 과거의 이야기로 치부될 수도 있겠지만, 그 당시 단속체계고도화 차원에서 추진했던 단속조직 통합과정은 참으로 의미 있는 일이었다.

있어 이를 혁파하고픈 열망에 기인한 것이었다고.

부서장인 나의 "루틴 혁파"과정에 직원들의 불만이 시의회, 서울시 인사 부서 등에 전달되기도 하였으나 나는 4년이라는 긴 세월을 근무할 수 있었다. 이 기록은 서울시 역사에 전무후무한 사건으로 기록될 수 있다. 비록 신경쓰는 사람은 아무도 없을지라도…. 이는 자랑이 아니다. 그저 안타까울 따름이다.

높이 오르지 않아도 꿈꿀 수 있는 이유

단속 공무원도 멀티플레이어

2015년도에 내가 교통지도단속업무를 맡은 첫해에 느꼈던 것은 단속 공무원들은 오로지 자기에게 주어진 단 한가지 일만 하고 있었다는 것이 무척 놀라웠다. 도로상에서 발생하는 여러 교통질서 문란행위 중 오로지 불법주차된 차량, 이 경우에도 "운전자가 현장에 없는" 차량에 대해서만 과태료단속을 하고 있었는데 도저히 용납이 안되는 상황이었다.

히딩크 감독이 2002년 한일월드컵대회에서 한국을 4강에 진입할 수 있게 한 근원적인 전략은 선수들의 멀티플레이어화를 도모하였기에 가능하게 되었다고들 말한다. 인간의 뇌는 통합적 사고를 할 수 있도록 되어 있다고 한다. 식사하면서 스마트폰으로 정보를 취득할 수도 있고 텔레비전을 시청하면서 친구와 전화 통화도 가능하다는 것이다.

도로현장에서는 무질서한 교통질서 위반행위가 다양하게 발생하고 있다. 따라서 단속 공무원이 현장에 출동해서 본연의 단속업무와 연관성이 있는 다른 위반행위에 대해서도 "떡 본 김에 제사지낸다"는 식으로 규제를 하는 것이 지극히 타당하고 합리적일 텐데, 당시의 단속행정 현실은 그러하지 않았다.

한 가지만 단속하는 것도 지극히 형식적이고 편의주의적이어서 실효성도 떨어지고 단속 공무원의 자긍심도 바닥을 치고 있었다. 올바른 규제가 현장에서 먹혀들어 가고 위반자가 잘못했음을 인지하게 하여 단속 공무원의 자부심이 제고되려면 선행적으로 충족되어야 할 것이 있는데, 그것은 바로 『단속체계 고도화』다.

단속행위의 주체인 단속 공무원의 권위가 담보되어야 하는데, 그러려면 법 규정이 허용하는 규제수단, 단속툴(수단)이 확보되어야 한다. 전쟁터와 같은 단속현장에서 위반자를 확실히 제압할 수 있도록 화력 보강이 필수적일 텐데…. 그러려면 '업무다변화(멀티플레이어화)'가 절실한 상황이었다.

택시불법운행 단속도 예전에는 주구장창 '승차거부'만 단속하던 것을 업무다변화를 추진하였다. 즉 승차거부 행위를 단속하는 중에 부당요금 징수 행위를 발견하면 함께 단속하고, 버스 정류소에 택시가 장시간 주차하여 버스 승객의 안전한 승하차를 방해하는 경우에는 불법주차단속보다 규제강도가 높은 여객자동차운수사업상의 '정류소 질서문란행위'로 단속함으로써 교통질서 개선이 가능하게끔 단속 매뉴얼을 대대적으로 뜯어고쳤다.

이런 멀티플레이어 전략이 먹혀들어 가기 위해서는 단속 공무원의 업무집중도가 높아져야 한다. 그 때문에 주당 20시간 근무제에서 주당 35시간 근무제로 개편하였고 단속기법도 고도화하였다. 예를 들어 '운전자가 있어도 불법주차 단속'이라는 극약처방같은 방법도 단속 매뉴얼에 포함시켰는데, 이는 불법주차 차주(운전자)가

높이 오르지 않아도 꿈꿀 수 있는 이유

현장에 나타나면 단순계도(이동조치)만 하던 것을 법령에 따라 단속하게끔 했던 것이다. '운전자가 현장에 있어도 불법주차 단속'은 당시 방송사 등 언론에서 많은 관심을 보여줬던 기억이 새롭다.

이에 대한 상세한 내용은 내가 교통지도과장 4년간의 이야기로 담은 『교통지도 이야기: 반성과 도전』에서도 밝혔듯이 '불법주차 위반 정도에 따라 단속 강도(수준) 결정'이 아닌 '운전자의 현장 존부 여부에 따른 단속강도 결정'과 같은 불공정한 단속관행을 혁파하기 위해, 법규정상 존치는 하나 현장에서 적용하지 못했던 단속기법을 현장으로 소환하여 적용하게 한 것이었다.

그렇게 해서 가능했던 단속전략이 불법주차차량 단속 시, 보도, 횡단보도, 어린이보호구역, 소화전 부근, 버스정류소 등 시민안전과 직결되는 장소에서의 주정차위반 차량에 대해서는 상대적으로 더 강하게 단속하고 그렇지 않은 곳에서는 보다 약하게 단속(이동조치 등 계도)을 하는 『탄력단속 원칙』이다.

단속행정은 시 최고의사결정권자에게는 관심의 대상이 아니다. 잘못하면 표가 떨어질 수 있겠다는 느낌을 주는 업무 즉, '계륵'으로 취급하기 때문이다. 그러다 보니 그 업무를 맡고 있는 직원들도 본인의 업무에 대해 그저 그럭저럭 꾸려나가기만 하면 된다는 인식이 팽배해 있었다.

단속 공무원 스스로 편의주의적 단속전략과 단속방법을 선호하게 되고, 자연스럽게 단속과정에서 느낄 수 있는 스트레스를 최소화하여 마음의 평온함 유지를 최상의 가치로 삼게 되니 단속행정의 품질이 어떠했겠는가?

불법주차 현장에 운전자가 있는 경우에는 위반 정도를 따지지 않고 계도나 이동 조치를 요청하고, 불법주차로 인해 불편 사항이 없을 것 같은 상황에서 운전자가 현장에 없다는 이유만으로 과태료부과 단속을 한다는 것은 비합리적이다. 이러한 잘못된 단속관행을 형사사건에 비유하자면, 중범죄자가 사건 현장에 있다면 당연히 경찰이 즉시 인신구속(체포)해야 하는데도 현장에 범죄자가 있으니 경찰이 풀어주어야 한다는 논리가 성립되어야 하지 않겠는가!

현장에서 단속 공무원은 위반한 차량 운전자와 싸워가면서 정의로운 단속을 하여야 하는데 그것은 쉽지 않은 일이다. 거센 항의에 직면하면서까지 단속스티커를 발부한다는 것은 말은 쉽지만 이행하기에는 많은 애로가 따르는 게 현실이었다. 그래서 이런 강력한 단속기법이 적용되는 장소에 대해서는 아주 제한적으로 적용하는 것으로 하였다.

근무실적 평가를 받아야 하는 단속 공무원들은 굳이 시간과 에너지가 많이 소요되는 '힘든 단속'보다는 그렇지 않은 쉬운 단속을 선호하게 되는데 이는 인지상정일 것이다. 내가 만약 현장에서 뛰는 단속 공무원이라면 나도 쉬운 단속, 편의주의적 단속의 함정에서 빠져나오기가 쉽지 않을 것이기 때문이다.

즉 한적한 이면도로(생활도로) 등에 불법주차된 차량들만 먹잇감으로 삼아 단속하게 되면 짧은 시간에 어렵지 않게 많은 단속실적도 올릴 수 있어서 단속 공무원 실적평가에서 상위등급을 받을 수 있기 때문이다.

이러한 나쁜 단속을 예방하기 위해서는 단속 공무원들의 단속실적 평가에서 단속건수보다는 공정성과 난이도 등 단속품질을 보다

더 높게 평가하는『단속 공무원 근무실적 평가체계』를 획기적으로
개선하였다.

　그러나 이러한 모든 일들이 지나고 보니 부질없는 일을 한 게 아
닌가 싶다. 내가 4년의 시간을 들여 전념했던『교통지도단속체계
고도화』는 한낱 과거의 에피소드로 전락해버렸으니 말이다. 이 글
을 쓰고 있는 현재 "교통지도과"라는 조직은 더 이상 서울시 조직
도상에 존재하지 않게 되었다. 그간 추진해오던 역할은 유관부서
로 뿔뿔이 흩어져 귀속되었다.

나에게 아름다운 시간

교통지도과장 4년(2015년~2018년)은 나에게 가장 의미 있는 시간이었다. 서울시(직협)에서 문제 있는 부서장에게 수여하는 『Worst Five』에 선정되기도 하였지만, 20여 년 과장 보직 중 가장 자랑스러운 시간이었다. 그것은 나의 첫째 아들, 범준이와 얽힌 소중한 추억과 관련된 것이다.

첫째, 나에게 교통지도단속체계 고도화의 필요성과 당위성의 단초를 첫째 아들인 범준이가 제공해 줬다. 하마터면 범준이가 오토바이에 치여 큰 사고를 당할 뻔했다. 아파트 단지 내 중앙도로변에 주차된 차량들로 인해, 어린아이들이 도로를 가로질러 건널 때 좌우 시야 확보가 어렵게 된 이륜차(오토바이) 운전자들에 의해 부딪치는 아찔한 교통사고가 빈번하다.

잘못하면 범준이에게 그런 위험한 순간이 발생할 뻔한 적이 있었다. 그 뒤로 내가 범준이를 초등학교에 데려다주고 하는 과정에 이면도로에 불법 주차된 차량들을 보고는 나에게 "아빠 저 차들 신고해!" 하면서 나에게 경각심을 심어주곤 했다.

높이 오르지 않아도 꿈꿀 수 있는 이유

내가 정책나르시시즘에 빠져 추진했던 "불법주차 1분 단속제"도 사실은 범준이와의 경험에 기초하여 나에게 강한 추동력을 가져다 준 것이라 할 수 있다. 아빠가 뭔가 할 수 있다는 것을 보여주기 위해….

둘째, 범준이가 중학교 1학년이던 2018년에 1일 강사로 참여하여 "공무원"에 대해 범준이 반 학생들에게 30분 정도 소개하고 Q&A를 가졌다. 당시만 해도 공무원에 대한 어린아이들의 관심이 매우 컸던 것으로 기억한다.

담임선생님으로부터 1일 강사 요청을 전화로 연락받았는데, 처음에는 많이 망설였다. 당시만해도 나 스스로 나 자신에 대해 그리 큰 자긍심을 갖지 않았기에 중학생 아이들 앞에 나선다는 것이 왠지 모르게 망설여졌다. 그래서 범준이의 의견을 듣기로 했는데, 반대하지 않는 것을 보고 용기를 내어 수락하게 되었다.

그래도 나름 공무원에 대한 설명 자료: 공무원이 되는 길, 공무원이 하는 일, 역할, 필요한 자질 등에 대해 열심히 설명자료(PT)를 만들어 소개했다. 곁들여서 내가 체육진흥과장, 투자유치과장, 교통지도과장을 담당하면서 내가 주인의식을 가지고 추진하였던 사업들을 사진을 곁들여 가면서 간략하게 소개하였다.

설명이 끝나고 나서 담임선생님께서 나와 범준이 함께하는 사진을 찍어주셨는데, 지금도 그 사진을 가끔 보면서 범준이가 나를 자랑스러워했을지? 아니면 그렇지 않았을지? 혼자 상상해 보곤 한다.

셋째, 범준이가 초등학교 5년 때인 2016년에 함께 러시아 시베리아 횡단 열차를 타고 14일간 배낭여행을 했던 일이다. 블라디보스톡에서 횡단 열차를 타고 종착지인 모스크바까지 가는 도중에 하바로스크, 이르쿠츠크에서 내려 관광을 하고 다시 열차를 타고 이동하면서 러시아 문화를 체험한 소중한 시간이었다. 이르쿠츠크와 바이칼 호수를 오가기 위해 왕복 16시간의 오랜 시간을 들여서는 기껏 바이칼호수에서는 1박만 했던 고난의 행군을 범준이가 잘 견뎌줬다.

바이칼호수의 상징적 물고기인 "오물"을 잡기 위해 두 시간 정도 낚싯배를 탔지만 결국 한 마리도 잡지 못하고, 인근 식당에 들러 "오물" 수프를 사 먹는 것으로 아쉬움을 달랬던 기억이 새롭다. 바이칼호수에서의 수영은 새로운 느낌이었다.

상트페테르부르크에서 러시아 정통 발레 공연을 보면서 즐거운 시간을 보내고, 밤늦은 시간에 유람선을 타고 가까운 해안을 둘러보고, 유스호스텔에서 숙박하는 등의 추억을 함께 하였다. 나중에 이런 추억이 범준이의 인생에 의미 있는 작용을 했으면 하는 바람이다.

사실 범준이는 내가 교통지도과장으로 부임하기 전인 2014년 초등학교 3학년 때에는 나와 함께 두만강-백두산-연길 등을 배낭을 메고 다녔다. 중국 북경에서 자금성, 만리장성, 청화·북경대학 등을 둘러보고, 1박 2일 기차여행을 하면서 연길에 도착한 후 백두산 천지, 봉오동전투 현장, 연길 시내 등을 함께 다니면서 많은 것을 느낄 수 있었다.

마지막으로, 4년간의 교통지도과장을 하면서 추진하였던 교통지도단속체계 고도화와 관련한 내용을 『교통지도 이야기: 반성&도전(2018)』라는 책으로 펴낸 일이다.

아무도 알아주지 않는다고 해서 나까지도 나를 알아주지 않는다

높이 오르지 않아도 꿈꿀 수 있는 이유

면 나는 뭐가 된단 말인가! 나의 자긍심과 가치를 나 스스로 높이는 방법으로 책을 출간하게 된 것이다. 일종의 "정신승리"라 할 수 있다.

중국에서 무협지가 발전하게 된 계기가 문치주의를 표방하면서 국방력이 쇠퇴해진 송(宋)대에, 주변 오랑캐로부터 침입을 받고 수치심을 느낀 백성들이 정신승리 차원에서 무협지나 무술 관련 서적들에 빠져들게 되었다고 한다.

무엇보다도 시청과 구청에서 일 천여 명의 단속 공무원들이 서울의 교통질서 개선을 위해 열심히 현장에서 일하고 있었다. 그들이 편의주의적 단속관행의 유혹에 빠지지 않도록 하는 "각성제"의 역할을 하였으면 하는 바람도 있었다.

그 외에도 나의 두 아들에게 아빠의 4년의 기록을 선물로 남겨주고 싶은 생각도 한몫했던 것 같다.

청소행정분야 혁신

2012년 8월부터 2013년 12월까지

생활환경과장

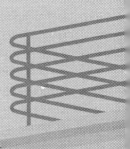

365 청결기동대 창설

　도시행정의 기본 중의 기본은 '청소'다. 그 외 버스, 지하철, 수돗물 공급, 하수처리 이 모든 것이 도시가 존속하기 위해 필수 불가결한 조건들일 것이다. 평상시에는 문제가 안 되지만 만약 이러한 서비스가 제대로 작동되지 않을 경우에 시민들은 큰 불편을 겪을 수밖에 없다.

　2013년의 음식물 쓰레기 수거 대란으로 시민들이 겪었던 불편은 이루 다 말할 수 없다. 생각해보면 청소행정의 어려움과 소중함을 느끼게 하는 사건이었다. 기존의 음식물 쓰레기를 수거해가던 민간업체들이 시민들이 집 앞에 내놓은 음식물 쓰레기를 수거하지 않고 그냥 놔두면서, 길거리마다 고약한 냄새가 풍기고 미관이 더럽혀진 사건이 일어난 것이다. 그 근본적인 원인은 음폐수(음식물 쓰레기 폐수) 해양투기 금지에 따른 음폐수 처리 단가 상승에 따른 음식물 수거-처리업체의 파업을 조기에 진단하고 예방하지 못한 서울시의 늑장 대응 탓이었다.

　2010년 8월에 마포구청으로 1년, 수도권광역경제발전위원회로

1년, 총 2년간의 파견근무를 마치고 2012년 시청으로 복귀한 후 맡은 첫 보직이 생활환경과장이었다. 생활환경과는 쉽게 말하면 '청소과장'이라 할 수 있다. 생활환경과장으로서 1년 5개월간은 그리 녹록지 않은 시간이었다. 음식물 쓰레기 대란이 발생한 지 얼마 안 지난 상황에서 음식물 쓰레기 처리업무를 떠맡게 되었고 생활쓰레기종량제봉투 가격 인상을 위한 전략 마련, 도시청결도 제고 위한 청소체계 고도화, 가로변 쓰레기통 확대 설치 등의 현안으로 인해 머리를 많이 썼던 기억이 새롭다.

이러한 본연의 업무 외에 '김포공항 항공기소음 대책' '층간소음 대책' 마련 등에 대한 추가적 업무에 대한 외부의 강력한 압박으로 인해 겪어야 했던 마음고생이 여간하지 않았었다. 새로운 업무를 맡는다는 것은 나의 능력을 펼칠 기회가 될 수 있어 의미 있는 일이긴 하나, 당시 생활환경과와 같이 업무추진 능력이 뛰어난 직원들이 부재한 상황을 고려해야 하는 부서장으로서는 선뜻 나설 수 없는 난감한 상황이 꽤나 많았었다.

이순신 장군처럼 승리할 수 있는 싸움만 하여야 하는데 승리할 수 없는 싸움에도 때론 나가야만 하는 상황에서 그래도 자신감을 가지고 돌격하기 위해서는 부서장이 "돌격 앞으로"를 외칠 때 최소한 그 말뜻을 이해할 수 있는 직원들이 다수 포진해 있어야 하는데, 2013년 당시만 해도 생활환경과는 그런 인재들이 많지 않은 상황이었기에 윗선의 새로운 업무 추진 요청에 대해 부서장이 선뜻 수용하기가 쉽지 않았다. 항공기 소음 대책 마련과 층간소음 대응에 대한 윗선의 지시에 대해 선뜻 수용하기가 어려워 윗분들과 갈등을 겪었던 기억, 그로 인한 나에 대한 나쁜 이미지 - 소극적

업무태도 - 를 각인시켜 버린 아픔으로 휘감겨진 시간이었다.

그래도 나에게는 의미 있는 시간을 보낼 수 있었다. 그중 가장 기억에도 남고 잘 판단했다고 생각하는 것이 『365 청결기동대』를 창설하는 것이었다.

이런 상황에서 2013년도 당시 시장께서 명동, 홍대 등 주요 관광 명소에 쓰레기통 등이 없고 도시가 지저분하여 서울의 명예를 훼손시키고 있으니 시가 직접 청소하는 체계를 구축하라는 지시를 하였다. 즉 청소 업무는 자치구청장 책무인데, 잘 못 하고 있으니 시가 청소를 직접 하여 도시를 깨끗하게 하자는 논리였다. 당시 함께 근무하던 팀장은 이참에 시장 말대로 시가 직접 청소하는 것을 주장하였다. 참 안타까운 생각이 들었다. 자치구가 청소 업무를 수행하고 있는 상황에서 그 서비스 수준이 만족스럽지 못하다는 이유로 시가 직접 청소 업무를 추진하게 된다면, 심한 경우에는 자치구에서 추진하고 있는 모든 업무를 시가 직접 할 수밖에 없을 수도 있다는 주장이 가능하지 않겠는가!

게다가 시가 직접 청소 업무를 직접 하게 되면 구청과 업무분쟁 사례가 발생할 수 있고, 시가 직접 청소장비를 확보하고 청소인력을 확충하여 운용하는 청소추진체계를 구축하는데 막대한 비용과 공간이 필요하기 때문에 현실적인 대안을 마련해야 했었다. 그 대안이 '365 청결기동대'인 것이다. 인력과 장비 충원에 필요한 재원 등을 시가 마련하여 자치구에 지원해 주고 구청은 인력과 장비를 운용하여 도심청결도를 제고하는 것이다.

구체적으로, 서울시에서는 먼저 관광객들이 많이 운집하는 도심 주요 지역을 선정하고 그 지역을 관리하는 적정인력을 산정하여

높이 오르지 않아도 꿈꿀 수 있는 이유

해당 자치구에 인건비와 청소장비를 지원하고, 자치구에서는 직접 필요한 청소인력을 채용하여 관리하는 것으로 역할관계를 설정하였다. 당초 전체 청소기동대 필요인력은 50명으로 계획하였는데, 관광지가 많은 종로와 중구는 13명씩, 나머지 용산·서대문·마포·영등포구는 각 6명씩 선발하는 것으로 해서 총 10억여 원의 시비를 자치구에 적정 배분하는 것으로 계획을 마련했다.

사실 자치구에서 운영하는 청소시스템이 갖는 한계가 있는 현실을 고려하여 그 한계를 보완해주는 방향으로 하는 것이 합리적일 것이다. 자치구의 재정 여건 등을 고려했을 때 완벽한 수준의 청소 서비스 공급체계를 구축하지 못한 상황이었다. 환경미화원은 공무원 신분이 아니어서 늦은 밤이나 주말 등에 근무할 경우에 많은 수당 등을 지급해야 해서 자치구에서는 열악한 재정 여건 등을 이유로 청소수요에 상응하는 인력을 제때 가동하지 못하고 있는 것이 현실이었다.

참고로 당시 구청 소속 환경미화원은 주로 가로쓰레기 청소를 위주로 하였는데, 평일에는 오후 3시까지, 주말 및 공휴일에는 오후 3시 이후에는 민원 처리 등을 위해 최소한의 인력만 근무하고 있었다. 주말이나 평일에 추가로 근무하게 하려면 1.5배의 초과근무수당을 지급해야 해서 자치구에서는 불가피한 민원 처리 등을 위해 최소한의 인력만 근무토록 하였는데, 그런 소수 인력으로는 청소 민원에 제대로 대응하는 것도 버거울 정도였다.

나는 365 청결기동대 출범식까지는 보지 못하고 도중에 다른 부서로 발령이 나서 가게 되었지만 지금도 그분들이 명동, 홍대, 이태원 등 서울 도심 곳곳에서 기존 환경미화원들이 하기 어려웠던 시간대 등에 도심의 청결을 유지하기 위해 활동하고 있는 모습을 보면 흐뭇하기 그지없다.

다시 한번 말하지만 시민 생활과 밀접한 정책들은 정권의 부침과 무관하게 그 지속성을 담보하는 것이 제일 중요하다는 생각이 든다. 그만큼 담당 공무원들의 생각이 매우 중요하다.

높이 오르지 않아도 꿈꿀 수 있는 이유

가로쓰레기통 확충 에피소드

　내가 생활환경과장으로 발령받으면서 하나의 직업병이 생겼다. 물론 이 병은 과장으로 발령받은 부서마다 발병[30]하였는데 어쩔 수 없이 직업병이라 할 수 있겠다.

　지금도 서울 도심에 가로쓰레기통이 부족하다는 논란이 있지만 내가 생활환경과장을 맡은 당시에도 마찬가지였다. 생활환경과장이 되어서는 병적으로 가로변에 설치된 "가로쓰레기통"만 눈에 들어오는 것이었다. 그리고 환경미화원들의 청소행태도 내 눈에 집중적으로 들어오는 것이었다. 어떤 환경미화원은 담배꽁초를 줍는 게 아니라 빗자루로 쓸더니만 주변의 빗물받이에 밀어버리는 것을 목격하기도 하였다. 특히, 겨울철에 눈 내릴 때 보도에 쌓인 눈을 쓰는 환경미화원을 한 번도 보지 못했었는데, 생활환경과장을 담

---

30) 교통지도과장 때는 "불법주차된 차량", 체육진흥과장 때는 "부족한 전문·생활 체육시설", 투자유치과장 때는 "외투기업 명패가 부착된 건물", 기후변화대응과장 때는 "주행 중인 전기차와 충전기", 버스정책과장 때는 "정류소에서 버스 20cm 준수 여부"와 "난폭운행 중인 버스" 등만 눈에 들어오게 되었음.

당하면서 많은 아쉬움을 가졌었다.

가로쓰레기통을 도심 곳곳에 많이 설치하고픈데, 반대 여론이 만만치 않았다. 가로쓰레기통을 추가로 설치하면 쓰레기 수거를 위한 환경미화원을 추가 충원해야 하고, 쓰레기 무단투기를 조장한다고 하면서 자치구에서 적극적으로 반대하였다.

가로쓰레기통은 생활쓰레기 종량제가 실시되던 1995년도에는 7,607개였던 것이 2007년도에는 3,707개로 대폭 감소했다가, 2013년도에는 4,724개로 소폭 증가했다. 자치구에서는 쓰레기종량제가 시행되면서 쓰레기 무단투기 방지와 자치구 재정 여건 악화로 인한 환경미화원 감축 등을 고려하여 가로쓰레기통을 감축해 왔던 것이다.

가로쓰레기통에 대해서는 나도 개인적으로 할 말이 많았다. 여름철에 아이스크림을 먹고 난 후 잔재를 처리하는 과정에 난감한 적이 참 많았다. 어디든 버려야 하는데, 버릴 데가 없으니 골목길 으슥한 곳을 찾아서 요행히 벽돌로 쌓은 담을 발견하면 벽돌 사이의 틈에 잔재를 열심히 꾸겨 넣기도 해보고, 이도 저도 아니면 주머니에 잘 꾸겨 넣었다가 요행히 가로쓰레기통을 발견하면 얼마나 반갑던지! 그제야 해방감을 느낄 수 있었다.

예나 지금이나 거리 곳곳에서 시민들은 버리고 싶은 것이 있어도 버리지 못하고 핸드백이나 주머니에 임시로 보관하는 수고로움을 감내해야만 한다. 시민들에게 '버릴 수 있는 권리'를 되돌려 드려야 했다.

가로쓰레기통 확충에 대해서는 두 가지 입장이 맞섰는데 둘 다 타당한 측면이 있었다. 쓰레기통을 확대 설치하는 것에 부정적인

높이 오르지 않아도 꿈꿀 수 있는 이유

입장은 먼저 '원인자 부담원칙 위배'를 드는데, 개인이 발생시킨 쓰레기를 가로쓰레기통에 버리도록 유도함으로써 도덕적해이가 발생하고 쓰레기통이 늘어난 만큼 쓰레기 수거를 위한 환경미화원을 추가로 확충해야 하는데, 그로 인해 열악한 지자체의 재정 악화에도 부정적인 영향을 끼친다는 것이다.

이에 반해 가로쓰레기통 확충을 강하게 주장하는 입장에서는 여름철에 아이스크림이나 청량음료를 먹거나 마시고 버릴 데가 없어 불편한 점이 이만저만하지 않아 손쉽게 버릴 수 있는 쓰레기통을 시내 곳곳에 설치해야 한다는 것이다. '버릴 권리'를 보장하라는 것이다. 찬반양론이 팽팽한데 시시비비를 따질 것은 아니고 '시민 편의' 향상을 기준으로 한다면 답은 명확할 것이다.

서울에서 청소 업무는 자치구청장의 책무여서 시가 직접 쓰레기통을 설치하는 데에는 한계가 있어 자치구의 의견을 수렴한 결과, 쓰레기통을 확대하는 것에 대해 '무단투기 증가'와 '환경미화원 충원'을 이유로 반대하였다. 그래서 당시에 쓰레기통 추가 설치에 따른 환경미화원들의 수거 시간 증가와 그에 따른 인력 충원에 따른 소요 비용을 분석하기도 하였었[31]는데 결국은 재원 마련의 문제로 귀결되었다.

그래도 관광객이 많은 지역, 강남, 종로, 광화문 등 시민들이 많

---

[31] 그래서 가로쓰레기통 1개를 추가 설치하면 연간 유지관리비가 얼마나 소요되는지 조사한 결과, 대략 1개당 연간 199만 2천 원의 비용이 드는 것으로 조사되었다. 마포구 쓰레기통 164개를 수거하고 관리하는데 들어가는 연간 총비용이 327백만 원으로 조사되었고, 이를 을 164개 쓰레기통으로 나눠서 산정한 결과임
※ 산출 근거: 환경미화원 4명, 차량 2대, 공공용 봉투 164개(1일), 쓰레기 수거량 330kg(1일)

이 이용하는 도심 등에 가로쓰레기통을 대폭 확대하기로 하였다. 그리고 시민들이 쉽게 버릴 수 있도록 투입구도 확대하고, 재미있고 장소별 특성을 고려한 서울의 품격에 맞는 디자인을 하는 것을 포함하여 『가로휴지통 증설·관리 개선 계획』을 수립하였다. 생각할 수 있는 모든 방안을 끌어냈었는데, 태양광에너지를 이용한 압축휴지통을 활용하는 것도 포함하였다. 여러 대안 중 쉽게 먼저 할 수 있었던 것은 관광객들이 많이 운집하는 명동, 종로 등 주요 관광지 등에 버리기 쉽게 디자인된 '간이휴지통'을 우선 신속히 설치하도록 자치구에 권고하기도 하였다.

한편으로는 원인자 부담 원칙에 따라 다량의 쓰레기를 양산하는 유명 프랜차이즈 업체와 협의하여 시청(서소문청사) 앞 매장 부근에 예쁘게 디자인된 쓰레기통을 자체적으로 시범 설치하는 것을 추진하기도 하였다.

그 외 자치구에서 재정 여건을 이유로 가로쓰레기통 설치를 주저하고 있어서 궁여지책으로 "광고 게재를 조건으로 민간이 참여하는 친환경 가로휴지통 설치"도 추진하였는데, 민간에서의 호응을 얻지 못한 것으로 알고 있다. 물론, 광고 게재를 조건으로 하는 것이어서 이전의 더럽고 악취 나는 쓰레기통의 이미지를 뛰어넘는 "태양광발전으로 쓰레기 압축" "악취제거"와 같은 기능이 구비되긴 하였지만, 기업들이 자신들의 상호나 로고 등을 쓰레기통에 광고한다는 것은 탁상행정과도 같은 것이었다 할 수 있다.

높이 오르지 않아도 꿈꿀 수 있는 이유

친구 따라 강남 가다:
음식물 쓰레기 업무 떠맡다

2013년에 음식물 쓰레기 대란으로 서울시가 일대 혼란에 휩싸인 때가 있었다. 시민들은 수거되지 않은 음식물 쓰레기들로 인해 골목길, 가로에서 악취를 맡을 수밖에 없었다. 나는 당시 생활환경과 장으로 다른 업무에 신경을 쓰고 있어서 그 심각성에 대해 크게 느끼지 못했었다.

당시에는 음식물 쓰레기 관련한 업무는 자원순환과의 업무로 분류되어 있었다. 그런데 자원순환과장이 공무원 시험(行試) 동기라는 단 하나의 이유로, 그리고 동기 과장이 음식물 쓰레기 업무로 너무 고생하고 있어서 그 부담을 덜어준다는 의미에서 생활환경과 업무로 흔쾌히 받아들이기로 했다.

나는 당시에 생활환경과장으로서 25개 자치구 청소행정과장을 대리하여 구청 소속 환경미화원들의 적정 수준의 임금 조정을 위한 노사협상 테이블에서 사용자 측을 대표하여 서울시 환경미화원 노조와 치열한 협상을 진행하고 있었고, 대행업체 소속 환경미화원들의 열악한 근무환경 개선에 대해 깊은 고민을 하고 있었다.

그러나 어찌하랴! 그런 큰 청소행정의 틀을 바꾸는 것도 중요하지만 당장 조직내외부에서 쏟아지는 저주에 가까울 정도의 비난에 휩싸여 정신적으로나 육체적으로 끝없이 나락으로 무너져가고 있는 동기를 본체만체할 수는 없는 일 아닌가!

물론 음식물 쓰레기 대란의 끝이 보이고 있기는 하였지만, 잘해봤자 본전치기인 음식물 쓰레기 업무를 자처해서 맡는다는 것은 쉽지 않은 선택이었다. 당시만 해도 생활환경과나 자원순환과와 같이 필드에서 근무하는 야전부서에는 우수한 직원들이 배치되지 않아 맨파워가 그리 뛰어나지 않은 편이었다. 예나 지금이나 마찬가지지만, 시장 주변에서 "제사상에 감 놓아라, 밤 놓아라" 하는 식으로 입으로 먹고사는 호가호위하는 세력이 득세를 하고 있는 상황인데, 그런 부서에는 당연히 먹을거리가 많아서인지 젊고 유능한 직원들이 몰리는 반면, 그들로부터 노여움을 사지 않기 위해 밤낮으로 일을 해야 하는 사업부서에는 오라는 데가 없는 직원들이 많았다.

지금은 사업부서에도 7급 공채 출신의 젊은 직원들이 흔해빠졌지만, 당시에는 가뭄에 콩 나듯 한 명 배치되면 그것도 많은 것이었다. 서울시장과 서울시를 대신하여 시민과의 접점에서 활동하는 대부분의 사업부서는 그런 식으로 꾸려졌었다. 지금은 그렇지야 않겠지만^^.

어려운 처지에 처한 동기를 돕는다는 선의의 발로로 선뜻 음식물 쓰레기 업무를 떠맡은 이후 판도라의 상자가 열리듯이, 마치 지옥문이 열린 것 같았다. 음식물 쓰레기 팀장부터 정말로 엉망이었다. 서울시가 원래 그랬다. 인사 부서에서 서울시가 음식물 쓰레기 위기로부터 탈출하는 데 도움을 준답시고 보낸 팀장이 명물이었다. 원래 근무하던 부서에서 부적응자를 팀장이라고 보내준 것이다.

그러나 직원들만 탓할 수는 없지 않은가! 현장과 사무실에서 주야를 가리지 않고, 출장과 밤샘 근무를 밥 먹듯이 하면서 현장의 실상을 분석하고 개선책을 마련하여 윗선에 보고하고 대책을 마련해서 시행하는 나날들로 6개월간을 훌쩍 보냈던 것 같다.

그해(2013년) 3월쯤 음식물 쓰레기 업무를 맡은 후 곧바로 6월에 시행 예정인 음식물 쓰레기종량제 전면 시행에 차질이 없도록 준비해야 했고, 시행 후에는 모니터링 및 자치구와 시민들이 적극적으로 종량제 시행에 참여할 수 있도록 홍보와 함께 경진대회 등 다양한 유인책을 마련, 시행하게 되었다.

드디어 2013년 6월 1일부터 음식물 쓰레기 종량제가 의무화되었다. 위와 같은 노력으로 서울 23개 자치구에서 종량제가 시행되었다. 16개 자치구는 단독주택과 공동주택 모두 종량제를 실시하였고, 나머지 7개 자치구는 단독주택 지역에서만 실시하는 것으로 조사되었다. 세대수로 하면 전체 416만 세대 중 357만 세대가 참여한 것으로 파악되었다.

그런데 초창기의 종량제는 다소 형식적인 측면이 강했었는데, 특히 아파트에서는 종량제를 실시하긴 하는데 진정한 의미의 종량제는 아니었다. 19개 자치구에서 단지별로 전체 음식물 쓰레기의 양만을 측정하는 '단지별종량제'를 운영하고, 일부 6개 자치구에서만 진정한 의미의 종량제, 즉 세대별로 음식물 쓰레기 발생량을 산정할 수 있는 '세대별종량제'를 시행하고 있었다. 전용 봉투나 RFID 쓰레기통을 활용하고 있었다. 단지별 종량제 방식은 세대별

배출량과 상관없이 수수료가 동일하므로 일부 주민은 선호하기도 하였으나 실질적 감량효과는 적은 것으로 파악됐다. 음식물 쓰레기를 적게 배출하는 1인 가구 등은 세대별종량제를 선호하였다.

이와 달리 단독주택은 23개 자치구에서 시행 중이었는데 주로 전용 봉투를 활용하였고 일부가 납부필증(스티커)를 용기 상단에 부착하여 배출하는 "전용 용기"를 활용하고 있었다.

종량제 전면 시행 이후 전후로 얼마나 시끄럽던지! 아무것도 아닐 것 같은 내용의 민원이 시청, 자치구 관련 부서로 쏟아졌다, 크게 보면 홍보 부족인지 모르겠지만 시민들의 관심 부족으로 종량제 시행의 궁극적인 목적인 '음식물 쓰레기 원천 감량'의 효과에 대한 얘기보다는 종량제 가격을 인상하면 화장실 변기나 일반 쓰레기종량제 봉투 등에 음식물 쓰레기를 무단투기할 것이라는 우려 섞인 보도를 방송사부터 집중 조명했다.

자치구에서는 음식물 쓰레기 종량제 시행을 준비하면서, 일부 자치구에서는 선제적으로 기존의 낮게 책정된 음식물 쓰레기 수거(처리) 수수료를 인상하기도 하였는데, 그에 따라 자치구별로 수수료 가격이 서로 차이가 생겼고, 단독주택과 공동주택 간에도 수수료 차이[32]로 인해 형평성 논란이 야기되기도 하였다. 사실 음식물 쓰레기 수거처리는 자치구청장의 고유사무여서 수수료 인상 등 모든 사항은 자치구청장의 몫이지만, 서울시는 큰 형으로써 전 자치구를 아우르고 이끌어가는 역할을 할 수밖에 없었다.

---

32) 공동주택 수수료 편차: 35.8원/ℓ(동대문) ~80원/ℓ(강남, 송파)
　　단독주택 수수료 편차: 17원/ℓ(마포) ~80원/ℓ(강남)

사실, 당시 서울시 전체 음식물 쓰레기 처리비용은 1,222억 원으로 이중 주민이 지불하는 수수료는 "처리비용[33]"의 32% 수준으로 매우 낮았다. 물론 부족분에 대해서는 자치구가 자체 재정으로 지원하고 있었다. 따라서 시민들이 음식물 쓰레기 발생 자체를 줄이기 위해서는 식습관 개선을 위한 교육 및 홍보 컨텐츠 개발·보급도 필요하였으나, 기본적으로는 종량제 수수료를 인상하여 부담을 강화하여 시민의 자발적인 감축을 유도하는 것이 중요했다.

참고로 음식물 쓰레기 수거 대란으로 서울시 신뢰도는 엄청나게 실추되었고 담당 부서장 또한 커다란 불명예를 떠안을 수밖에 없었다. 수거 대란을 긴급히 해결하기 위해 서울시가 (사)한국음식물류폐기물자원회협회와 논의 끝에 합의서를 체결(2013.3.12.)하였는데, 이에 따르면 음폐수 해양투기 금지에 따라 육상에서 음폐수를 처리해야 함에 따라 불가피하게 추가되는 음폐수처리비용을 반영해서 처리비용을 톤당 11~12만 원으로 인상해서 자치구와 음식물폐기물처리업체가 자율계약을 체결하도록 서울시와 협회가 적극 협조하기로 하였다.

아파트 단지에서 종량제를 제대로 시행하려면 세대별로 쓰레기량을 개별 산정해서 사용료를 부과할 수 있는 『RFID 장착 쓰레기통』을 많이 보급해야 하는데, 당시에 대당 200만 원이라는 고가의 설치비 및 별도의 유지·관리비 등으로 인해 확대 보급에 애로가 있었다. 전용 봉투는 환경부가 2015년 6월부터 사용 금지토록 하여 불가피하게 『RFID 장착 쓰레기통』을 집중적으로 보급해야 했다.

---

33) 톤당 처리비용 17만 원 구성: 수집운반비 5.5만 원 + 처리비(구비 지원) 11~12만 원

그래서 2018년까지 공동주택은 『RFID 장착 쓰레기통』으로 전환하기 위해 2014년 24,800대를 설치하는 것으로 해서, 2,450억 원(시비, 구비 매칭)의 재정을 투입하는 것으로 하였다.

자치 구간, 공동주택과 단독주택간, 일반 쓰레기와 음식물 쓰레기 수수료 간의 격차 완화 등을 위해 서울시 차원의 가이드라인을 제시하기 위해 7월부터는 "음식물 쓰레기종량제 제도개선을 위한 TF"를 구성·운영하기도 하였다. 물론, 수수료 외에도 비효율적인 음식물 쓰레기 처리방식 개선 등 시민들께서 평소 불편해하는 사안들에 대해 집중 논의를 시작했다.

나는 정신없이 음식물 쓰레기 관련 업무 외에도 청소행정 전반에 걸친 혁신 업무 등에 파묻혀서 그해 연말까지 근무하다 2014. 1월부터 경제진흥실 투자유치과장으로 발령받아 기후환경본부를 떠나게 되었다.

높이 오르지 않아도 꿈꿀 수 있는 이유

항공기 소음 대책: 불가(不可)에서 가(可)로

기획조정실장께서 생활환경과장을 찾는다고 한다. 기조실장이 주관하는 업무조정회의에 참가하라는 것이다. 나는 출장이 있다는 이유로 조정회의에 참석하지 않았다. 지금 돌이켜보면 내가 왜 그렇게 못난 처신을 했었던지. 지금 지난날을 되돌아보면서 후회하는 몇 가지 중 빼놓을 수 없는 한 가지 장면이다.

김포공항의 항공기 이착륙으로 인해 공항 주변에서 거주하는 주민들의 소음 민원이 끊이지 않았었는데, 시장이 직접 민원 현장에 가서 주민들의 민원을 직접 청취하고 해결책을 제시하는 『현장시장실』을 양천구에서 운영하면서 항공기소음 문제가 부각되었다. 그래서 도시교통실과 기후환경본부가 이에 대한 대책을 마련하여야 했는데 서로 자기 업무가 아니라고 하니 기획조정실장 주재로 업무조정회의를 하려고 하였던 것인데, 생활환경과장이 그 회의에 출장을 이유로 불참하였던 것이다.

나에 대한 부정적 평가에 한몫한 사건이었다. 나의 논리는 간단명료하였다. 소음관리업무는 쾌적한 생활환경을 위해 기후환경본부가 주무 본부로서 총괄 역할을 다하여야 하지만 부분적으로 들어가면 특정 소음을 발생시키는 원인과 관련된 부서에서 그와 관련된 대책을 마련하여야 한다는 것이다. 김포공항 소음 문제는 항공기를 이용한 인적 왕래와 물류 유통과 관련되는 것이어서 시청 특정부서를 지정해야 한다면 도시교통실(택시물류과)이 맞다. 공항 소음 대책을 마련하는 것은 당연히 도시교통실에서 담당하는 것이 맞다는 것이다.

당시에 월드컵공원에서 매년 5월쯤 정기적으로 개최되었던 '핑크리본 마라톤대회'나 한강공원에서 열렸던 월드컵 축구 응원전 등 행사가 개최되는 장소와 기능에 따라 여성정책실이나 한강운영본부같은 해당 부서에서 주최하거나 후원하고 있었다. 다시 말해 체육 관련 행사이나 체육 업무를 총괄하는 '문화본부'에서 담당하지는 않고 있었다는 말이다.

게다가 중앙정부에서는 항공기 소음에 대해서는 환경부가 아닌 국토교통부가 주무부처로서 관련 업무를 추진하고 있다는 것은 주지의 사실이었다.

여하튼 두세 번의 조정회의에 내가 출장 등을 이유로 불참하게 되니 다른 올가미를 들이밀게 되었다. 이제는 나의 일정에 맞춰 조정회의를 개최하게 된 것이다. 어쩔 수 없이 조정회의에 참석하게 되었는데 결과적으로 기후환경본부에서 항공기소음대책을 마련하는 것으로 결론 나게 되었다. 나는 자리를 박차고 일어나서 나가 버렸는데 당시 상대측인 도시교통실에서는 교통기획관이 나온 것으로 알고 있다. 준비를 철저하게 하여 대응자료까지 준비하고 나왔었는데, '왜 도시교통실이 항공기소음 대책 마련과 무관한지?'에

높이 오르지 않아도 꿈꿀 수 있는 이유

대한 대응 논리였다.

　내가 이렇게까지 항공기소음 문제에 대해 소극적으로 대하였던 것에 대해 되돌아보면 또 다른 이유가 있는 건 아니었을까? 내가 마포구청으로 수도권광역경제발전위원회로 2년간 파견 나가게 되었을 때 행정국장으로서 나에게 인사발령장을 주셨던 분이 기획조정실장이셨는데, 내가 마포구청에서 1년간 근무하면서 사실은 국무총리실 파견근무를 희망했던 적이 있었고 그것이 좌절되면서 본청 인사 부서에 대한 불만이 나의 내면에 쌓여 있었던 것이 아니었을까? 중요한 것은 앞서 말했듯이 지금은 아니지만 예전의 생활환경과에는 일할 줄 아는 팀장, 직원들이 많지 않았기에 전에 경험해 보지 않은 전혀 새로운 업무를 떠맡게 된다는 것이 부서 전체에 많은 스트레스를 가져다주리라는 것을 알고 있었기 때문이었다. 새로운 업무를 하게 되면 그에 따라 인력보강이 필요한데 현실은 그러하지 않았다.

　성웅 이순신 장군처럼 이길 수 있는 싸움만 해야 하는데, 현실은 부서장이 새로운 업무를 맡게 될 때는 항상 뒤를 돌아보면서 부서 팀장과 직원들의 업무 실력을 머릿속으로 헤아려 보면서 판단하게 된다. 어느 누가 보다 적극적으로 일하고 싶어 하지 않겠는가! 새로운 일을 찾아내서 보다 혁신적인 공적 서비스를 시민들에게 돌려드리고 싶어 하지 않는 공무원이 어디 있겠는가!

　어찌 됐든 어거지로 항공기소음대책 마련을 떠맡게 되었는데….
지나고 보니 판단 착오였다는 생각이 든다, 마지못해서 할 바에는 먼저 솔선해서 하겠다고 했으면 더 좋았지 않았을까! 누구든 맡기 싫어하는 업무를 솔선해서 하겠다고 하면 상급자의 입장에서는 그런 부하직원이 얼마나 고마울까! 그러면 주위에서도 좋은 평가를 받을 수 있는 인센티브가 덤으로 따르지 않겠는가? 분위기가 심상치 않게 돌아간다는 판단이 들 때는 먼저 자원해서 손을 들어 '내가 하겠다'고 선수를 치는 것이 개인의 명성과 조직의 발전 모두 위해서도 좋을 것이기 때문이다.

나중에 알게 된 것이지만 도시교통실에서는 이미 김포공항 소음 문제에 대해 공항 측과 관련 문서가 오갔음을 확인할 수 있었는데 이미 버스는 떠난 뒤였다. 그리고 항공기소음 문제와 관련된 중앙부처는 당연히 국토교통부가 아니겠는가? 당시만 해도 서울시 행정 수준이 이러했다.

새로운 항공기소음 대책을 마련하면서 나는 의미를 찾았다. 새로운 업무를 하면서 몰랐던 미지의 영역을 탐구하는 과정이 의미 있었다. 관련분야 전문가들과 회의하면서 대책을 만들기 위한 연구용역을 하기로 하였다. 연구용역에 필요한 예산은 기조실에서 도와줘서 김포공항 항공기소음 대책 마련을 위한 연구용역 추진계획을 수립하고 나는 근 1년 5개월간 몸담았던 생활환경과를 떠나게 되었다.

두 가지 사항이 연구의 핵심이었다. 먼저 공간적으로는, 김포공항 항공기 소음으로 인한 피해지역을 서울의 서남권(양천·구로·강서) 8개 동 약 4.79㎢에 거주하는 29천여 세대에 대해

첫째, 12개월간에 걸쳐 소음지도를 제작한다. 주 내용은 계절별 소음 영향을 평가하고 소음에 노출되는 인구를 파악하고, 주민건강영향조사 결과와 연계한 제도개선 및 중앙정부에 건의할 과제를 마련하는 것을 포함한다.

둘째, 12개월에 걸쳐 주민건강영향조사를 실시한다. 항공기소음과 건강과의 인과관계 규명을 위한 대상자 선정, 설문조사 및 임상학적 검사 시행 등을 주 내용으로 한다.

어찌됐든 지금으로서는 상상할 수 없는 일이 아니겠는가! 일개 말단 부서장이 서울시의 내로라하는 권한을 행사하는 기획조정실장이 부르는데 출장을 이유로 언감생심 감히 회의 참석을 거부하다니…. "간이 배 밖으로 튀어나왔던 게 아니었을까"라는 말로 대신하겠다.

참고로 현재 김포공항 항공기 소음 관련 대책은 여전히 기후환경본부 생활환경과에서 추진하고 있다.

충간소음은 No

2014년 1월 시장주재 신년업무보고가 있던 어느 날, 당시 정책기획관이 보고회 중간 휴식 시간에 생활환경과장인 나에게 '요즘 공동주택 등의 층간소음 문제가 심각한데, 생활환경과장이 대책을 만들어야 하는 거 아닌가'라고 하는 게 아닌가! 참았어야 했는데….

나는 참지 못하고 버럭 소리를 질러댔다. "내가 왜 해야 하느냐!" "그럼 모든 소음은 내가 다 해야 하느냐" "생활환경과는 소음관리 총괄부서다. 분야별로 관련 부서에서 맡는 게 타당하지 않은가!" 등등 나의 생각을 품격 없게 막 쏟아내 버렸다. 요즘 들어 엄청 후회하고 있는 몇 장면들 중의 대표적인 사건이라 할만했다. 영화 킹스맨에서의 "매너가 사람을 만든다"라는 명대사를 그때 알았었더라면 얼마나 좋았을까 하는 아쉬운 생각을 해본다.

사건의 전말은 이러했다. 2013년 당시 아파트나 빌라 등 공동주택 등에서의 층간소음 문제로 주민들 간 갈등이 격화되어 살인으로까지 연결된 사건들이 빈번하게 발생하였다. 따라서 시에서도 이런 신종 사회문제를 해결하기 위해 담당 부서를 특정할 필요가 있었던 것이다.

앞서 언급했던 항공기 소음 문제에서도 언급했듯이 부서장이 새로운 업무를 맡게 될 때는 항상 '뒤'를 보면서 부서 직원들이 할 수 있을까?를 제일 먼저 생각해 보게 되는데, 당시 이런 신종 업무를 체계적으로 추진할 만한 직원들이 없었기 때문에 부서장으로서는 소극적일 수밖에 없었다. 층간소음문제 대응은 기후환경본부에서 담당해야 한다는 것에 대해 나도 모르게 울컥 화가 나서 품격은 어디에다 뒀는지? 버럭 화를 내버린 것이다. 정책기획관 입장에서는 쫄따구 과장에게 말 한마디 건넸다가 평생 들어보지 못했던 격정적인(완곡하게 표현?) 말들을 듣게 되었으니 얼마나 황당했을까? 나의 인생 최대 실수 중의 하나다. 그 정책기획관이 나중에 서울시 행정부시장까지 하셨으니 말이다.

서울시에는 예전에 못된 행정관행이 있었는데 다름 아니라 새로운 업무가 떨어지면 추가적인 인력충원 등이 필요한데도 그런 것은 일절 지원해주지 않으면서 일단 떠넘겨 놓고는 시간이 지나면 평가전담부서에서 "제삿상에 감 놓아라, 배 놓아라" 식으로 간섭하고 실적이 부진하다고 비판하고 하는 것이다. 만약 두 개 부서가 관련되어 어느 부서에서 담당해도 되는 경우에는 꼭 힘도 없고 그래서 일할 직원도 별로 없는 그런 부서에 업무조정이랍시고 맡겨버리는 사례들이 빈번했다. 그런 관행을 다수 봐왔던 나로서는 순간 감정 컨트롤이 제대로 작동되지 않으면서 일어나서는 안 될 불상사가 생겼던 것이다.

"왜 생활환경과가 해야 하느냐" "층간소음에 대한 소관부서는 당연히 주택실이 맞는 거 아닌가" 윗분들이 지시하면 면전에서는 일단 '검토해 보겠다' '알겠습니다' 이런 식의 긍정적 멘트를 날려야 했는데…. 이 건에 대해서도 시간을 들여 검토한 후 주택정책실이 추진하는 게 보다 타당할 것 같다고 보고드리고, 만약에 그래도 해야 한다고 하면 추가적인 인력을 배정해 달라고 하고, 만약 담당 인력 증원이 안 되면 그 일을 맡을 수 없다는 식으로 보다 차분하게 대응해야 했는데 말이다.

참 나쁜 행정관행이다. 뻔히 생활환경과의 인적자원구성 여건이 좋지 않은 것을 인지하고 있으면서도, 일할 수 있는 직원들은 증원해 주지도 않으면서 마치 "어디 그 일을 잘 해내는지? 구경이나 해보자" 이런 심산으로 별 생각 없이 툭툭 일을 지시하고 분배하려고 하니 말이다.

결국 층간소음 문제는 발생지 관할 부서인 주택정책실34)에서 맡아 대책 마련을 추진하였다. 공동주택 등의 층간소음은 근본적으로 아파트 등의 건축비 증액과도 관련되는 문제여서 신축 분야와 기축 분야로 나눠 하드웨어와 소프트웨어 측면을 모두 아울러 대책을 마련하는 것이 보다 타당한 것이다. 특히, 기축아파트 등은 입주자대표회의, 관리단 등을 통해 주민들 간 자율적인 소통, 서로를 배려하는 문화 조성 등이 매우 중요한데, 이를 위해서는 주택정책실이 기후환경본부보다는 더 실효적인 정책들을 만드는 데 적합하기 때문이다.

---

34) 주택정책실 보도자료('24.8.12.)에 따르면, 앞으로 50세대 이상 공동주택 단지는 층간소음 관리위원회를 의무적으로 구성해야 한다면서 위원회 운영 세부 기준 등을 마련하기 위해 『공동주택관리규약 준칙』을 개정한다고 하였다.

높이 오르지 않아도 꿈꿀 수 있는 이유

인간적 청소행정 틀 마련 착수:
독립채산제를 실적제로 전환

환경미화원들의 급여 현실화, 노후된 청소차량 개선 등 인간적 근로환경 조성을 위한 청소행정 틀 혁신의 불꽃을 당겼다. 1년 간의 서울연구원·자치구·청소업계와 협업하여 개선안[35) 마련, 25개 자치구에 가이드라인 제시, 쓰레기 발생량 원천 감소와 재활용 촉진에 기여!

　서울의 청소 업무는 구청장이 책임지고 발생하는 쓰레기를 수거하고 처리해야 한다. 구청장 고유권한 사항이다. 구청장은 청소 업무를 직접(직영) 하기도 하고 민간업체에 맡겨 대행토록 하기도 한다. 그래서 청소 업무를 수행하는 환경미화원들의 신분은 구청에 소속해서 일하는 분들과 민간청소업체에 소속되어 일하는 분들로 나뉜다. 내가 생활환경과장으로 재직할 당시만 해도 상대적으

---

35) 행정1부시장에게, 생활쓰레기 수거 대행업체가 종량제 봉투를 제작 판매하여 얻는 수입으로 비용을 충당하게 하는 "독립채산제"의 문제점과 실적제로의 전환 필요성을 보고드리면서 세부적인 대안을 마련하기 위해 서울 연구원에게 학술용역 추진을 위한 예산 9천만을 확보할 수 있도록 지원을 요청하였다(2013.3.21.).

로 더 힘든 음식물 쓰레기 수거 업무와 뒷골목 청소 등은 주로 민간대행업체 소속 환경미화원들이 하고, 그렇지 않은 가로변 쓰레기 수거 업무 등은 주로 구청 소속 환경미화원들이 담당하였다.

당시 민간 청소대행업체 소속 환경미화원들의 급여 수준은 구청 직영 환경미화원 급여의 50% 내지 60% 수준으로 매우 취약했으며, 근무 중 쉬거나 환복할 수 있는 휴게공간 등이 제대로 갖춰있지 못했다. 그들의 급여는 종량제봉투 수입에 의존하여 인건비 등이 결정되었는데 이를 "독립채산제"라고 한다.

내가 서울의 청소 업무를 총괄하는 담당과장으로서 환경미화원 급여 수준과 종량제봉투와의 관계를 알고 있는 관계로 집에서 쓰레기를 버릴 때에는 봉투에 꽉 채우지 않고 헐렁하게 해서 70% 정도 차면 버리는 습관을 들였다. 일부 가정이나 상점 등에서는 쓰레기봉투 구매비용을 아끼려고 쓰레기를 가득 넣어 마치 산더미처럼 담아서 테이프로 돌돌 감아서 버리는 것을 많이 목도 하였는데, 그분들도 이러한 사정을 알았더라면 그렇게까지는 하지 않으셨을 것 같다.

당초에는 독립채산제하에서 환경미화원들의 복지를 끌어올리는 방안으로 종량제봉투 가격 인상을 검토하였다. 당시 서울은 다른 광역시 평균보다 훨씬 낮은 수준의 종량제봉투 가격[36]으로 인해 생활쓰레기 수거·처리 비용 중 주민이 부담하는 비율(주민부담률)은 약 50%를 조금 상회[37]하는 것으로 나타났다.

36) 서울 25개 자치구의 종량제봉투 평균 가격은 363원(일반 쓰레기 20ℓ 기준)으로 전국 광역시 평균 650원의 58% 수준으로 매우 낮은 수준이었음

37) 일반 생활쓰레기 봉투 20ℓ에 대해 수집·운반·처리비용이 665원이 소요되는 것으로 서울연

그러나 종량제봉투 가격을 인상할 수 있는 권한은 구청장들이 가지고 있었다. 봉투는 일반 생활쓰레기와 음식물 쓰레기로 구분되는데, 선거를 생각해야 하는 구청장들은 봉투 가격 인상을 마치 '고양이 목에 방울 달기'와도 같은 생각을 하고 있어서 어느 누가 선뜻 봉투 가격을 올릴 수 있겠는가?

그래서 당시 시에서 봉투 가격 인상에 미온적 반응을 보이는 구청장들에게 종량제봉투 가격 인상에 대한 가이드라인을 준비하여 권고하는 것을 추진하였다. 명분은 명확하였다. 상대적으로 더 열악한 민간대행 청소업체 환경미화원들의 복지수준을 제고하기 위해 봉투 가격을 인상하여야 한다는 것으로…. 뿐만 아니라 봉투 가격 인상으로 주민 부담률을 끌어올리면서 쓰레기 발생량도 줄어나가는 일석삼조의 효과를 얻기 위해 야심 차게 가이드라인을 마련하기 위한 작업을 진행하게 되었다.

그러나 의외의 복병이 있었다. 적정 수준의 주민 부담률을 산정하기 위해서는 생활쓰레기와 음식물 쓰레기 발생량, 수거 처리 비용에 대한 정확한 통계자료가 구비되어 있어야 했는데 현실은 그러하지 않아 매우 애를 먹었던 기억이 생생하다. 중간에 나는 떠나게 되었고 서울연구원의 도움을 받아 통계자료 구축과 가이드라인 (안)을 마무리하게 되었다. 그 과정에 환경미화원 급여나 복지 수준을 획기적으로 개선하기 위해서는 "종량제 봉투 판매량"에 따라 환경미화원들의 급여 수준이 결정되는 『독립채산제』를 폐기하고, 종

구원 조사 결과 산출되었는데, 당시 시민이 구매하는 종량제봉투 가격은 363원으로 시민 부담률은 55%으로 나머지는 자치구 재정으로 지원하고 있었다.

량제수수료 수입을 자치구 예산에 편입하여 투명성을 확보하고 원가계산을 해서 쓰레기 수거 실적만큼 처리대행 비용을 지불하는 『실적제』로 전환하였다. 나는 봉투 가격을 인상하여 환경미화원 복지수준을 끌어 올리려고 했었는데, 서울연구원이 연구에 착수하면서 보다 근본적인 개선안이 마련된 것인데, 성경구절에도 있듯이 "시작은 작지만 끝은 창대하리라"는 말이 적절한 듯하다.

서울시에서는 그런 연구 결과를 토대로 자치구 청소과장, 민간대행청소업계 관계자들과 태스크포스팀(TFT)을 구성하여 상당 시간 논의한 끝에 2014. 12. 월에 기자설명회를 개최하고 자치구에 적용할 가이드라인을 제시하였다. 특히 종량제봉투 가격은 2015년부터 2017년까지 수집운반비(처리비는 제외) 수준으로 인상하는 것으로 해서, 쓰레기봉투 20ℓ 기준 2015년에 74원을, 2017년에 54원을 인상하는 것으로 하였다.

이전에는 자치구마다 봉투 가격이 천차만별이었다. 봉투 가격은 자치구별로 재정 여건 등 특성을 반영하여 조례에 규정되어 있어서 봉투 가격을 올리려면 자치구조례를 개정하여야 해서 쉽게 올리기는 어려웠다. 서울 관내에서 자치구를 달리하여 이사를 하게 되면 이전의 자치구에서 구매했던 쓰레기봉투가 남아있으면 반납 후 환불받아야 했으나 이제는 실적제 전환으로 이런 시민 불편은 사라지게 되었다.

이러한 서울시의 노력으로 현재 가정에서 배출되는 일반 생활쓰레기와 음식물 쓰레기를 수집·운반하는 민간청소대행업체 소속 환경미화원들의 급여 수준은 예전과는 비교가 안 될 만큼 좋아졌다. 최근 확인 결과, 청소대행업체 소속 환경미화원 급여 수준은

2013년 1인당 월평균 2,264천 원 이었는데 10년의 시간이 흐른 2023년에는 4,522천 원으로 개선되었다고 하니 너무 감사할 따름이다. 남들이 하기 싫어하는 궂은일 하면서 형편없는 급여를 받았던 분들이 그래도 제대로 된 급여를 받을 수 있게 되었다고 하니 얼마나 기쁘고 고맙지 않겠는가! 뿐만 아니라 노후된 청소 차량도 개선되었으며, 청소작업이 끝나면 환복하고 샤워할 수 있는 휴게 공간도 몰라보게 업그레이드되었다고 한다.

이 모든 것이 가능하도록 나도 작은 역할, 즉 인간적 청소행정 틀을 짜는데 불씨를 댕겼다는 것을 알아줬으면 하는 바람을 가져본다.

제2의 고향,
마포구에서

마포구 기획재정국장

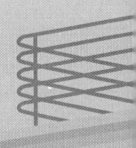

1. 마포와 나를 위한 1년의 여정: 혁신으로 기여하다

2. 누구에겐 기회 vs 누구에겐 좌절

3. 마포구 재정확충에 기여

마포와 나를 위한 1년의 여정:
혁신으로 기여하다

2010년 8월의 어느 날 오전! 나는 체육진흥과장으로 재직 중이었는데, 그날도 팀장들과 함께 현안에 대한 논의를 하고 있었다. 내가 제안했던 '스포토피아'를 실현하기 위한 전략과 사업들에 대해 머리를 맞대고 논의 중에 있었는데, 갑자기 전화벨이 울렸다. 받는 순간 놀라지 않을 수 없었다. 인사발령장을 받으러 오후 두 시까지 대회의실로 오라는 것이었다. 당시에 나는 체육단체에 대해 예전에 유명무실했던 지도감독 권한을 제대로 행사하기 위해 많은 조치들을 취하고 있었던 때라 그들로부터 공격을 받고 있어서 '올 것이 왔구나' 하는 생각이 들었다.

그래도 시청 내 다른 부서로 발령이 나겠구나 하는 생각을 하면서 발령장 수여식 장소로 이동하였는데 벌써 4급 이상 과장들로 꽉 차 있었다. 행정국장이 발령장을 순서대로 전수하고 있었는데 내 순서가 되었을 때, 사회자가 발령 내용을 읽어 내려가는데 듣자마자 어안이 벙벙해졌다. 생각하지도 못했던 마포구청으로 파견 명령을 내는 게 아닌가! 그러나 어찌하랴… 공무원은 종이 한 장으로 왔다 갔다 하는 운명인걸!

발령장 수령 장소에서 알게 된 사실이 있는데, 원래 서울시와 자치 구간 4급 과장(국장) 인사파견교류기간은 2년인데, 나와 교류하는 마포구 모 국장이 1년간만 파견 교류를 하겠다고 강력히 주장하여 불가피하게 파견 기간을 1년으로 줄였다는 것이다. 나이가 많은 구청 국장들은 구청에서 정년을 맞이하고 싶어 한다. 대접받으면서 퇴직하는 것을 원하는데, 시에서 과장으로 정년을 맞는 것은 일도 힘들고 예우도 구청에 비해서 형편없는 수준이어서 그런 것이다.

발령장을 받고 난 뒤 나는 부리나케 그 회의장을 나와버렸다. 그런데 그 순간 발령장을 줬던 행정국장이 나를 부르는 게 아닌가! 나는 잠깐 멈춰서서는 휙 고개를 돌려 힐끗 쳐다보고는 아랑곳하지 않고 나가버렸다. 그런데 지금 가끔 생각해본다. '왜 나를 불렀을까' 혹시 이런 생각으로 나를 부르지 않았을까….

마포구청으로 파견 나갈 수밖에 없는 상황을 설명해주려고 했던 것은 아닐까! 아니면 마포구청 파견 잘 다녀오라고…. 체육 단체들이 강하게 압박해서 어쩔 수 없이 나를 보호하기 위해 내린 인사조치니 너무 섭섭하게 생각하지 말라! 등등의 격려성 발언을 하려고 했던 게 아닐까? 내 나름의 상상력을 발휘해 본다. 나는 그렇게 믿고 싶다.

만약 내가 생각하던 대로 그런 의미로 나를 불렀다면…. 그때 나는 보다 더 현명하게 대응했어야 했는데 안타깝다. '배려해 주셔서 감사하다' '나중에 복귀할 수 있도록 배려 부탁드린다' 등 불리해진 전세를 역전시킬 수 있는 멘트를 날렸어야 했는데, 좋은 의도를 가지고 나를 불러세웠던 행정국장을 한번 쳐다보고 야생마처럼 휙 뛰쳐나가 버렸으니 말이다. 행정국장이 얼마나 황당하고 무안했을까! 당시 행정국장이 뒷날 행정부시장까지 하셨던 분이다.

나는 마포에서 1년간 있으면서 또다시 마포구청 직원들의 원성을 사는 일을 마다하지 않았다. "세 살 버릇 여든까지 간다"고 하지 않던가! 크게 보면 세 건의 사건이 있었다.

첫째는 마포구청 직원 중 내가 인사권을 가지고 있는 기획재정국 소속 공무원들에 대한 근무실적 평정과 관련된 조치였는데, 근무평정에서 그동안 누렸던 기득권을 깨고 순서를 바꿔 평가함으로써 역차별을 받은 일부 직원들로부터 큰 원한을 받게 된 것이다. 한 건도 아니고 세 건이나 되었으니 말이다.

먼저, 심한 경우부터 소개할 텐데 내용은 이러했다. 동일 직급 근무평정에서 두 명의 주무관이 1순위 2순위를 차지하고 있었는데, 두 명의 당해 직급으로의 승진 일자가 2년이나 차이가 있어서 당연히 승진 일자가 빠른 직원이 더 좋은 평정 결과를 얻어야 하는데… 오히려 2년 늦게 당해 직급에 승진한 직원이 더 좋은 근무평정을 받고 있었다.

2년이나 늦게 당해 직급으로 승진한 직원이 2년 빨리 승진한 직원에 비해 더 높은 근평 "수"를 받으려면 누구나 인정할 만큼의 탁월한 업무추진 실적이 있어야 하는 것 아닌가! 하는 생각으로 이것저것 고민하다가 근무평정 순서를 바꿔버렸다.

나로 인해 갑자기 인사상의 불이익을 받게 된 그 주무관은 큰 키에 시원한 외모를 가졌으며 나를 대할 때도 살갑게 하는 등 매우 호감이 가는 스타일이었던 반면에, 다른 분은 업무적으로 한두 번

봤었던 주무관이었는데 그리 호감을 갖게 할 만큼의 외모, 말투 등의 소유자는 아니었던 것으로 생각된다.

또 다른 사건은 이러했다. 어느 부서의 서무를 맡고 있던 한 직원이 근무평정에서 '수'를 받기로 예정되어 있었는데, 그런 기대를 하고 있던 직원은 근평 "수"를 주지 않고 다른 직원에게 '수'를 줘 버렸다. 나의 논리는 단순했다.

내가 보기에는 부서 서무가 시민들에게 서비스를 제공하는 업무라기보다는 부서장이 편하게 일하도록 잘 보좌하고 직원들이 일하는 데 불편함이 없도록 측면 지원하는 역할을 하는 것이어서, 중요한 일이긴 하지만 상대적으로 그 가치를 덜 인정하고 싶었고 경쟁하는 다른 직원과 비교하여 '수'를 받을 만큼 경력과 실적이 뛰어나 보이지 않았기에, 조직에 새로운 분위기를 불어넣는다는 차원에서 그렇게 했던 것이다.

사실 구청에서는 인간관계가 무척이나 중요하다. 특히, 공무원들이 평소에 구의원, 동네 유지들과의 친밀한 관계를 설정해 놓아야 나중에 승진을 위한 좋은 보직 루트를 만들어 가는 데 있어서 그들로부터 도움을 받을 수 있다. 내 경험상, 구청에서는 공무원이 일도 잘해야 하지만 힘 있는 외부 인사들과 '관계 형성'도 잘해야 구청 인사에서 더 좋은 결과를 얻을 수가 있다. 물론 전부 그런 건 아니지만 100에 20 정도는 그런 정실이 낄 수밖에 없는 구조인 것 같았다.

특히, 당시 마포구청 같은 경우에도 직원들이 같은 구청에서 오랜 기간 근무하고, 특정 고등학교 출신들이 구의회, 구청의 주요 자리들을 차지하고 있었고, 지역 유지들 또한 마포에서 오랜 기간 뿌리내리고 있어서 깊이 들여다보면 그들만의 리그 등이 존재하고 작동하고 있다는 생각이 들었다.

어찌 됐든 감나무에서 곧 떨어질 감 홍시를 받아먹기만 하면 됐던 그분(여성 주무관)은 나로 인해 큰 실망감과 좌절감을 느꼈었을 것이다. 내가 시청으로 복귀한 후 얼마 지나지 않은 저녁 늦은 시간에 나에게 전화로 '지금 건물 옥상에 올라와 있다' '뛰어내리고 싶다' 등등의 안타까운 이야기들을 쏟아냈었다. 그런 소리를 듣던 나는 모골이 송연하였다.

다행히 극단적인 선택은 없었다. 상당한 시간이 흐른 뒤 우연히 만날 수 있었는데, 그분은 서울시장 주재 신년하례회에 참석한 마포구청장을 수행하고 있었다. 다행이었다. 반갑게 인사하며 웃는 얼굴로 서로를 맞이하였는데, 그때의 아픔을 계기로 더욱 발전하였다는 느낌이 들었다.

나로 인해 마음의 상처를 받은 분들은 가슴 속 깊이 독을 품고 복수심에 열심히 창의적으로 일을 해서 더 잘되었을 거라고 확신한다. 최고의 복수는 끝까지 포기하지 않고 원하는 것을 향해 앞으로 나가는 것 아니겠는가!

다음 편에서도 나로 인해 마음의 상처를 받은 분들의 이야기는 계속된다.

높이 오르지 않아도 꿈꿀 수 있는 이유

누구에겐 기회
vs
누구에겐 좌절

공무원은 선공후사(先公後私) 정신이 중요하다. 공무원이 승진을 위해 일하는 것은 선사후공(先私後公)이 될 것이다. 공익을 위해 "열심히 일하다 보니 승진도 하게 됐네" 이렇게 되어야 한다는 것이 나의 지론이다. 승진하기 위해 일하는 공무원이 있다면 분명 하수일 것이다. 일을 하다 보니 어찌어찌 승진했다. 이것이 답이 되어야 한다.

수단과 목표가 전도되는 것은 온전한 인격체인 공직자가 자기 자신을 너무 낮게 취급하는 것이기 때문이다. 승진은 열심히 일해 조직이나 시민에게 성과를 낸 직원에게 주는 인센티브, 일에 대한 대가여야 한다. 승진 그 자체가 목표가 되면 일을 통한 성취감과 그로 인해 느낄 수 있는 희열이 반감될 수 있기 때문이다.

마포구청에서 1년간 파견 근무한 것은 아주 짧은 기간이었지만 나의 판단으로는 이해하지 못할 업무관행이 있었다. 내가 국장으로 있던 기획재정국 소속의 한 부서의 서무주임 인선 및 근무평정과 관련한 것이다.

그 부서에서는 7급 직원들 중 근평 '수'를 받는 직원은 중요업무를 담당하는 '서무주임'이 아니고 '일반직원'이었기 때문이다. 보통 일반 부서에서는 서무주임이 근평에서 '수'를 받는 것이 당연한 관행이기에, 어느 부서든 서무 주임을 한다는 것은 그 부서에서 최고 평정을 받아야 한다고 생각하고 있던 나에게는 그 부서의 관행이 납득이 되지 않았다.

사정을 알아보니 이런 것이었다. 그 부서는 세금 징수 관련 업무를 수행하는 부서였는데, 7급에서 6급으로 승진하기 위해서는 다른 직렬(행정직)보다 더 많은 시간이 소요되는 관계로 서무주임을 너무 오랜 기간 하게 되면 매우 힘들게 되니 관행적으로 서무주임을 일정 기간 담당하고 나서는 "일반 직원"으로 물러나서 상대적으로 덜 바쁘게 일하면서 승진할 수 있도록 배려하는 관행이 생겼다는 것이다. 나는 당시 담당 국장으로서 이런 구태를 개선하고자 담당과장을 설득하여 함께 뜻을 모아 특단의 조치를 취하게 되었다.

그것은 서무주임 공개모집이었다. 물론 근평에서 인센티브를 제공하는 조건으로…. 결과적으로 한 명의 용기 있는 직원이 응모를 하였으며 소정의 심사를 통해 서무주임으로 선정하게 되었다. 서로 친분으로 얽혀있는 루틴화된 조직에 일하는 분위기, 경쟁 분위기 조성 등 여러 목적을 가지고 추진한 일이었지만 결과적으로 기회를 잡은 사람과 기회를 잃은 사람으로 나뉘고 기회를 잃은 사람은 나에 대한 불편한 심기를 가지는 것은 불문가지일 것이다.

그러나 조직은 경쟁을 통해 자가 발전하는 구조체가 아니겠는가! 지금 생각해 봐도 조직혁신을 위해서는 누군가는 희생양이 될 수도 있음을…. 시청으로 복귀한 후 한참 뒤에 알게 된 것이지만,

앞에서 언급했던 일들로 인해 까딱하면 나는 1년의 파견 기간도 다 채우지 못하고 시청으로 쫓겨날 뻔했다는 것이다.

직원들의 불만이 구청장의 귀에까지 들어가게 되었으며 구청장께서는 나를 시청으로 당장 복귀시켜 버리라고 부구청장에게 지시하였다는 것이다. 다행스럽게 당시 부구청장께서 나의 진의를 이해하고는 구청장께 "저런 날뛰는 놈도 하나 있어서 직원들의 긴장감을 높이는 것도 괜찮을 것입니다"라고 말씀드리며 설득해서 내가 1년을 다 채울 수 있었다는 것이다.

어찌 됐든 1년의 파견 기간이 다 마무리될 즈음에 당시 구청장께서 두 차례나 나에게 본청으로 복귀하지 말고 구청에서 함께 일하자고 제안하셨다. 아마 구청장께서는 두 가지 생각이 있었던 것 같다. 첫째, 그래도 젊은 친구(당시 내 나이 45세)가 국장직을 잘 해내고 있다는 생각, 둘째, 구청장 주변에 젊은 국장이 한 명쯤은 있어야 구청장이 폼이 조금 나지 않을까! 하는 이유로…

나는 당시만 해도 명색이 행정고시 출신자가 구청에 적을 두고 일하면서 부이사관 승진 등을 꿈꾼다는 것은 감히 생각도 못 할 일이었다. 그래도 시청이나 총리실 등 대처에서 공직 생활을 하는 게 어울린다고 생각하면서 총리실 파견을 희망하였으나 결국 좌절되고 말았다. 나는 1년의 파견 기간을 모두 마치고 시청으로 복귀하지 못하고 다시 수도권경제발전위원회라는 외부 조직에 또 1년간 파견 나가게 되었다.

당시 마포구청장의 잔류 요청을 못 이긴 채 그냥 받아들여 계속 구청에 눌러앉았더라면 오늘날 나의 모습은 어떻게 변했을까? 상상해 보는 것 자체가 부질없는 일이지만 말이다. 다른 하나는 내가 구청까지 가서 왜 스스로 힘들게 고민하면서 직원들에게도 스트레스 주면서 살았을까? 나 자신에게 여러 차례 반문을 해봐도 잘 이해가 되지 않는다. 직원 근무평정까지도 나의 신념에 천착하여 자치구의 관행을 고려하지도 않고 깨뜨리려고 했으니 말이다. 너무 과했다는 생각이 든다.

내가 이전에 버스정책과, 체육진흥과에서 재직 중일 때 마포구에서와 같은 유사한 일들을 벌인 기억이 있다. 당시에는 당연히 해야 할 일이었지만, '세 살 버릇 여든까지 간다'. 버스정책과 재직 시절에도 직원 근무실적에 대해 평가하면서 그간 받아온 근무평정 순서를 무시하고 순서를 바꿔버렸고 그로 인해 나는 어려운 처지까지도 갔던 기억이 새로웠다. 체육진흥과장 재직시절에도 역시나 7급 직원에 대해 근무평정을 하면서 승진한 햇수가 2, 3년 빠른 직원을 뒤로 밀어내고 신참에게 더 좋은 평정점을 부여한 기억이 있다.

위에서 언급한 나의 행위로 피해를 보신 분들이 모두 여성 공무원(4명)들이었다. 나로 인해 피해를 봤다고 생각하는 네 명의 공무원들이 얼마나 큰 마음의 상처를 안고 나를 증오했을까? 덕을 베풀었어야 했는데.

그러나 내가 나의 일신상의 부귀영화를 꿈꾸면서 아니면 다른 불순한 의도가 있어서 그리하지는 않았다는 것을 자신 있게 글로 남기고 싶다.

마포구 재정 확충에 기여

　내가 마포구청에 1년 근무하면서 가끔은 생뚱맞은 생각을 한 적이 있었다. 가끔은 하루 종일 직원들이 국장실에 오지 않은 경우가 있었다. 그럴 때는 문득 내가 잘하고 있는 것인가? 나는 누구인가? 이런 생각을 하면서 가끔은 이 넓은 국장실에 국장을 도와주는 부속실 직원 급여까지 계산해 가면서 제대로 국장 역할을 수행하고 있는지에 대해 자문했던 적이 있었다.

　그 넓은 국장실을 일반에 임대한다면 월세만 해도 꽤 나올 것이고 나를 보좌해주는 부속실 주무관의 급여도 꽤나 높은 수준이어서 마음을 다잡아 먹고 구청과 구민에게 도움을 줄 수 있는 것들이 무엇인지 고민하고 나름 최선을 다하려고 하였다.

　더 나아가서 나보다 더 훌륭한 분이 내 자리를 맡아서 더 많은 성과를 낼 수 있었음에도 혹시나 내가 그 자리에 앉아 있음으로 인해 구청에 들어오지 못해 구민들을 위한 더 좋은 서비스를 제공하지 못하고 있는 것은 아닐까! 하는 생각까지도 하면서 마포구 기획재정국장의 무거운 짐을 온몸으로 느끼면서 지냈다.

지금 수도사업소장으로 일하고 있지만 소장의 급여가 꽤나 높아서 두세 명의 신규 직원 급여를 합한 것과 비슷하다고 하니, 내가 맡고 있는 직위의 무게감을 온몸으로 느끼면서 내가 속한 조직의 발전과 시민들에게 보다 앞서가는 행정서비스를 제공하는 데 소장으로서 역할을 다하고자 다짐하면서 시간을 보내고 있다.

마포구청에서 1년간 보내면서 마포구 재정 여건 개선에 기여했던 두 가지 사업을 소개하고자 한다.

첫째는 마포구 관내에 위치한 서부운전면허시험장이 무상으로 사용하고 있던 그 부지를 유료로 전환하면서 20억여 원의 마포구 세입 증대에 기여한 것이다. 서부운전면허시험장이 자리하고 있는 부지는 원래 서울시와 마포구 소유의 부지다.

2010년까지는 국가기관인 경찰청에서 직접 면허시험장을 관리·운영하다가 2011년부터 한국도로교통공단에 이관하여 운영하게 되었다. 관리주체가 변경된 것이다.

이전에는 관련 법령에 국가기관에는 무상으로 대부할 수 있도록 규정되어 있어, 그동안 무상으로 대부해 줬는데 이제는 국가기관인 경찰청이 아닌 도로교통공단이 운영 주체가 되어 유상으로 전환하는 것이 가능하게 된 것이다.

그 단초는 내가 제공하였다. 해당 부서인 재무과 담당 주무관이 위와 같은 사실을 모르고 전례대로 무상으로 대부하는 것을 주된 내용으로 하는 방침서 초안을 마련해서 나에게 보고를 하던 중에, 운전면허시험장 관리주체가 경찰청에서 도로교통공단으로 넘겨졌다는 것을(나도 언론보도를 통해 알게 되었다.) 알려 주면서 유상으로 전환하는 것을 시유지 관리 주무관청인 서울시 재무국과 협의하여 결정하라고 요청했었다.

아니나 다를까! 서울시에서는 도로교통공단은 국가기관이 아닌 만큼 유료로 전환하는 것이 타당하다는 결론을 내렸고, 유상 전환에 따라 매년(당시 기준) 30억 원에서 40억 원 정도의 대부료 수입이 발생하고 이중 상당 비율의 수입 약 20억 원을 해당 시유지를 대행 관리하고 있는 마포구청 세입으로 들어오게 되었다.

이 일을 추진했던 담당 주무관은 일만 열심히 하는 정직한 7급 주무관이어서 나는 각별히 신경을 쓰게 되었다. 그 직원은 구유지 재산환수에도 큰 공적이 있었는데 재정 여건이 열악한 구청에서는 그 공적을 인정하여 특별 승진했다는 소식을 들은 바 있다.

둘째, 마포시설관리공단이 관리하는 마포농수산물시장 입점 상인들의 점포 임대료 수준이 일반 전통시장 등에 비해 저렴한 편이었다. 그래서 그 임대료를 적정한 수준까지 점증적으로 인상할 것을 줄곧 주장하였다. 아무래도 국장이 공단 등기이사인 관계로 공단이사회가 개최되면 엄청 스트레스를 받아가며 행정가로서 공단의 지속 가능한 경영에 대해 입장을 피력하곤 하였다. 공단이사장(상임감사)이 엽관제로 임명되는 관계로 공단은 지속 가능경영에 대한 비전과 실행전략 등을 마련하는 게 쉽지 않다. 그 역할을 등기이사인 구청 국장이 보완해야 한다는 책임감을 가지고 이사회 등에서 시어머니 역할을 한 것이다.

공단의 핵심사업인 농수산물시장 운영에 있어 점포주들의 수입 상황을 알 수가 없어 합리적인 임대료 설정에 취약한 구조를 가지고 있었다. 2010년 당시만 해도 시장 점포에서 신용카드가 아주 제한적으로 사용되고 있었고 오로지 현금만을 지불수단으로 요구하는 점포주들이 대다수였다. 게다가 수산물 시장 점포주들의 극심한 호객행위로 인해 시장 전체에 대한 고객만족도가 매우 낮은 수준이었다. 나는 시장의 투명성을 제고하고 시민들이 편안하게 찾을 수 있도록 시장운영시스템을 개선할 것을 공단에 지속적으로 요구하였다.

시장점포주들은 영세상인이라는 주장을 하면서 공단 측의 임대료 인상에 대해 극렬하게 반대하기 일쑤였다. 공설시장인 관계로 점포당 부담해야 할 임대료는 상당히 저렴하게 책정되어 있음에도 불구하고, 상인들은 공단이 임대료 인상의 '인' 자도 못 꺼내게끔 조직적인 집단행동과 압력을 행사하였다.

공단이사회 결정 사항이어서 국장인 나는 등기이사 자격으로 참여하여 공단 운영 전반에 걸쳐 많은 지적사항을 제기하였다. 임대료 외에 공단이 보다 효율적인 기관으로 거듭날 수 있도록 많은 의견을 냈지만 받아들여지지 않은 경우가 꽤 많아 스트레스가 이만저만 아니었다.

대부분의 공단 이사들이 정치적으로 임명된 분들이어서 나만이라도 이사 역할을 제대로 해야 한다는 생각으로 인해 공단이사회에 참여할 때마다 상당한 중압감을 가졌었다. 과거에는 공무원인 등기이사에게도 공단이사회 회의 참석 수당이 지급되었었다는데, 내가 등기이사이던 2011년도에는 그런 수당 지급이 금지되어 있었다. 마음 한켠으로는 "내가 왜 아무런 보상도 없이 이렇게까지 스트레스받아 가면서 이사회에 참석해야 하는가" 하면서 자조(自嘲)하기도 하였던 것 같다.

어찌 됐든 나는 등기이사로서 일 년간 재직하면서 마포농수산물
시장 운영 개선계획을 수립하고 떠났다.

스포토피아를 꿈꾸며

2009년 2월부터 2010년 8월까지

체육진흥과장

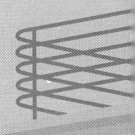

서울특별시장≠서울시체육회장

지금은 서울시장이 서울시체육회장을 겸직할 수 없게 법령으로 규정하고 있으나[38] 과거에는 서울시장이 엘리트체육 진흥을 목적으로 설립된 시·도 단위 체육회 장을 겸직할 수 있게 되어 있었다.

서울시 체육회 사무처장 등 임원들은 서울특별시의 장(長)인 서울시장과 서울시체육회의 장(長)인 서울시장이 같은 분이기 때문에 서울시와 체육회는 동급이라는 억지와도 같은 주장을 펼치기도 하였다.

그런 억지 주장을 하는 이유는 단순하다. 체육회 등 체육단체는 단체장 등에 유력 정치인을 앉혀서 지자체 등 공공기관의 행·재정적 지원을 더 많이 받기를 열망하고 있었다. 주로 국회의원들이 대

---

[38] 예전에는 엘리트체육을 육성하기 위해 지방자치단체의 시·도 체육회에 대한 막대한 재정 지원이 필요한 관계로 지자체장이 체육회 회장을 맡는 게 당연시되었었는데, 그러다 보니 체육회가 정치적으로 오염되는 부작용이 나타나게 되어 체육단체의 독립성과 자율성을 지키기 위한 방편으로 2019년부터는 국민체육진흥법 개정으로 "지방자치단체장 및 지방의회 의원의 체육회장 겸직을 금지"하게 되었다.

높이 오르지 않아도 꿈꿀 수 있는 이유

한체육회나 시·도 체육회의 가맹종목별 체육단체장을 맡았었는데, 그들은 서울시에도 정치적 영향력을 행사하여 자신이 회장으로 있는 체육단체에 더 많은 재정 지원을 받을 수 있도록 외압을 행사하기 일쑤였다.

특히, 서울시에는 3대 체육회가 있었는데 엘리트체육 진흥을 위한 서울시체육회, 생활체육 육성을 위한 서울시생활체육회, 장애인들의 정신적·육체적 건강을 도모하는 서울시장애인체육회[39]가 그것이다. 서울시장이 직접 단체 회장을 맡기도 하고 유력 정치인이 부회장을 맡기도 하는데, 이런 방식으로 쉽게 공적 재원을 확보할 수 있게 된다. 그 외에 체육회는 사무처 조직을 확대하려는 욕망을 항상 갖고 있었는데, 주기적으로 사무처 정원 증원을 시에 요청하였다.

사무처 임직원 인건비 등 체육회 운영경비의 대부분을 서울시가 지원하고 있어 사무처 조직이 확대되면 결국은 시민의 혈세가 더 투입되어야 하기 때문에, 관련 부서장인 체육진흥과장은 세금이 낭비되는 일이 발생하지 않도록 자주 그들과 논쟁을 벌여야 했었다.

체육진흥과장 1년 6개월의 재직 기간 중 서울시장의 이름을 빌려서 조직 규모를 키우려는 그들의 욕망을 억제하려고 부단히 노력했던 기억이 새롭다. 체육진흥과장은 생활체육회를 제외한 2개 체육회의 이사회 멤버이다. 이사회에 참석할 때마다 그들의 몸체

---

[39] 당시 3개 체육회를 약칭으로 '市體(서울시체육회)', '生體(서울시생활체육회)', '障體(서울시장애인체육회)'로 불렀다. 현재는 생활체육과 엘리트체육이 통합되어 '서울시체육회'로 통합되어 운영 중이다.

부풀리기의 문제점 등에 대해 조목조목 설명하고, 체육회가 나아가야 할 비전 등에 대해 목소리를 높였다.

그 때문인지는 모르겠지만, 나는 본의 아니게 2년여 간 마포구청, 수도권광역발전위원회 파견근무 등으로 이어진 "바람처럼 구름처럼" 떠도는 계기가 된 게 아니었을까 생각해 본다.

어찌 됐든 엘리트 체육인 육성을 목표로 하는 서울시 체육회 임원들은 같은 시장을 모시고 있는데 체육진흥과장이 너무나 비협조적이라면서 불편한 심기를 종종 표출하곤 하였다. 나는 수시로 "서울특별시장과 서울시체육회장은 동격이 아니다". 서울시청에서 근무하는 서울특별시장은 천만 서울 시민을 법적으로 대표하는 분이어서, 체육회장인 서울시장과는 그 법적 지위가 다르다는 것을 누누이 설명하였다.

2009년 당시 서울시가 서울시체육회에 지원하는 사무처 직원 인건비 등 보조금과 위탁사업 경비를 합치면 249억 원이나 되었다[40]. 투명하게 시 지원금이 사용되도록 사전과 사후에 걸쳐 엄정한 지도감독이 필요했다. 특히, 시의 허가 없이 정원을 초과하여 사무처 행정직원을 임의로 채용하거나 체육회가 서울시 수탁을 받아 운영 중인 직장운동경기부 경기인을 임의로 충원하는 것에 대해서 시정토록 조치한 바 있다.

당시 나의 판단으로는, 서울시체육회가 사무처 행정직원을 서울시 동의 없이 임의로 충원한 문제를 해소하고자, 충분한 논리적 근

---

[40] 그 외 서울시체육회 사무처 및 회원종목단체 사무공간으로 사용 중인 건물(중랑구 상봉동 소재)도 서울시 재산으로 무상 사용토록 지원하고 있음.

거도 없이(직무분석 없이) 사무처 정원을 늘리려고 한 것이었다. 사무처 인력 충원은 시 재정부담 요인으로 작용할 뿐만 아니라 다른 체육회에도 나쁜 영향을 줄 수 있어 반대하게 된 것이었다.

3개 체육회의 불필요한 사무처 조직 확대를 억제하고 절감된 재원을 스포츠영재 육성에 투자하던지, 아니면 취약계층 청소년들의 자신감을 키워주기 위한 스키·요트와 같은 고급 스포츠 체험프로그램 운영 등의 스포츠 복지사업 등에 집중적인 지원을 하려고 했다. 그 외 체육진흥과 관련된 다양한 이해당사자들이 공유할 수 있는 비전 마련이 필요하다는 것을 절실히 느꼈다.

그래서 중장기적인 체육진흥정책을 마련하고자 『2020체육진흥계획』을 마련하는 데 필요한 예산을 확보하였고, 「스포츠를 통한 시민이 행복한 도시! 서울」을 만들기 위한 캐치프레이즈 "스포토피아"를 사용하기 시작했다.

"정치는 짧고 행정은 길다"라는 멘트를 외람되게도 체육회나 체육단체 관계자들에게 자주 언급하였는데, 일반적으로 체육인들은 모든 민원을 시의원, 국회의원 등 유력자들을 통해 해소하려고 하는 오랜 관행이 몸에 배어 있었기에 그런 행태를 비꼬면서 절차적 합리성과 타당성 등을 강조하려는 취지로 이런 어휘를 활용한 것인데, 아마 그들은 다른 의미로 해석할 수도 있었을 것 같다는 생각이 든다.

나는 당시 의원발의를 통한 사업예산 편성(반영)에 심한 거부감을 가졌었다. 돌이켜보니 거의 알레르기 수준의 반응을 보였다 해도 과언이 아니었다고 생각한다. 많은 체육단체들이 국회의원, 시의원 등의 유력자들을 종목별 회장 등으로 영입하여 서울 시민들의 혈세를 마치 자기들 호주머니 쌈짓돈으로 간주하여 '먼저 먹는 놈이 임자'라는 생각으로 서로 가져가려고 혈안이 되어 있었다. 체육진흥과를 체육단체의 목적 달성을 위한 그들의 들러리 부서, 대서방(代書房)처럼 취급하는 데 대해 불편함을 많이 느꼈고 저항하려 하였다.

체육단체들이 체육진흥과를 어떤 방식으로 대서방 취급을 하였는지 보면 이런 식이었다. 일례를 들면, 국회의원이 협회장으로 겸직하고 있던 어느 구기 종목 협회에서, 체육진흥과장 앞으로 예산 지원을 요청하는 공문을 팩스로 보내놓고는 바로 나의 상급자인 문화국장에게 전화하여 그런 사실을 알려주고 수용하도록 압력을 행사한다.

보통 외부에서 접수한 민원성 문서에 대해서는 부서 실무진이 타당성 등에 대해 검토 후 보고서를 작성하여 윗선에 보고드리는 것이 관례인데….

이런 전화를 받게 되면 당시 문화국장이었던 분은 나를 호출해서는 "왜 바로 보고 안했느냐" 면서, 나에게 화를 내고 꾸짖는 게 아닌가! 그게 화를 내고 꾸짖을 일인가! 참 한심하다는 생각이 들었다. 나도 자초지종을 말하면서 터져 나오는 울분을 마음속으로 삭인 적이 많았다.

당시만 해도 국회의원의 파워가 꽤나 컸던 시절이어서 그런지 모르겠지만, 국회의원이 아닌 보좌관이 전화만 해도 서울시 문화국장이 안절부절 못하던 모습을 쉽게 보았던 것 같다.

나는 당시 의원발의 예산 중 타당성이 다소 미흡하다고 판단되는 건에 대해서는 집행하지 않는 고집도 부려보고, 반대의견을 명

높이 오르지 않아도 꿈꿀 수 있는 이유

확하게 내기도 하였다. 내 돈 드는 것도 아닌데, 왜 굳이 그렇게 그들과 각을 세웠던 것일까? 이해가 안 된다. 그들과 원만한 관계 설정을 하였다면 어땠을까? 쓸데없는 생각을 곁들여 본다.

이런 나의 노력의 결과만은 아니겠지만, 국회의원을 포함한 유력 정치인들이 각종 체육단체장을 맡으면서 나타나는 공적재원의 불공정한 사용, 체육단체의 정치화 등에 따른 자율성 훼손 등의 부작용을 해소하기 위해, 국회법 개정을 통해 2014년부터 국회의원 겸직금지의무 대상에 체육단체장을 포함시켜, 국회의원들이 더 이상 체육단체장(이사장 혹은 회장)을 겸직하지 못하도록 하고 있다[41].

과거 유력 정치인들이 체육단체장을 선호하는 데는 이유가 있었는데, 체육단체라는 정치적 후원 세력을 뒷배로 삼을 수 있는 효과 외에 체육단체에서 지급하는 수천에서 수억 원의 연봉과 법인카드 사용 등 많은 혜택이 따르기 때문이었다. 그 반면에 '소금 먹은 놈이 물 켠다'는 속담이 있듯이 체육단체장에 오른 국회의원 등은 위에서 말한 각종 혜택에 대한 반대급부로, 국회의원이라는 막강한 지위를 이용하여 당해 체육단체를 위한 공적재원 따오기랄지, 중앙정부 등의 체육단체 감사 등에 방패막이 역할을 하는 등의 로비스트 역할을 할 수밖에 없는 것이다.

세상에 공짜는 없는 것이다. 다른 말로 하면 "악어와 악어새"와 같은 공생관계가 형성되어 지난 수십 년간 관행화되었던 것이다.

---

41) 국회의원이 체육단체장 등을 겸직하기 위해서는 국회윤리심사위원회의 심사를 득해야 하나, 국회법상 체육단체장은 겸직금지의무대상으로 지정되어 있음.

이런 '루틴'에 혈혈단신 온몸으로 '대거리'한 나에 대해 자긍심을 가져본다. 나의 30여 년의 공직 생활 중 1년 6개월여 간의 체육진흥과장 재직 기간이 제일 의미 있고 생동감 있는 시간이었다.

참고로 최근 2024 파리올림픽 이후 문화관광체육부가 대한배드민턴협회에 대한 고강도 감사와 관련하여, 이를 가능케 한 원인(遠因)의 하나로는 '국회의원의 체육단체장 겸직 금지' 조치라 할 수 있다. 만약에 유력한 국회의원이 배드민턴협회장을 맡고 있다고 가정하면, 그런 고강도 감사가 가능할 것인가는 의심할 만하다.

체육행정비전 "스포토피아[42]" 제시

체육진흥과 직원들은 서울시장이 참여하여 시민들과 함께하는 다양한 체육행사들을 많이 추진하였다. 체육·경기 종목별 행사, 마라톤대회, 생활체육대회, 장애인체육대회 등 다양한 행사에 서울시장이 참석하여 시민들과 함께하는 것은 매우 중요한 의미가 있다.

시민들의 체육활동 촉진에 기여하는 이벤트로서의 역할과 함께 서울시장의 잠재적 지지자가 될 수 있는 시민들과 스킨십을 할 수 있는 계기가 될 수 있다. 서울시생활체육회는 시민들의 자발적인 생활체육 참여 문화를 조성하는 것을 그 조직의 목표로 삼고 있지만, 사무처 소속 임원들은 서울시장에게 조금이라도 도움이 되었으면 하는 바람을 많이 가졌던 것으로 기억하고 있다.

생활체육인이 표가 될 수 있다는 생각은 내가 시장이라고 하더

---

42) 스포토피아(Sportopia)란, 남녀노소, 빈부, 장애·비장애인 구분 없이 모두가 원하는 체육활동을 자유롭게 하여 건강한 정신과 육체를 가짐으로써, 가족 간 화목하고 남을 배려하며 상호 존중할 줄 아는 시민들로 넘쳐나는 행복한 사회(Sportia=Sports+Utopia).

라도 그렇게 할 것 같다. 생활체육대회나 행사에 시장이 참여하여 생활체육인들과 함께하는 것은 매우 의미 있는 일로 간주되었다.

행사가 끝나고 시장이 행복해하면 체육진흥과 직원들도 행복해했다. 시장의 얼굴이 밝지 않으면 직원들은 불안해했다. 행사 진행 중에 어떤 안 좋은 일이 있었던 것은 아닐까? 하면서 말이다. 나는 이런 것에 대해 매우 불편해하는 마음이 생겼다. 체육진흥과는 글자 그대로 서울 시민의 체육활동 촉진을 통한 육체적, 정신적으로 건강한 서울시를 조성하는 것을 최상의 목표로 하고, 체육행사는 그런 비전을 달성하기 위한 하나의 수단으로 기능을 해야 하는데 마치 그것이 전부인 양 목표와 수단이 전도되는 현상이 심하였다.

누구나 가정이나 직장으로부터 쉽게 접근할 수 있도록 체육시설을 확충하고 누구나 쉽게 참여할 수 있는 체육 프로그램을 개발해서 보급하고, 체육활동 사각지대에 있는 취약계층이나 장애인들이 비장애인처럼 희망하는 스포츠 활동을 맘껏 즐길 수 있는 스포츠 복지체계 구축 등 보다 근원적인 대책에 대해서는 고민하지 않으면서, 서울시장을 잘 모시는 데 그 의미를 두고 행복과 불행복을 서울시장의 얼굴을 보고 느껴야 하는 것에 대해 안타까움을 가지고 스포츠 복지 비전, 즉 "스포토피아(Sportopia): 스포츠를 통한 건강하고 행복한 서울시 조성"을 자작(自作)하여 사용하기 시작했다.

스포토피아 비전설계, 2020 체육진흥정책 수립을 위한 연구용역을 추진하게 되었다. 그 외 체육활동의 중요성을 서울 시민들에게 부각시키기 위해 '문화국'을 '문화체육국'으로 개명하는 것을 시의회(문화관광위원회) 등 요로를 통해 제안43)했는데 그게 시발점이 되어 서울시에서는 꽤 오랜 시간이 지나 현재 '문화본부'와 별도로 '관광체육국'이 설치되어 운영 중이다.

내가 당시 주장했던 "문화체육국"으로 조직 확대안은 체육시설 확충에 중점을 두었다. 그래서 '체육시설과'를 별도 신설하여 서울시민이 희망하는 스포츠활동을 맘껏 즐길 수 있도록 실내외 체육시설을 생활권역에 많이 확충하는 데 방점을 두었다.

서울 시민이 체육활동을 보다 많이 하여 정신적·육체적 건강성을 증진시켜 사회건전성을 제고시킴으로써 건강한 사회를 만드는 것이 진정한 스포토피아 목표가 아닐까 싶다. 노인, 저소득계층 등 사회적 취약계층이 스포츠활동 참여를 통해서 건전한 사회구성원으로 거듭날 수 있다는 희망을 심어주도록 우리 모두의 관심이 필요하다.

매년 서울시로부터 막대한 재정 지원을 받는 3개의 서울시체육회가 서울시와 함께 스포토피아 비전체계를 통해 하나 된 마음으로 이왕 투입되는 시 재정이 보다 의미 있게 쓰이도록 노력해야 한다는 생각에 많은 고민이 있었다. 서울시는 엘리트체육을 육성하기 위해 비인기종목 위주로 '직장운동경기부'를 서울시체육회에 위탁하여 운영하게 하고 있는데, 당시만 해도 매년 130억 원 정도의 시 재정이 투입되고 있었다. 따라서 담당과장은 직장운동부 운영 혁신 등에 고민하면서 직장운동부 선수들이 재능기부 차원에서 무

---

43) 서울시의회에서는 2011년 전후로 문화관광위원회를 문화체육관광위원회로 개명하여 확대 운영 중임.

언가 의미 있는 일을 할 수 있지 않을까 하는 생각도 많이 했었다.

비록 비인기종목을 육성한다고 하지만 직장운동부에 대한 구조조정도 필요하다는 판단을 하게 되었다. 그래서 한번은 현장의 목소리를 듣고 싶은 마음에 전체 직장운동부 감독들을 시청으로 소집하여 회의를 개최하였는데, 모두 불만이 이만저만이 아니었다. 체육과장이 이렇게 감독들을 소집하는 것이 처음이며 말도 안 된다는 것이었다.

회의 시간 내내 감독들의 뻐딱한 자세부터 마지못해 하는 발언 등등 험한 분위기에서 회의를 마치긴 했지만, 쩐주(錢主)인 시청 체육과장의 실질적인 위상이 형편없음을 절실하게 느낄 수 있었다. 체육단체들은 앞에서도 언급했지만 국회의원, 시의원 등 유력 정치인들을 활용해 자신들이 필요로 하는 것들을 쉽게 확보할 수 있는 방법들을 잘 알고 있었다.

어찌 보면 서울시 담당 부서는 그들이 짜 놓은 각본에서 장기판의 쫄(卒)처럼 취급되고 있다는 생각이 들었다. 종목별 체육단체에서 경기대회나 체육행사를 유치 또는 개최하고자 하는 경우에 필요한 소요 경비 확보를 위해 먼저 시와 협의하는 게 아니라 바로 국회의원, 시의원 등에게 달려가 도움을 요청하는 방법 등으로 추진하는 것이 관행이었다. 그래서 오죽했으면 "공적재원(公錢)은 먼저 먹는 놈이 임자"라는 말이 나왔을까! 한정된 재정 여건하에서 순위를 정하여 상대적으로 더 타당성과 실효성을 확보할 수 있는 사업에 재정이 우선 투입하여야 하는데 그런 시스템이 마련되어 있지 않았다. 한마디로 절차적 타당성을 확보하지 못했었다.

당시 절차적 타당성을 확보하기 위한 방법으로 생각할 수 있었던 것이 '공모사업'이었다. 서울시 체육진홍기금에서 매년 10억 원 정도 사용하여 체육단체들에서 하고 싶은 대회나 행사 등을 공개 모집하여 그 중 우수 제안을 선정하여 시 재정을 지원하는 방식이 그래도 '최선'은 아닐지라도 '차선'은 될 것이라고 생각했다.

미래의 꿈나무인 어린이들 중 가정 형편상의 이유로 스포츠활동을 접하지 못하는 경우에 "스포츠활동바우처"를 스키, 요트, 수영 등 평소에 쉽게 접하기 어려운 종목까지 확충해야 한다. 고급 스포츠 체험을 통해 미래 성공한 자신의 모습을 꿈꾸며 자신의 미래를 긍정적인 방향으로 개척해 나가는 정신을 함양할 수 있게끔 해야 한다.

장체(障體) 몸집 불리기 제동

어떤 한 현상에 대한 사람들의 생각은 천차만별일 것이다. 지나고 보니, 나의 지나친 공익 수호라는 일념과 일관된 태도로 인해 여러 사람들에게 많은 불편을 준 게 아니었을까? 하는 생각을 해보게된다. 체육단체에 대한 나의 태도와 행동으로 많은 갈등 관계를 만들어 냈다. 체육단체의 일 처리 관행이 있는데도 불구하고 그런 관행을 개선하려고 많은 참견과 지적을 하였으니…. 그들이 갖고 있었던 불편함은 나를 그들로부터 밀어내는 추동력으로 작동하였다.

당시 서울시장애인체육회 회장은 서울시장이, 부회장은 서울시장과 연이 있는 유력 국회의원이 맡는 게 관행이었다. 내가 담당과장으로 재직할 때 모 국회의원이 부회장을 맡고 있었는데, 두 가지일로 갈등을 겪었던 기억이 있다. 『장애인스포츠 월간지 발간』건과 『체육회 사무처 정원 조정』과 관련한 건이다.

장애인체육회에서 시의원 등을 통해 장애인체육회 월간지를 발간하기 위해 소정의 예산을 의원발의하여 시의회 예산심의 과정에반영시켰는데 내가 반대하여 편성된 예산을 집행하지 않았다. 논리는 단순하였는데, 어찌 보면 나의 지나친 공익 수호 일념의 발로 였던 것 같다. 그리고 당시에 장애인과 비장애인이 함께 하는 '어 울림체육'에 대한 논의도 활발하던 시점이어서 소식지도 그런 의 미를 담아서 '통합 발간'하는 것이 타당하지 않을까 하는 생각에서 출발하였다. 당시 복지정책의 큰 방향도 "장애인"과 "비장애인"의 어울림을 강조하고 있던 시기였다.

내 생각으로는 당시에 서울시체육회에서는 이미 "월간 체육"이 라는 정보지를 발행하고 있었고, 어울림체육에 대한 논의도 활발 하게 진행되던 터라 장애인만을 위한 정보지를 굳이 만들 필요가 있겠는가? 하는 생각으로 엘리트체육 월간지에 통합하여 발간하 는 것을 주장하였다. 이 건에 대해서는 지금 돌이켜보면 내가 조금 은 지나쳤다는 생각이 든다. 내가 그해 8월 마포구로 떠난 이후에 야 예산집행이 가능했을 것이다.

두 번째 건으로는 장애인체육회 사무처장의 직위를 서울시체육 회의 그것과 동일한 수준으로 격상시키는 내용의 조직확대안에 대 해 반대하면서 갈등을 빚은 것이다. 당시 장체(障體)사무처장 지위 를 시체(市體)의 그것과 같은 급으로 취급하는 것은 무리였다. 당시 3개 체육회가 하고 있는 일과 사무처 근무 인원 규모는 매우 달랐 다[44]. 시체(市體)는 장체(障體)에 비해 사무처의 업무량이나 근무 인 원이 두세 배가량 많은 조직이었다.

장애인체육회(장체)에서 그 안건을 사전에 서울시와 협의 없이 이

---

[44] 2009년 당시 3개 체육회 사무처의 인적 구성현황: ① 市體 1처 2부 6팀, 정원 26명(현원 33 명), ② 生體 1처 1본부 1과 3팀, 정원 16명(현원 14명), ③ 障體 1처 3팀, 정원 10명(현원 12명)

사회 안건으로 바로 상정한 것이다. 서울시 체육진흥과장은 이사회 이사로서 회의 참석하여 발언권과 의결권을 행사하게 되는데, 서울시 재정 투입이 수반되는 사항에 대해서는 사전에 시와 협의하여 함에도 불구하고 그런 절차를 거치지 않고 바로 이사회 안건으로 상정하여 안건을 통과시키려 하는 것이다. 감독부서인 서울시를 핫바지로 취급한 것이나 마찬가지였다.

그런 절차적 무례함과 함께 나를 더욱 화나게 하는 것은 그 이사회 회의 장소를 당시 부회장이었던 분의 국회의원 사무실에서 하겠다고 하면서 체육진흥과장도 그리 오라는 것이 아닌가! 당시 장애인체육회 사무실은 잠실주경기장에 위치했는데, 이사회 회의를 그곳에서 하던지, 아니면 제3의 장소인 서울시청 회의실에서 하는 것이 타당하다고 생각했다. 아무리 유력 국회의원이 부회장으로 있다고 해도 장체는 서울시의 지도감독을 받는 체육단체 아닌가! 서울시를 대표하는 체육진흥과장을 국회의원 개인 사무실로 오라는 게 말이 된다는 것인가!

나는 이사회 안건도 못마땅하던 차에 이사회 회의 장소도 국회의원 사무실이라는 것에 마음이 크게 불편하여 이사회 회의에는 불참하는 것으로 하고, 당해 심의 안건에 대해서는 반대하는 의견 "부(否)"를 큼직하게 표시하여 팩스로 보내버렸다. 결국 나는 넘어서는 안 될 선을 넘어버린 것이다.

지금 생각해도 너무나 혈기 왕성했던 40대 초반의 열혈남아였던 시절의 객기라고 할까? 아니면 만용이라 할까? 당시에 알 수 없는 그 무엇에 '씌었던' 것이 아닐까? 삼국지에서 조조가 한나라 마지막 황제를 핍박하여 황위를 선양 받는 것에 불만을 품은 선비 예형이 죽으려고 환장하면서 조조에게 폭언을 일삼고 결국은 조조의 꾀에 빠져 머나먼 타지에서 죽음을 맞이하는 그런 것이었던가? 예형(禰衡)이 왜 그리 무모하게 조조에 대해 불만을 조조 면전에서 그리 심하게 입에 담기 힘든 독설을 내 뿜어내면서까지 했던 것인지! 조조가 훌륭한 선비를 죽였다는 오명을 뒤집어쓰지 않으려고 남의 손으로 죽이게 하는(借刀殺人之計) 방법으로 예형은 결국은 죽임을 당하고 말았다.

나는 그 당시 예형을 알지 못했다. 나는 왜 그랬을까? 아직도 그 답을 알지 못했다. 나중에 또 언급하겠지만 이런 나의 처신은 생활체육회와도 유사한 사례가 얽혀 있었다.

당시에 나는 힘 있는 유력자들을 통해 자신들의 이익을 챙기면서 서울시 체육진흥과는 대서방(代書房)으로 전락해 버린 것에 대한 불편한 심기가 팽배해 있었으며 시민의 세금으로 충당되는 시 재정을 '먼저 먹는 놈이 임자'라는 식의 즉, 공금(公錢)을 공짜 돈(空錢)으로 인식하는 체육계에 팽배해 있는 세태와 관행들에 일종의 반기를 들었다고 나 스스로를 치켜세워보고 싶다.

또 한편으로는 행정 체계에 대한 불만도 있었던 것 같다. 체육은 문화국에서 약간 천대받고 있다는 생각이 들었다. 건강한 육체에서 건강한 정신과 문화 활동이 가능함에도 불구하고 그 근본이 되는 체육은 어딘가 모르게 문화예술의 하위개념으로 인식되고 있는 상황에서 체육의 중요성을 부각시키고자 하는 열망에서 그런 무리한 처사까지 나왔지 않았을까 하는 생각을 해본다.

서울시가 꾸려나가야 할 체육정책은 주거지에서 도보로 운동하고 싶은 체육시설에 쉽게 접근할 수 있도록 생활체육시설들을 확충하고 체육 영재들을 발굴하여 육성하고 취약계층 어린이들이 고급 스포츠를 체험할 수 있게 함으로써 자신감을 키우고 새로운 분야에 도전할 수 있도록 인생설계에 도움을 주는 체육복지와 같은 정책 등을 생각해야 한다.

사실 나의 신념에 빠져들어 장체 임원들과 싸움만 한 것은 아니었다. 장체의 오랜 숙원인 장애인으로 구성된 "서울시 장애인직장운동경기부"를 창단하는데 적극적으로 지원하였다. 전국 시·도 중 처음으로 장애인휠체어농구부를 창단하여 이를 장애인체육회가 위탁 운영하도록 하게 하였다. 현재(2024년)는 장애인직장운동경기부가 탁구, 양궁, 휠체어컬링, 골볼, 육상, 역도, 수영 등 8개 종목(8개 팀)으로 확대하는 데 결정적인 단초를 제공했다.

당시 장애인 직장운동경기부를 창단하기 위해서는 비장애인직장운동경기부만을 전제로 제정된 관련 조례를 개정하여 선수 및 감독 정원도 대폭 늘려야(110명⇒180명) 했고, 서울시장애인체육회에 위탁할 수 있는 근거도 마련해야 했다. 장애인직장운동경기부의 경우 추가 창단까지 예상하면서 180명까지 정원을 늘렸던 것이다.

그래도 국회의원이 부회장으로 있는 장애인체육회 이사회에 참석하지 않고 심의안건에 대해 반대표 "부(否)"를 서면으로 팩스로 보냈다는 게 지금 생각해 봐도 이해하기 어렵기는 마찬가지인 것 같다. 만약에 당시 내가 지금과 같이 정년이 얼마 남지 않은 상태였다면 다른 생각과 행동을 할 수도 있지 않았을까 싶다.

그럼에도 내가 1년 6개월간 험난한 역경을 거치면서도 체육진흥과장으로 장기 재직할 수 있었던 것은 고척돔구장 건립 등의 전문체육시설의 원활한 확충(리모델링 포함), 생활체육 활성화를 위한 스포토피아 비전 제시, 장애인직장운동경기부 창단과 같은 나름 체육진흥을 위한 그간의 업적을 인정받았기 때문이라고 자화자찬하고 싶다.

생활체육회와 어긋나버린 에피소드

지금 생각해 봐도 참 안타까운 일이었다. 생활체육회(生體)와 관련된 얼마 되지 않은 소규모(2억 원) 의원발의 사업예산에 대해, 나의 체육정책에 대한 소신(혹은 철학)에 기초하여 집행에 반대하다가 그것이 결정적 원인이 되어 마포구청으로 파견을 나가게 되었다.

1년 6개월간의 체육진흥과장 재직 기간 동안 나와 3개 서울시 체육회와 켜켜이 쌓여 왔던 내적 갈등이 생활체육회 사업관련 의원발의 예산 불집행으로 드디어 폭발하게 된 것이다. 나의 고집불통 (히)스토리에 정점을 찍은 사건이었다.

생활체육회 소속 종목별 단체들의 행정지원업무를 보조하기 위한 행정요원 인건비에 사용될 2억 원의 사업비가 의원발의로 편성·확정되기까지 내가 줄곧 반대했었는데, 결국은 반영되어 사업예산을 집행해야 할 형편이었다. 나는 서울시 예산으로 확정되었음에도 집행하지 않고 상반기를 넘기게 되었으니 그들에겐 '눈에 가시'처럼 비쳤을 것이다.

생활체육회 회장은 민간인이 하지만 사무처장은 서울시장의 측근으로 임명되는 게 관행이었다. 생활체육진흥관련 법령 등에 시·도지사가 행·재정적 지원을 할 수 있도록 하고 있어 생활체육 진흥 사업 추진 명목으로 매년 막대한 시의 재정이 투입되고 있기에 시장의 측근이 사무처장으로 들어갈 수 있는 명분이 확보될 수 있었다.

그런 사무처장은 업무를 추진함에 있어 매사 시장의 좋은 이미지를 수십만 생활체육동호인들에게 각인시켜 주는 데 그 주안점을 두고 있었다. 각종 생활체육행사에 서울시장을 참여시켜 부지불식간에 다수의 생활체육인들과 접촉하게 할 수 있도록 하는 이벤트를 기획하여 잠재적 지지자로 만드는 데 관심을 두고 있었다. 서울시장 측근 인사들도 생활체육을 중요시할 수밖에 없는 것이 치열한 서울시장 선거에서 몇백 표, 몇천 표가 선거의 당락을 결정할 수 있기 때문에 생활체육행사에 남다른 의미를 두고 있었다.

그해 연말 시의회 예산편성 심의 중에 생활체육회에서 시의회 문화관광위원회 소속 의원을 통해 2억 원의 사업비를 의원발의 예산으로 편성, 시의회를 통과하게 되었다. 사업 내용인즉 생활체육회 소속 종목별 단체들의 회계처리업무 등 행정 전반을 지원할 수 있도록 행정보조인력을 운영하는 데 필요한 소요 예산인 것이다.

나는 예산 심의 단계부터 본 사업에 대한 반대 의견을 제시하면서, 편성된다 해도 집행하지 않겠다는 입장을 확실하게 했다. 생활체육은 엘리트체육 육성정책과는 그 기조를 달리한다. 생활체육은 자율성이 보장되어야 한다. 잘못하면 생활체육회원들이 정치적으로 오염이 될 수 있을 뿐만 아니라 아까운 세금이 특정인들을 위해 쓰여 형평성을 훼손시킬 수 있기 때문이다.

서울시가 생활체육회에 재정을 지원하는 것은 체육활동에 애로를 느끼는 분들이 적극적으로 체육활동을 하여 건강한 몸과 정신을 겸비할 수 있도록 하는 문화 조성과 그것을 가능하게 하는 프로그램 등 소프트웨어 개발을 위해서다.

구체적으로 생활체육 강사를 육성하고, 그런 강사들이 체육활동 취약계층을 찾아가서 체육활동을 할 수 있도록 도와주는 사업을 하는 데 필요한 비용을 서울시가 지원하는 것이지, 종목별 단체들의 원활한 행정업무 처리를 위한 경비에 사용하라고 지원하는 것이 아니다. 그런 경비는 당연히 회원들 회비 등으로 운영하는 것이 원칙이라는 생각이 나의 뇌리에 지배적이었기에, 회계관리 보조인력이 필요하다면 생활체육회 스스로 마련해야 한다고 생각했던 것이다.

서울시는 매년 상당한 수준의 재정을 생체에 보조금으로 지원하고 있었는데 그 중에는 생체소속종목별협회에 지원해주는 예산도 포함되어 있었다. 시가 생활체육종목별 지원예산을 편성하여 일괄적으로 생체 사무처에 지원해 주면 사무처에서 자체적으로 만든 기준에 따라 종목별로 적정 배분하고 있었다.

어찌 됐든 담당 부서장인 나의 강력한 반대 의견 표명에도 불구하고, 예산편성에 반영되었고 어쩔 수 없이 집행해야 했는데도 나는 집행하지 않고 버티었다[45]. 예산편성이 확정되어도 집행하지 않겠다고 했는데 그 말을 뒤집는 게 어려웠다. 한번 내뱉었던 말을

---

45) 2009년 2010년 당시만 해도 서울시 부서장(과장)들의 권한은 현재와는 상당히 다른 수준이었다. 시의원들과의 역할관계도 지금과 같은 상하관계는 아니었다. 지금처럼 시의원이 실·본부·국장을 의원사무실로 호출하는 것은 상상하기 어려웠다.

뒤집는다는 게 쉽지 않았다. 그래서 공직자가 말할 때에는 보다 신중하게 해야 하고 "절대" "무슨 일이 있어도" 이런 극단적인 표현을 사용하면 안 된다. 나의 신념이나 가치판단의 잣대로 봐서는 안 될 일도 다른 시각에서 보면 가능할 수 있기 때문이다. 그리고 이 세상에서 "절대" 안 되는 일이 어디 있겠는가!

'이제는 말할 수 있다'지만… 생활체육회에 지출해야 할 2억 원의 사업예산을 끝까지 지출하지 않고 있으려니 사무처장이 마지막 경고를 나에게 날렸다. 생활체육회 사무처장이 저녁 식사를 하자고 해서 처음에는 여럿이 만나 식사하고 이어서 자연스럽게 술집으로 자리를 옮겨 2차를 시작했다. 단둘만 있는 자리에서 사무처장이 나에게 사업예산 집행을 촉구하는 게 아닌가! 나는 불쾌하기도 해서 그분의 말씀을 듣고 '집행하지 않겠다'는 대답을 드리고 자리를 떠났다.

사실 엘리트체육 분야에 매년 250억 원 이상의 시 재정을 투입하고 있던 상황에서 생활체육회46)에 2억 원 정도 추가 투입한다고 얼마나 원칙에 위배되었을까! 좀 더 큰 안목을 가지고 봤으면 하는 아쉬움이 남아있다.

사실 나는 생활체육회에 관심이 많았다. 서울 시민이 스포츠를 통해 정신적으로나 육체적으로 건강함을 유지하는 '스포토피아'를 비전으로 삼았는데, 함께 추진할 실행 파트너로서 생활체육회를 염두에 두고 집중적인 지원을 아끼지 않으려고 했다. 그러나 원칙

---

46) 2009년도 서울시가 생활체육회에 43억 원의 민간위탁금(인건비 및 사업비)을 지원, 장애인체육회에는 34억 원 지원.

적인 문제에 대해서 양측의 시각 차이를 좁히지 못하고 만 것이다.

그 일이 아마 결정적인 계기가 되었던 것 같았다. 그 일이 있은 지 얼마 지나지 않아(8월쯤) 마포구청으로 파견근무 명령을 받게 되었다.

현명하게 생각했다면 "전선을 확대하지 말았어야 했다" 생활체육회와의 갈등 외에 엘리트체육회, 장애인체육회와의 갈등도 동시다발적으로 야기하고 있었기에 불안한 시기였지만 어찌 됐든 1년 6개월간 과장으로 재직할 수 있었던 것은 나에게는 매우 영광스러운 사건이었다.

서울시가 비인기 엘리트 체육 종목을 육성하기 위해 20여 개(핸드볼, 펜싱, 빙상 등) 종목에 대해 직장운동경기부를 운영하고 있는데 매년 130억 원 수준을 서울시체육회를 통해 지원하고 있었다[47]. 앞에서도 언급했지만 직장운동경기부 감독들과 간담회를 갖고 의견수렴 등을 하고자 하였는데 참석한 감독들의 불만이 이만저만 아니었다. 물주로서 서울시 담당과장이 회의를 소집하였음에도 무슨 불만이 그리 많은지? 당시에 직장운동경기부에 대한 운영비 지원 관련해서 민원이 제기된 상태여서 개선방안 마련 등을 위해 회의 개최가 불가피한 상황임에도, 무슨 기싸움을 하는 것인지 모르겠지만 다소 험악한 상태에서 서울시가 생각하는 직장운동경기

---

[47] 당시(2009년) 서울시체육회에 위탁운영 중인 서울시직장운동경기부(단장: 문화국장, 부단장: 체육진흥과장)는 17개 종목 19개 팀으로 선수 116명, 지도자 28명으로 총 144명의 규모였음. 설치·운영 근거로는 『국민체육진흥법』에서 직장인 1,000명 이상인 공공단체는 1종목 이상의 운동경기부를 두도록 규정하고, 서울시에서는 『서울시 직장운동경기부 설치 및 운영에 관한 조례』임.

　　　　　　　　　　　높이 오르지 않아도 꿈꿀 수 있는 이유

부 운영개선 방안에 대해 설명하고 빨리 끝내버린 기억이 있다.

아무래도 서울시체육회는 시장을 회장으로 모시고 있다는 생각으로 시 집행부의 지도·감독을 받지 않으려는 생각들이 만연해 있었던 것 같았다. 내가 부서장을 맡기 이전에는 서울시 어느 누구도 체육회를 실질적으로 지도·감독하려고 하지 않았던 것 같다. 체육회 임원들에게 잘 보여서 더 좋은 자리로 영전하려는 뒤틀어진 욕망을 가지고 부서장의 직무를 수행했던 분이 있지 않았을까? 그렇지 않고서는 내가 하고자 했던 일이 그저 잘못된 관행을 개선하거나 원칙을 정립하려는 것일 뿐인데, 그런 나를 굳이 구청으로 보내려고 했었는지! 참으로 모를 일이다.

과거에는 쩐주인 서울시가 돈만 대고 운영에는 가급적 관여를 하지 않았던 것 같다. 외부에서는 서울시를 "바지 사장"쯤으로 얕보지 않았을까? 나는 서울시가 바지 사장이 아니라는 것을 보여 주려고 한 것일 뿐이었다. 예나 지금이나 서울시가 비인기종목을 육성하기 위해 직장운동경기부를 운영하고 있다는 사실을 시민들께서는 잘 모르고 있는 것 같다.

직장운동경기부가 시민들에게 어떤 의미로 다가가야 할지는 체육인들 스스로 생각하고 행동으로 옮겨야 한다. 간섭받지 않는 권력은 부패하기 쉽다고 하는 말은 시의적절한 표현이다. 시민의 세금으로 운영되는 직장운동부경기부 역시 적정하게 관리되고 통제되어야 한다. 내가 쩐주인 서울 시민을 대표해서 사필귀정 차원에서 제대로 영(令)도 세워 시민의 혈세로 마련된 130억 원의 예산이 적정하고 투명하게 사용되는지를 확인하는 것에 대해 그리 반발을 심하게 하였던 것이라고 자위해 본다.

나도 만약 그 시절에 세속적인 생각과 욕망에 물들어 있어서 3개 체육회의 욕망에 적당하게 짝짜꿍하면서 파트너로 소통했다면 오늘날의 나는 어떤 모습일까? 하는 쓸데없는 생각을 하곤 한다.

답은 명약관화하다. 만약 내가 그랬다면 나는 이 글을 쓰지 못했을 것이다. 자랑스럽지 못한 과거의 행태를 어찌 글로 옮길 수 있겠는가!

높이 오르지 않아도 꿈꿀 수 있는 이유

사라질 뻔한 장충체육관

　　장충체육관 리모델링, 고척야구장의 완전 돔으로 전환 등은 서울시가 체육진흥을 위한 하드웨어 측면에서 기념할 만한 의미 있는 사건이었다. 그중 장충체육관은 까딱 잘못했더라면 역사의 뒤안길로 사라질 뻔했었다.

　　장충체육관은 1960년대 초 지어진 대한민국 최초의 돔 구조 형태의 체육관[48])으로서 그 역사성으로 인해 소중한 서울, 한국의 정신적·물질적 자산이라 할 수 있다. 박정희, 전두환 대통령이 장충체육관에서 선거인단에 의해 대통령으로 선출되어 "체육관 대통령"으로 불리게 된 연유를 제공하였고, 각종 씨름대회 등 체육 경기가 활발하게 치러진 생활체육과 엘리트체육의 산실이기도 하였다.

　　특히, 1966년 한국 최초의 프로복싱 세계챔피언 김기수 선수가

---

48) 장충체육관에 대해 잘못 알려진 루머: 필리핀 원조설은 사실이 아니다. 장충체육관은 한국 1세대 건축가인 고 김정수 씨가 설계했으며, 삼부토건이 맡은 엄연히 한국 기술력으로 지어진 건축물이다. (출처: https://www.fmkorea.com/6375224010)

이곳에서 탄생하였고, 프로레슬링 경기(박치기왕 김일), 아마추어 농구 등 실내스포츠의 모태 역할을 한 곳이었다.

그런 역사성을 보유한 장충체육관이 오랜 세월을 견디면서 안전상에 문제가 나타났다. 안전진단 결과 "C"등급을 받아 구조보강이 필요할 뿐 아니라, 전문체육시설로서의 기능회복 및 콘서트 등의 공연이 가능한 복합문화시설로 성능 개선을 위해 리모델링을 해야만 했다. 내가 부서장으로 발령받기 전에 이미 그 역사성을 인정하여 200여억 원의 시 재정을 투입하여 리모델링하는 것으로 기본 방향을 결정하고 준비를 하고 있었다.

그런 연유로 내가 담당과장으로 부임한(2009.2.) 후 바로 리모델링 추진계획을 마련하기 시작했다. 지금은 보이지 않지만 리모델링 전 장충체육관 뒤쪽에 높이 세워져 있던 굴뚝을 존치하는 것도 검토하였는데, 당시에는 굴뚝을 영상 스크린처럼 활용하여 "김일의 레슬링 모습" 등 체육관과 관련 있는 역사적 사실을 보여주는 매체화하자는 의견도 있었다.

당시에도 에너지절약형 친환경 건축을 강조하는 시점이어서 태양광 발전 등 신재생에너지도 추가하고, 핸드볼·배구·농구 등 모든 실내종목 경기가 가능하도록 플로어도 확대하고, 지하철 3호선 동대입구역에서 체육관까지 지하연결통로로 연결하는 것까지도 포함하여 최초 돔 형태의 체육관의 이미지를 이어가는 것으로 기본계획을 마련하였다.

그런데 얼마 지나지 않아 예기치 않았던 상황이 발생했다. 2009년 4월에는 중구청장이 서울시장을 예방한 자리에서 "민간투자사업으로 장충체육관을 스포츠 및 문화관광 복합건축물로 재건축"하

는 것을 제안했고, 같은 해 7월에는 중구가 지역구인 국회의원이
"체육과 문화가 함께할 수 있는 가변적인 복합문화공간"으로 재구
성하여 줄 것을 건의하였다.

처음에 중구청장이 제안했을 때, 복합문화체육 시설로 신축하
는 것에 대해 체육계, 건축 계획·구조, 문화재, 문화관광 분야의
내로라하는 각계 전문가 등 11명에게 의견을 구한 결과, 8명이 도
시계획관련 법령에 부합하지 않을뿐더러 남산 경관과 녹지 보호,
장충체육관이 갖는 역사성 등을 고려하여 반대 의견을 제시한 바
있었다.

이는 서울시의 장충체육관 리모델링 계획을 접한 신라호텔 측에
서 서울시 재정투자 방식이 아닌 민간투자 방식으로 체육과 문화
시설이 결합한 복합시설을 조성하는 것을 제안한 것이라고 추정된
다. 민간 자본을 활용하여 장충체육관을 체육활동과 문화공연이
가능한 복합문화시설로 신축하면서, 그중 일부 시설은 면세점과
같은 판매시설을 입점시켜 민간자본 투자에 대한 수익을 보장하는
내용이라 할 수 있다.

조금 더 구체적으로는, 장충체육관을 헐어내고 그 부지에 약 8층
이상 규모의 신축건물을 지어서 그 중 지하층과 지상 2, 3층 정도
는 체육관 및 문화공연이 가능한 복합시설로 하고 나머지 층은 면
세점 등 판매시설을 입점시킨다는 것이다.

이에 대해 오랜 시간에 걸쳐 조직 내·외부 전문가 그룹의 자문과
의견을 구하는 절차를 진행하였다. 조직 외부로는 도시계획·문화·
체육 관련 분야 전문가 간담회와 현장 출장조사 등을 추진하였는
데, 장충체육관이 갖는 역사성과 남산 녹지 확충, 인접한 서울 성

곽관련 문화재 측면을 고려하여 곤란하다는 의견을 결집할 수 있었다.

조직 내부로는 도시계획, 문화재 분야 부서장 회의를 여러 차례 개최하여 민간투자를 통한 신축이 불가하다는 입장을 정리하였다. 여러 제약 요건이 있었지만, 관련 규정상 그런 높은 건물이 들어설 수 없는 법적 제약이 있었다.

그곳에는 바로 옆에 한양도성 성곽이 위치해 있어 도시계획이나 건축 관련 조례상 앙각(仰角) 규정[49]을 적용하여 신축 건물이 성곽을 가려서는 안 되기 때문에 두세 개 층 정도의 낮은 건물만 신축 가능하다는 것이었다. 그 외 도시계획 시설이 '공원시설' '자연경관지구'로 지정되어 있어 이의 변경이나 해제가 필요하고, 용도는 '주거지역'으로 지정되어 있어서 판매시설 설치가 가능하려면 '준주거지역'이나 '일반 상업지역'으로 변경해야 민간투자방식의 신축이 가능하다는 것이다.

이런 조치를 가능하게 하기 위해서는 도시계획조례 개정이나 도시관례계획 변경을 추진하여야 하는데, 만약 그렇게 되면 서울시가 공정성 시비를 극복하지 못할 것이라는 결론에 이르게 되었다.

최고의사결정권자에게 장충체육관의 역사성과 도시계획관련 규정상 신축이 불가능한 사유 등을 이유로 신라호텔 측의 제안은 받아들이기 어렵다고 최종적으로 보고했다.

장충체육관을 헐어내고 8층 이상의 신축 건물로 대체하는 것으

---

49) 앙각이란 '올려다보는 각도'라는 의미로, 앙각 규제는 문화재에 대한 전망을 가리지 않기 위해 근처 건물의 높이를 제한하는 것이다. 문화재 경계 지점에서 100m 이내에 건물을 지으려면, 문화재 경계 담장에서 27도 위로 그은 사선 높이를 넘어서는 안 된다.

로 결론 났다면 신라호텔에 대한 특혜라고 엄청난 질타를 받을 수도 있었을 것인데… 천만다행으로, 최고의사결정권자인 시장이 정확한 판단을 하여준 덕분으로 리모델링으로 결정되어 장충체육관의 역사성을 현재까지 보존할 수 있게 되었다. 천만다행이다.

사실 나는 당시 엄청난 스트레스를 받기도 하였다. 서울시가 200억 원이 넘는 돈을 쓰면서 리모델링하는 것보다는 민간자본을 활용하여 시가 필요로 하는 체육관 현대화를 도모하는 것에 대해 긍정적인 검토가 가능하기 때문이다.

어찌 됐든 잘 마무리는 되었지만, 외부에서는 서울시가 관련규정에 얽매여 외부로부터 제기된 창의적인 정책 제안을 배제한다고 하면서, 법령과 제도를 고쳐서라도 위의 제안을 수용하는 것이 보다 합리적일 수 있다는 외부로부터의 압박을 느끼면서, 실질적인 권력은 "돈"으로부터 나올 수도 있겠다는 생각을 많이 했었던 것 같다.

이 건으로 인해 도시계획이 매우 중요하다는 것을 알게 되었고, '도시계획'이 돈이 되고 권력을 움직일 수 있는 요체라는 것도 알게 되었다.

나는 장충체육관 앞을 지나다닐 때마다 둘째 아들 시준에게 장충체육관을 가리키면서 '아빠가 만든 거야' 하고 자랑하기도 한다.

고척스카이돔의 원죄: 우여곡절과 불명예

'생각 없는 공무원'이라는 불명예를 뒤집어쓰다

내가 체육진흥과장으로 발령받았을 때만 해도 원래 고척돔구장은 완전 돔이 아닌 하프 돔 형태로 건립하기로 하고 한참 터파기(토목공사) 중이었다. 동대문상가 주변에 위치했던 축구와 야구 경기가 펼쳐졌던 서울운동장을 철거하고 그 자리에 동대문디자인플라자(DDP)를 건립하면서 대체 야구장을 고척동에 짓기로 한 것이다. 당시만 해도 아마추어 야구 경기장용으로 완전개방형이 아닌 어느 정도의 비를 피할 수 있는 하프 돔 구조로 계획되어 있었다.

그런데 한국야구대표팀이 2009년 2월에 월드베이스볼클래식(WBC) 준우승을 하자 야구인들의 오랜 숙원인 돔 야구장이 국민적 관심사로 부각되면서 반전이 일어났다. 대한야구협회(KBA) 회장과 한국 야구위원회(KBO) 총재 등이 서울시장을 면담하면서 (2009.4.) 야구계의 오랜 염원인 돔구장 건립에 대해 의견을 교환하고, 당초 「하프 돔」으로 건립 중이던 고척동 서남권 야구장을 완전 돔구장으로 건립하는 것을 정책안으로 제시하였다.

당시 판단으로는 기존 건립 중인 하프돔구장 건립에 529억 원에서 3~400억 원만 추가하면 대한민국 최초의 돔구장이 된다 하니 다들 긍정적으로 생각하게 된 것이다. 건립 기간도 하프돔이 당초 2010년 9월에 준공 예정이었는데, 1년의 시간만 더 들이면 완전한 돔구장이 된다는데, 누가 거절할 수 있겠는가!

세계청소년야구대회를 서울에서 유치하여 고척돔구장에서 개최하자는 얘기, 지나고 보니 "우물가에서 숭늉 찾기"와 같은 일이었지만…. 당시에는 다들 그렇게 흥분들 했던 것 같다.

문제는 발표하고 나서 얼마 지나지 않아 그 후폭풍이 일기 시작했다. 고구마를 수확할 때 뿌리에서 고구마가 줄줄이 달려 나오듯이 돔구장 건립에 따른 부대적인 문제가 줄줄이 도출되었다.

첫째, 돔구장 크기가 기껏 2만 석 이하여서 너무 작은 것 아니냐하는 것이다. 당시 한국 프로야구 매 경기당 평균 입장객 수가 1만 명 이하여서 2만석 규모는 그리 작은 규모는 아니나 돔 야구장의 선두 주자인 미국이나 일본 등의 그것에 비하면 훨씬 미치지 못하다는 것이다.

둘째는 취약한 접근성이었다. 대중교통 접근성이 취약했는데 지하철 1호선 구일역에 일시에 대거 인파가 몰릴 경우 안전사고 우려와 함께 짧은 시간 내에 경기장까지 빠져나가는 데 많은 시간이 소요된다는 것과 승용차를 이용하는 경우에 주차 공간이 턱없이 부족할 수밖에 없는 것 등이 크게 부각된 문제점이었다.

발표 전에 이러한 우려 사항들을 충분히 검토하고 대책 등을 마련했어야 했는데 그런 절차 없이 발표했으니 후속조치를 취하여야 하는 나를 포함한 실무자들은 동분서주할 수밖에 없었다. 돔구장이 수용할 수 있는 관람객 규모도 문제지만, 무엇보다 대중교통과 승용차 모두 접근성이 떨어진다는 것이었는데, 일시에 다량의 교통량 발생에 따른 수용성을 높이는 게 급선무였다.

구일역 플랫폼을 확장하고 돔구장까지의 연결 통로를 넓혀서 이동 편의성과 안전성을 담보해야 하고, 승용차 주차 공간 확보와 함께 원래 상습정체 구간인 경인로와 고척교 등 인근 도로의 차로 확장도 해결해야 할 당면 과제였다. 결국 투 트랙으로 경기장도 지으면서 주변 교통 접근성을 끌어올리는 사업들을 함께 해야 했다. 더 나아가 상암월드컵경기장처럼 대형마트 등 판매시설 같은 수익시설 입점도 고려해야 하는데, 그러려면 주차 가능 공간을 대폭 확충해야 하는데 쉽지 않은 상황이었다.

부족한 주차장 확충을 위해 주변 하천부지 등을 대형콘서트 등에 몰려드는 차량을 임시로 주차할 수 있는 공간으로 활용하는 대안 등을 찾기 위해 주변 지역을 구로구 관계 공무원들과 함께 누볐던 기억이 새롭다. 그러나 그것은 부족한 주차 공간 마련을 위한 임시 조치였을 뿐이었다.

도시교통실에서 먼저 반대 의사를 명확히 했다. 하프 돔구장에서 완전 돔구장으로 전환하는 기본 방침을 마련하는 과정에 당시 교통본부장께서 협조 서명을 하지 않겠다고 표명하면서 나를 강도 높게 비난한 바 있다. 사고도 이만저만한 사고가 아닌데, 대형 사고는 문화국에서 쳐놓고 사고 뒤치다꺼리를 도시교통실에서 하라는 것에 대해 부담을 느낀 것이다. 다른 말로 하면 '똥 싼 놈이 원인자로서 똥을 다 치워야 한다'는 단순 논리였다. 사전에 실·국간 업

　　　　　높이 오르지 않아도 꿈꿀 수 있는 이유

무협의도 없이 일단 질러댄 것에 대한 불만의 표시이며 이제와서 문제를 함께 해결하기 위해 도시교통실에서 해당 문제를 적극 풀어달라고 요청하니 어떤 사람이 흔쾌히 승낙하겠는가!

그래도 우여곡절 끝에 『서남권 돔 야구장 건립계획』[50]을 제목으로 하는 돔구장 건립계획을 마련하여 추진하게 되었다. 여러 차례 회의와 논의 과정을 거쳐 돔 구조 형태에 대해 결정하였는데, 그 과정에 야구장으로서 기능 외에 문화공연, 전시공간 기능까지 할 수 있는 복합시설물로 건립하기로 하였다.

다만 천정의 돔을 날씨와 기후에 따라 여닫을 수 있도록 하는 개폐형을 검토하였으나, 여닫는데 소요되는 막대한 전력 손실 및 비용 등을 고려하여 "폐쇄형"으로 하는 것으로 결정하였다. 대형콘서트까지 가능하도록 무대, 음향 등에 대한 섬세한 내용들도 함께 검토하였다.

시간이 지나면서 당초 500억 원 수준의 하프돔 건립 비용보다 수배에 이르는 추가 비용이 더 들어가게 되었는데, 이는 경기장 주변 교통개선 대책 마련과 실행에 필요한 비용까지 포함했기 때문인데, 여하튼 돔구장 입지로 인해 서울의 서남권 지역의 랜드마크 건축물로 기능을 할 뿐만 아니라 수영장 등 구로구민들의 생활체육 공간으로도 기능하고 있어 구로구민에게는 크리스마스 선물과도 같은 랜드마크라 할 수 있다.

여기에 자랑할 만한 내용 두 가지를 소개하고자 한다. 당초 계획

---

50) 당초 하프돔 야구장 건립사업비는 529억 원으로 계획하였으나 완전 돔 구장으로 변경하면서 529억 증액한 1,058억 원으로 계획하였음.

수립과정부터 걱정거리가 하나 있었는데, 거대한 돔구장을 운영하기 위해서는 막대한 운영비가 들어갈 텐데… 서울월드컵경기장처럼 대형마트 등 판매시설을 유치하여 자체 수익을 창출하여 돔구장의 운영경비를 보전하는 것이 필요했다. 그러나 당시만 해도 도시계획시설로 결정된 체육시설은 수익시설을 설치하는 것에 법적으로 엄격한 제한이 있었다.

그런 고민 중에 우연히 언론보도 등을 통해 "도시계획시설 중 체육시설 내에 수익시설 설치 제한 완화" 한다는 정보를 접한 후에 담당 팀장에게 검토요청을 해서 다시 한번 『서남권 돔 야구장 사업계획 변경(2010.7.)』을 수립하였다. 원래 돔구장 건립계획을 수립한 지(2009.8.) 1년 만에 수익시설을 설치할 수 있도록 하는 것을 내용으로 하는 변경 계획을 발 빠르게 마련하여 시장까지 결재를 받게 된 것이다.

그와 함께, 당시 서울시가 한참 "공공시설물에 대한 에너지 절약형 시공"을 강조하고 있었던 때라, 당초 계획에서는 에너지효율 3등급으로 계획하였던 것을 에너지효율 1등급으로 상향 조정하는 것도 변경 계획에 포함시켜 버렸다.

그러나 정권이 바뀌면서 돔구장 건립에 관여한 공무원들은 "생각이 없는"으로 낙인을 받게 되었다. 아마 돔구장 건립 백서 어딘가에 그런 표현들이 있지 않을까 싶다. 그리고 내가 마포구청으로 파견 나간 이후 고척돔구장에 대한 엄청난 시련이 닥쳤다. 건립 자체에 대한 전면 재검토가 이루어졌다. 두세 명의 후임 체육진흥과장들이 힘든 과정을 겪어야 했는데, 이미 많은 공사가 이루어져서 백지화는 불가능하였다.

높이 오르지 않아도 꿈꿀 수 있는 이유

오늘날 돔구장이 서울의 서남권과 경기도 인접 지역의 주요 문화·스포츠의 메카이자 랜드마크로써 대 변모를 보여주고 있는데, 아이돌 그룹의 콘서트 공연, 전천후 야구장으로서 제모습을 보여주고 있는 소식을 접할 때마다 그나마 조금의 위안을 받고 있다.

　당초 2011년이면 한국 역사상 처음으로 돔구장이 들어선다는 구상은 우여곡절 끝에 그보다 4년이 경과한 2015년에야 현실로 나타나게 되었다.

나의 갈망! 스포토피아[51]

스포토피아는 "스포츠 유토피아"의 줄임말이다. 스포츠를 통한 "건강하고 행복한 세상 꿈꾸기"와도 같은 의미라 할 수 있다. 그 출발점은 체육진흥의 목표점을 잡는 데 있었다. 부서 소속 직원들을 한마음으로 다잡아 움직이게 할 수 있는 비전과 모토가 필요했던 것이다. 체육진흥과가 단순히 체육행사를 통해 서울시장을 행복하게 하여 웃음 짓게 하는 것을 넘어서서 체육활동을 통해 시민이 진정 행복하고 웃을 수 있도록 만드는 것을 우선시하도록 하는 데에 그 의미가 있었다.

나는 재직 당시 수시로 부서 직원들이나 체육단체 관계자들에게 '체육진흥과'가 아니라 '체육행사과'라고 약간 조롱 섞인 말로 부서(과)를 폄훼하기도 하였는데, 체육행사에 시장이 참여하는 것과 관련해서 의전업무나 이벤트 등에 치우쳐 부서 업무가 다뤄지는 것

---

51) 나의 스포토피아에 비전체계, 추진전략, 정책과제 등 자세한 사항은 『2010 체육진흥 업무 계획』에 잘 기술되어 있다.

높이 오르지 않아도 꿈꿀 수 있는 이유

을 경계하고자 했던 것이다. 체육과 직원들이 행복해하는 순간은 서울시장이 체육행사나 이벤트에 참여한 후 얼굴에 흡족한 표정을 지었을 때로 직원들은 스스로 안도하면서 행복해하는 것이다. 시장이 만족해하는 것과 체육진흥과 상관관계에 대해 고민하고 있었다. 무척이나 안타까웠고 그래서 '스포토피아'를 꿈꾸는 것을 비전으로 제시했다.

나처럼 시골에서 농부의 아들로 태어난 사람들은 열악한 문화체육 여건으로 인해, 잘할 수 있는 운동도 그렇고 음악적 취미도 갖추지 못해 아쉬움이 많을 때가 참 많았다. 피아노, 바이올린, 기타 등 이런 악기들을 어렸을 때부터 조금씩 익혔다면 얼마나 좋았을까? 태권도, 합기도, 테니스, 스키, 스케이트 등 농촌의 궁핍한 전원생활 환경에서는 접하기 어려웠던 스포츠 활동을 어렸을 때 접하면 얼마나 좋을까!

그래서 내 평생 그런 음악과 스포츠에 대한 아쉬움이 몸에 붙어 다닌 것 같다. 어렸을 때 음악과 체육활동에 어느 정도 노출되어 쉽게 배우고 활용할 줄 알면 인생이 얼마나 풍부하고 여유와 멋이 넘쳐날까? 특히나 주어진 삶의 환경이 그리 녹록하지 않은 가정환경에서 자라나는 어린이들이 스키와 같은 다소 고급 스포츠들을 체험함으로써 나쁜 길로 들어서는 것을 예방해 주면서 인생의 목표를 크게 설정하고 자신의 인생을 보다 도전적으로 그리고 도덕적으로 살 수 있게끔 해주는 촉진제 역할을 할 수 있을 것이라는 믿음이 있었다.

그래서 어려운 계층의 어린이들을 대상으로 하는 여름·겨울방학 스키교실 프로그램 운영, 요트체험과 윈드서핑 교실도 확대하여 운영함으로써 스포츠 복지를 현실에 적용하고자 하였다. 기존 체육회 사업들의 일부 통합조정을 통해 남는 돈을 가지고 의미 있는 행사들을 하기도 하였다.

대표적인 사업으로 서울시체육회 사업 중 생활체육회 사업과 겹칠 수 있는 일부 사업을 통합하고 남는 돈이 있으면 그 돈을 가지고 '한강건너기 수영대회' '하이서울 유소년축구 주말리그전' 등 어린이와 가족이 함께 참여하여 "도전 정신과 희망"을 드높일 수 있는 의미 있는 사업들을 발굴하여 추진하였다.

'한강건너기 수영대회'는 당초 2010년 8월 중에 개최할 계획으로 준비했는데 아쉽게도 그해 태풍 등으로 인해 불가피하게 취소한 바 있었다. 최근(24.6.) 관광체육국에서 한강 잠실지역에서 실시하였던 '한강 축제'의 원조 격이라 할만하다. 당시 서울시체육회에서는 자기들 사업비 3억 원을 깎아서 위의 두 행사를 하려고 한다고 불만이 이만저만 아니었던 것으로 기억한다.

이 건은 역시 내가 마포구청으로 파견 나가는데 아마도 약간의 단초를 제공했다 할 수 있다. 당시에 내가 그런 배짱을 가지고 있었다는 게 대단치 않은가! 자문해 본다.

그리고 걸어서 5분 거리에 원하는 체육시설을 이용할 수 있도록 적정한 체육활동 공간 확충, 지역 주민들이 이용할 수 있는 수영장 등이 포함된 복합체육시설 확충, 엘리트 체육육성을 위한 전문체육시설의 확충, 직장운동경기부의 체질 개선 등이 당시 체육진흥을 위한 중요한 정책적 과제로 추진될 필요가 있었다. 이를 효과적으로 추진하기 위해 「2020서울시 체육진흥정책」을 마련하기 위한 연구용역을 추진하게 된 것이다.

그리고 이러한 스포토피아를 꿈꾸고 현실에서 실현하는 데 중요한 역할을 해야 할 3개 체육단체(엘리트체육, 생활체육, 장애인체육)의 체질 개선이 무엇보다 중요했기에 앞서 언급했던 것처럼 나는 체육회가 본연의 일에 충실하도록 세차게 담금질을 하게 된 것이다. 체육회 본연의 목적에 부합하면서 시대변화 흐름에 맞춰 체육복지서비스 전달 기관으로서 역할을 다할 수 있도록 체육회 행정 체계 등을 개선하여 시와 같은 꿈을 꾸었으면 하는 바람을 많이 가졌었는데, 그들이 꿈꾸는 세상은 나의 꿈과는 다른 것 같았다.

손기정기념관에 얽힌 에피소드:
리모델링 요청에 No

시민의 세금으로 마련된 재원으로 매년 예산을 편성하여 의회에 제출하고 의회의 심의를 거쳐 차년도 예산안이 확정되어야 집행부에서는 정상적인 사업 추진이 가능하다. 그런데 그런 예산사업이 얼마나 비합리적으로 편성되고 집행되고 있는지를 잘 보여주는 사례를 소개하고자 한다. '손기정 기념박물관 건립'에 대해 내가 반기를 든 건이다.

파워가 있는 국회의원들이 시청의 힘깨나 쓰는 부서를 경유하여 충분히 검토되지도 않은 사업을 예산심의 과정에 일명 '쪽지예산' 방식으로 쑤셔 넣는 사례가 비일비재하다. 내가 체육진흥과장으로 재직 중일 때 힘깨나 쓰는 여당 국회의원이 이미 '손기정기념관'이 운영되고 있음에도 "손기정기념관 건립 타당성 조사용역" 예산을 쪽지예산으로 반영시키려고 했다.

이런 경우 보통은 예산부서에서 반대하는 게 원칙인데, 어떤 이유인지는 몰라도 이 건에 대해서는 적극적으로 반영시키려고 하는 게 아닌가! 체육진흥과 다음 연도 사업예산에 반영시켜 줄 테니 쪽지예산 사업안에 대해 긍정적으로 검토해서 예산부서에 제출하라는 것이었다. 아마도 사전에 상호 정무적인 협의가 이루어진 것 같았다.

나는 중구 손기정공원에 위치한 현장에 출장을 가서 운영 중이던 손기정기념관을 살펴봤다. 기념관을 건립한다면 지금 있는 기념관을 헐어내고 새로 건립한다는 것인가? 자문하면서 굳이 신축할 필요가 있을까? 신축한다면 예산 낭비가 될 것 같았다. 용역비를 반영한다는 것은 사업을 추진하겠다는 것으로 사업비 자체의 국비 지원을 받기 위해 필수적인 사전 조치였다. 잘못하다가는 막대한 시 재정이 투입될 것이 우려되었다. 그래서 예산부서에 반대하는 의미를 담은 의견을 공문으로 시행해 버렸다.

공문의 요지는 이랬다. 이 사업은 기존 운영 중인 손기정 기념관의 증축 사업이며 '체육시설' 사업이 아니고, 운영 중인 기념관은 구립시설이므로 해당 자치구인 중구청에서 타당성 조사 용역을 추진하는 것이 타당함으로 시비 지원 근거가 부족하다는 등의 이유를 들어, 2010년 체육진흥과 사업예산에서 감액 처리하여 줄 것을 요청한다는 내용이었다. 그리고 공문 끄트머리에 "손기정기념관 건립 타당성 조사용역 사업에 대한 편성 및 집행 근거가 있다면 알려 주시기 바랍니다."라고 쐐기를 박는 글을 추가하였다.

당시 예산부서에서는 내가 보낸 어처구니없는 공문을 받아보고서 매우 난감한 반응을 보였던 것 같다[52]. 아시다시피 예산편성은

---

52) 이 건은 결국 박물관(기념관) 관련 부서인 문화정책과 사업으로 조정되어 추진되었음. 총 60억 원의(국비 24억, 시비 18억, 구비 18억)의 사업예산이 투입되어, 2011년부터 2012년까지 리모델링 추진 후 개관하였음.

정치 논리, 힘의 논리가 반영되는 고도의 정치과정이라 하지 않던 가! 그런데 실무부서장이 철이 없어서 그런 것인지? 말도 안 되는 공문에다 온몸으로 저항하는 듯한 내용을 담아 보내버렸으니 얼마나 황당했을까! 하는 생각이 든다.

지금 생각해 봐도 내가 너무 철이 없었던 것 같다. 아니면 그 무언가에 심사가 뒤틀린 것인지 모르겠지만 무미건조하게 필요한 내용으로 작성해야 할 공문서에 감정 섞인 내용을 담아서 시행했으니 얼마나 어리석고 또 어리석은 것인지! 혹시 삼국지연의의 예형(禰衡)이 잠시 나에게 강림한 게 아니었을까?

다시 강조하지만 체육진흥과장 1년 6개월간 겪었고 보았던 것이 정치적 현실이었다. 유력자들의 서울시 재정 지원 요구 사안에 대해 체육진흥과가 단순히 '대서방' 역할을 하는 것에 대해 염증을 느꼈었던 것도 한 이유가 됐을 것이다. 비록 내 돈 드는 것은 아니지만 아까운 세금이 허투루 쓰이는 것에 대한 안타까움의 발로라고 해석할 수도 있을 것이다.

당시만 해도 내 나이 44세 정도여서 뜨거운 피를 가졌다고 하지만 더 큰 마음으로 세상을 보고 이해할 줄 아는 아량이 부족했던 것 같다. 당시 나의 이런 반정치적 행위를 젊은이의 객기라고 이해해 주었으면 하는 바람이다. 지금 생각해 보면 안타까울 뿐이다. "내 돈 드는 것도 아닌데…." 한숨만 나올 뿐이지만, 후회한들 무슨 소용이 있겠는가! 다 지나간 일인데….

그래도 나는 공금을 임자 없는 공짜 돈으로 간주하여 '먼저 먹는

---

* 손기정기념관 리모델링 추진계획('2011.5.6.)

놈이 임자'라는 잘못된 인식을 씻어내고 행정기관이 '대서방' 역할을 하지 않도록 공정한 경쟁의 틀을 만들려고 노력했다. 그 방식이 공모 사업이다. 체육진흥기금 운용 과정 중에 발생하는 이자수익을 활용하여 체육진흥에 기여할 만한 우수한 체육 프로그램이나 대회 등을 체육단체로부터 신청받아 공모사업심사위원회에서 심의하여 우수사업을 선정하여 사업비를 지원하는 시스템을 만들었다.

그러면 힘 있는 놈이 한정된 재원을 독식하거나 과식하는 폐단은 어느 정도 해소할 수 있을 것이라는 확신이 있었다. 체육진흥과장으로 1년 6개월간 근무하면서 제일 불편했던 것이 유력자들이 쉽게 세금으로 마련된 재원을 마치 자기 것 맡겨뒀다 찾아가는 것처럼 가져다 사용하는 것이었는데, 그 과정에 나의 공익 수호라는 소신·명분에 기초하여 힘은 미약하였지만 "계란으로 바위 치기"와 같은 노력을 했던 것이 지금와서 생각해 보면 잘했다는 생각이 든다.

참고로 이 공모사업은 2024년 현재에도 살아 남아있는 것으로 확인됐다. 2024년도 체육 분야 공모사업은 "민간단체 생활체육대회 지원 사업 공모"타이틀로 해서 28억 원의 재원을 지원하고 있다. 이 돈은 시민의 생활체육과 여가스포츠 활성화에 기여할 목적으로 생활체육대회 개최 및 교실운영지원 사업비로 쓰이게 되는데, 우수사업 선정의 공정성을 담보하기 위해 민간전문가로 구성된 선정위원회를 구성한다고 하니 감개무량하다.

공무원은 자존심이 있어야 하지 않는가! 힘 있는 자들의 욕구를 채워주는 대가로 개인의 영달을 쫓는 자들이 많았던 것을 알고 있다. 그런 부류의 공무원이 되지 않으려고 부단히 노력했던 내가 자

랑스럽기도 하다. 이런 식으로 정신승리하고 있는 나에 대해 세상
은 한심하다고 비판할 수 있다. 실패한 공무원의 정신승리라고 주
장할 수도 있다. 사실 '정신승리'가 이 힘한 세상을 살아가는 힘을
주기도 한다.

하고 싶은 일 vs 해야 할 일: 선택이 인생을 결정

전직 유명 축구선수가 학생들을 대상으로 한 강연에서 한 말이 나의 가슴에 확 꽂혔다. 「하고 싶은 일」과 「해야 하는 일」 중, 하고 싶은 일을 먼저 하면 나중에는 해야 하는 일을 하면서 살게 된다는 것이 요지이다. 내가 지난날을 돌아보면서 회한 섞인 말투로 자주 입 밖으로 내뱉은 말과 일맥상통한 것 같다. "조직에서는 상사의 가려운 다리를 먼저 긁어 주고 나서 그래도 여유가 있으면 자기의 가려운 곳을 긁어야 한다." 그래야 조직에서 성공할 수 있다. 보통은 그렇게 하는 사람들은 드물지만 그래도 가끔은 눈에 띄는 것 같다.

그런데 나의 지난날을 돌이켜보면 나는 조직 상사가 가려워하는 곳보다는 나에게 가려운 곳을 먼저 긁어버린 것 같다. '해야 할 것'보다 '하고 싶은 것'을 먼저 한 것 같다. 그래서 지금의 내 처지는 전직 축구선수의 말처럼 '하고 싶은 것'보다는 '해야 할 것'을 하고 있는지도 모르겠다.

세상에는 원인 없는 결과는 없는 것 같다. 현재의 나의 모습은 과거의 삶의 연속선상에 있고, 미래의 나의 모습을 알려면 현재의 나의 삶을 보면 알 수 있을 것이다. 나의 공익 우선 사고로 인한 행위들로 인해 내가 몸담았던 부서와 관계되는 이해당사자들에게 많은 불편함을 준 것도 사실이다. 비록 나 자신은 당당하게 살았다고 자평은 하지만 말이다. 그런 과거의 모습은 나의 현재와 깊은 연관이 있다.

하고 싶은 대로 산 결과, 나는 마포구청으로 수도권광역경제발전위원회와 같은 외곽 기관으로 전전하게 되었다. 비록 짧은 기간(2년)이었지만 나에게는 뒤를 되돌아보고 일선행정 스타일을 경험할 수 있는 소중한 기회의 시간이었다. 물론, 2년의 기간을 허송세월로 보내기만 한 것은 아니었다. 파견조직에서 조금이라도 도움을 줄 요량으로 혁신적인 분위기 조성에 부단히 노력하였고 조직 관행이나 루틴에 안주하지 않으려 했다. 그 과정에 물론 '건설적 갈등'도 의도적으로 조장하기도 하고 나름 의미 있는 성과를 내서 조직에 기여한 바도 있었다.

마포구청 근무는 내가 1994년 첫 보직을 강동구청 민방위과장으로 공직 생활을 시작한 이래 두 번째 구청에서 근무하는 것이었다. 비록 원하지 않은 파견이었지만 구청에 혁신적인 기풍을 심어 주려 부단히 노력했던 기억, 구청이라는 행정조직에서 펼쳐지는 정치적 삶과 행정적 삶의 조화와 균형에 대한 생각을 정립할 수 있었고, 훌륭하신 구청장과 부구청장으로부터 큰 깨달음과 지혜를 배우는 등 나의 인생 성장에 소중한 것을 주었다.

내가 강동구청에서 1994년 공무원 첫 보직이 민방위과장이었다. 나는 당시 형식적으로 관행적으로 운영되던 민방위교육과 훈련을 개선하는 것에 대해 고민도 많이 했고 그 과정에 담당 계장, 주임들과 많은 갈등을 겪기도 하였다. 그래서 나중에 서기관으로 승진하면 강동구청 국장으로 다시 가서 민방위교육의 대전환을 꾀하고픈 욕망을 가지고 있었으나 그 꿈은 마포구청 기획재정국 장으로 파견 가면서 이루지는 못했다. 민방위교육은 구청 행정관 리국장이 담당하고 있다.

강동구청 민방위과장 시절에 나를 줄곧 괴롭혔던 것이 두 가지 인데, 첫째는 민방위교육 참석율 100%, 4시간짜리 민방위교육을 두 시간이나 두 시간 반 만에 끝내주는 것이었다. 민방위교육 참가 율 100% 건에 대해서는 실태조사 후에 시청 상급부서에 허위 보 고했다는 사실과 함께 불편한 현실에 대해 양심선언을 하는 것까 지도 생각했었다. 민방위교육 불참자가 한 명도 없다는 것이 말이 되는 소린가! 그런데 매년 상급기관인 서울시청 민방위과에 강동 구청 민방위교육 불참 '0명'으로 보고하고 있었으니….

당시만 해도 지금과 비교해서 어눌한 시기여서 동사무소 민방위 업무 담당 공무원은 힘 있고 속칭 '빽' 있는 직원만 맡을 수 있는 보 직이었다. 동사무소에서는 보이지 않게 많은 대민업무와 함께 적 십자회비 모금, 불우이웃돕기 성금 등을 동 거주 주민으로부터 모 금을 해야 하고, 그 실적에 대해 구청으로부터 평가를 받게 되어 있었다. 따라서 민방위업무 담당자가 민방위교육 등의 편의를 봐 주면서 대신 적십자회비 등 각종 성금 모집과 '바터' 교환하는 딜을 하곤 하였다. 이런 사례는 당시 관행이었다.

민방위교육 참석 실태에 대해 4개 동사무소를 조사한 결과, 잘하 고 있는 동에서는 70%, 그렇지 않은 동에서는 50% 정도의 참가율을 보여줬다. 당시 나는 양심선언까지 생각하고 있었는데, 그런 나를 그렇게 하지 말라고 일깨워 주신 분이 계셨다. 그분은 당시 강동보건소 의약과장으로 근무 중이셨는데, "민방위교육은 '죽은 자식 불알 만지기'와도 같은 것인데, 양심선언 해봤자 당신만 바보된다"면서 극구 만류하셨다.

그동안 지인이나 친척분들로부터 들어왔던 얘기들이 사실이었던 것이다. 민방위교육을 거래 수단으로 활용하여 동사무소에서 주민들로부터 필요한 모금 활동 등에서 도움을 받아 온 것이다.

한번은 이른 아침에 실시하는 민방위대원 비상소집훈련을 참관한 적이 있었는데, 왜 이리 여성분들이 많이 보이던지? 물론, 관련 법상 지역민방위대장을 통·반장들이 맡게 되어 있어 어느 정도 여성들이 보이는 것은 상관없지만 참석자의 상당수가 여성이어서, 그 이유를 한 여성분에게 물어보니 "바쁜 남편을 대신하여 훈련에 나왔다"는 것이었다. 그런 현상을 보고도 관계되는 공무원, 민방위대장 모두가 방관하는 것이 아닌가! 그만큼 민방위교육은 형해(形骸)화 되어 있던 것이었다. '죽은 자식 불알 만지기' '계륵'과 유사한 수준으로 통용되고 있었다.

참관을 마치고 귀청하려는데 동사무소 민방위 담당이 지갑에서 만 원짜리 한두 장을 꺼내서는 내 손에 쥐여주는 것이 아닌가! 식사나 하라고 하면서…. 나는 깜짝 놀라 손을 뿌리치면서 "내가 돈 받으려고 공무원 된 줄 아느냐"고 버럭 소리를 지르며 그 공무원을 무안하게 해줬었다. 지금으로부터 30여 년 전인 1994년도에는 기초행정단위에서 근무하는 공무원들은 상급기관에서 출장 나온 직원들에게 그런 '성의표시'를 하는 게 관례였을 것인데, 초임 과장으

높이 오르지 않아도 꿈꿀 수 있는 이유

로 그것을 눈감아주지 못하고 큰 소리로 무안을 줬으니 얼마나 속 좁은 사람의 잘못된 처신이 아니고 뭐였겠는가!

다음으로는 민방위교육을 일찍 끝내줘 버리는 것에 대해 나는 매우 불편해했었는데, 담당 계장은 4시간짜리 민방위교육을 꽉 채워서 하면 '폭동'이 발생한다고 하면서 빠르면 두 시간, 조금 늦으면 두 시간 반 만에 교육을 끝내주는 것이었다. 나는 주기적으로 그들에게 교육 시간이 문제가 아니라 교육의 질이 문제라고 하면서 담당 계장에게 개선할 것을 수 차례 요구하였으나 그들은 나의 의견을 수용하지 않고 그들의 방식대로 계속하였다. 그들과의 갈등을 여러 차례 겪으면서 나는 다른 부서장으로 자리를 옮기면서 일단락되긴 하였지만 매우 아쉬움이 많았었다.

당시에는 나처럼 민방위교육에 진심이었던 분위기가 아니었다. 그러나 진심인 나는 담당 계장 등과 갈등하면서 개선시키려 하고 양심선언까지도 심각하게 고민하고 있었으니 주변 사람들이 봤을 때는 얼마나 한심하였겠는가! 나는 민방위교육이 시민 생활안전교육으로 대전환하는 것을 구상하였다. 모든 교육참여 대원들이 심폐소생술이나 비상탈출 시 로프활용 탈출방법 등 유사시 생존에 필요한 교육과 훈련을 실습하고 체험하는 소중한 시간으로 하고, 소양교육을 해당 자치구 관내에 거주하는 유명 인사들로 강사 풀(Pool)을 구성하여 활용하는 것이 대전환의 핵심이었다. 물론 이런 방안은 현실화하기가 쉽지는 않을 것이다.

그 당시에는 내가 서기관으로 승진하면 다시 강동구청 국장으로 가서 사무관 시절 민방위과장으로 실패했던 민방위교육 대전환을 도모하는 것을 굳게 다짐하기도 했었는데…. 그러나 마포구로 파견 나갔을 때에는 담당 국장이 아닌 기획재정국장으로 가게 되어 민방위교육 대전환을 도모할 수 없었다.

결국 당시 민방위교육과 훈련을 담당한 사람들의 비양심적이고 반혁신적 업무행태로 인해 오늘날 구청의 민방위과는 폐지되고 민방위 업무는 담당 공무원 두세 명이 하는 일로 축소되어 버렸다. 혁신하지 않으면 결국 도태되는 것이 이치인데 시사하는 바가 크다.

나의 미래는 어떤 모습일까? 최소한 나의 자랑스런 두 아들에게 부끄럼 없는 아빠로서 남겨졌으면 좋겠다. 끝까지 포기하지 않는 인간! 현실에 안주하지 않고 미래를 향해 나가는 인간!

나의 현재의 모습을 가져온 과거의 모습은 사무관 초임 시절부터 켜켜이 쌓여가기 시작한 것이다. 앞으로는 나의 가려운 곳을 긁는 것보다는 남의 가려운 곳을 먼저 긁어 주어야겠다.

인생 전반부가 거의 끝나가는 지금에야 이런 결심을 한다는 것이 만시지탄이긴 하지만……

높이 오르지 않아도 꿈꿀 수 있는 이유

전무후무한 이벤트:
역사 속으로 사라진 두 가지

내가 체육진흥과장으로 1년 6개월간 재직하면서 평일 주말 구분 없이 다양한 종류의 체육행사를 셀 수 없이 추진하였다. 그중 지금은 역사 속으로 사라진 의미 있는 행사나 이벤트를 소개하고자 한다. 한강줄타기대회(2009년), 광화문광장 스케이트장(2009년)이다. 이 두 건은 내가 체육진흥과장 재직 시에 처음이자 마지막으로 치른 행사와 이벤트였다.

세계한강줄타기대회 외줄 타고 한강 1km 횡단에 몇 분?

한강의 너비가 1km 정도 되는 것으로 알고 있다. 외줄을 타고 한강을 횡단하는 데 시간이 얼마나 걸릴까? 보통 성인이 한 시간에 4km 정도 걸을 수 있다고 하니 어림잡아 1km면 15분 정도 걸리지 않을까? 궁금하면 500원!

한강줄타기대회는 2007년부터 2009년까지 3차례 진행되었는데, 한강을 외줄을 타고 건너가는 대회로 내가 세 번째 대회를 총괄하고 그 이후로는 더 이상 열리지 않았다. 한강줄타기대회는 시민들의 아이디어를 시정에 접목시키기 위해 만든 플랫폼 "천만상상 오아시스"에 제출된 시민 아이디어 중 우수아이디어로 채택된 건으로, 당시에 경인운하 건설공사가 진행 중인 상황에서 한강을 세계적인 명소로 알려 한강르네상스 시대를 열어가는 데 도움을 줄 수 있는 세계적이면서 아주 창의적인 이벤트라 할 수 있었다.

2009년 대회는 이전 대회와 달리, 세계 줄타기 명인들이 출전하여 스피드와 기량을 체크하여 순위를 매겨 상금을 수여하는 방식으로 진행되었다. 이전 두 대회는 한강을 줄타고 건너는데 그 의미를 뒀었다.

나는 그해 2월 즈음에 체육진흥과장으로 발령받아 갔는데, 5월에 개최되는 대회 준비로 한창 바쁘게 움직였던 기억이 있다. 기량있는 세계적인 선수들을 모집하는 것도 중요하지만 1km 이상 되는 줄을 한강 남쪽(양화지구)에서 북쪽(망원지구)으로 연결하는 것이 쉽지 않은 일이었다. 구조적인 안전성을 확보하는 게 중요하다. 이는 물 위의 줄타기로는 세계 최장 거리라고 한다. 기량을 갖춘 세계적인 선수들을 참여시키기 위해 한국의 줄타기 명인이면서 궁중줄놀이 계승자인 '박회승'님의 협조가 많은 도움을 주었다.

특히 세계적인 줄타기선수들 섭외하려고 자비를 들여 일일이 해외로 찾아 나선 이보라 실장님께도 감사드린다.

한강을 가로질러 줄을 설치하는 데에 많은 애로가 있었다.

대회의 관건은 두 가지 사안을 얼마나 성공적으로 준비하느냐에 있었다. 과장 이하 팀장 실무자 모두 이런 특색있는 세계대회 준비

높이 오르지 않아도 꿈꿀 수 있는 이유

는 처음이었다. 그래서 시행착오가 상당히 많았었다.

첫째, 짧은 시간 내에 세계적인 줄타기 선수들을 섭외하여 초청해야 했다. 줄타기 관련 국제연맹 등 공인된 조직이 없어 특정인의 인적네트워크를 활용하여 줄타기 명인들을 섭외하는 데 한계가 있었다. 그래도 러시아, 스위스, 미국, 중국, 콜럼비아 등 12개국 20명의 줄타기 명인들이 참석했다.

둘째, 한강 위에 외줄을 설치(최고 높이 20m, 최저 4m)하고, 한강공원 양화·망원 지구에 24m 높이의 철골탑 6조를 설치하는 과정에 2개월의 시간이 소요되었다. 안정성 확보가 최대 관건이었다. 대기 불안정(날씨 변화)으로 인한 잦은 비(우천)로 인해 시설물 설치에 막대한 지장을 초래하여 당초 개최 예정이던 날짜보다 3~4일 늦춰 5월 9일과 10일 양일간에 개최하였다.

그리고 다음 대회에서 이번에 사용되었던 철탑을 재활용하고자 철탑 설계 도면을 확보하려고 부단히 노력했던 기억이 있다. 철탑의 구조 안전성을 검증받으려면 설계 도면이 필요해서 반드시 확보해야 했는데, 설치업체에서는 어찌 된 일인지 설계도를 시청에 제출하지 않으려 했다. 철탑 설치 등 시설물 비용이 총사업비 9억 원[53])의 46%인 4억 2천만 원 정도 들었기 때문에 철탑의 재활용은 다음 대회 준비를 위해 꼭 필요했고, 무엇보다 그 설계도는 반드시 확보했어야 했다.

대회 날짜를 늦춰가면서 "선위의 희망을 발견하다"를 모토로

---

53) 대회개최 소요비용은 서울시 예산 900백만 원과 행사주관사가 후원과 협찬으로 충당할 계획이었으나, 협찬이 어려워서 주관사가 추가로 107백만 원을 부담하였음. 서울시예산 9억 원은 시설비 4.2억 원, 선수시상금(초청비) 2.1억 원, 운영비 등 3.82억 원으로 사용

2009년 세계한강줄타기대회는 8명의 인간 피라미드 기록 보유자 등을 포함하여 세계적인 줄타기 명인 20명이 출전하여 성황리에 개최되었다. 미국의소리(VOA), 로이터통신을 포함하여 국내 방송사들이 대거 출동하여 이색적인 한강줄타기를 국내외 송출하였다.

요즘처럼 먹고살기가 힘든 시기에는 감히 상상할 수 없는 대회였다고 생각한다. 당시 국제금융위기 이후 피폐해진 경제 상황에서 선수들의 도전을 통해 시민들에게 희망의 메시지를 전달하는 의미 있는 행사라는 평을 들을 수 있었다.

이번 대회에서는 단순히 한강을 빨리 건너는 것 외에 챌린지 부문과 예술성 부문을 추가하여 많은 관람객들을 집객하는 데 기여하였고 관람객들에 큰 즐거움과 경이로움을 안겨주었다.

『1km 스피드 횡단』부문에서는 10분 17초로 주파한 스위스 선수가 1위로 1만 달러의 상금을 수령하였으며, 『예술성 경기』부문에서는 해외 선수들이 자국의 전통 퍼포먼스 공연을 펼쳐, 외줄 위에서 각종 묘기를 선보였는데, 콜롬비아와 베네수엘라 선수가 함께 출전하여 1위로 1만 달러의 상금을 받았다. 『1km 챌린지 경기』부문에서는 "봉 없이 맨손으로 건너기" "자전거 타고 외줄 횡단" 등의 묘기를 보여주어 관람객들의 박수갈채를 받았다.

당시 대회의 감동적인 경기 장면 등을 주요 하이라이트 동영상으로 제작·편집하여 시청 홍보부서에 보냈던 기억이 있다. 요즘 다시 "그레이트 한강 사업"이 한참인데, 멋진 한강과 서울을 홍보할 때 동영상 자료를 활용하는 것을 제안해 본다.

그리고 한국경제가 호전되고 나라에 경사스러운 일이 예견될 때 한강에서 2009년에 개최되었던 멋진 세계줄타기대회를 다시 한번

높이 오르지 않아도 꿈꿀 수 있는 이유

개최하는 것은 어떨까 싶다.

광화문광장 스케이트장 처음이자 마지막

다음은 2009년 연말과 2010년 2월까지 오픈한 광화문광장 스케이트장 건인데, 설치와 운영상 많은 애로사항이 있었음에도 광화문광장이라는 역사적 장소에 설치하는 만큼 디자인이나 편의성 면에서 최고의 시설로 탄생시켰다.

왜 하필 그동안 잘 운영해 오던 서울광장을 버리고 광화문광장으로 장소를 바꾼 경위는, 아무래도 광화문광장이 조성된 지 얼마 지나지 않은 시기여서 대한민국, 서울의 중심인 광화문광장을 통해 서울의 역사성과 다이나믹함을 해외에 널리 홍보하려는 데 있었다.

그해 7, 8월경에 서울광장에 스케이트장을 설치하는 것을 기획하면서, 이전과 다르게 친환경 스케이트장으로 조성하기 위해 제빙 과정에 필요로 하는 전기에너지 일부를 태양광 발전으로 생산하여 활용하는 것까지도 논의하던 중에, 갑자기 장소가 광화문광장으로 바뀌게 된 것이다.

장소가 바뀌면서 디자인도 새롭게 해야 했다. 아시다시피 서울광장이 원형 구조라고 하면 광화문광장은 장방형 구조이면서 길이가 길어서 공간상으로 봐서는 서울광장 스케이트장보다 더 크고 넓게 조성해야 했다. 그래서 설치비용도 서울광장에 설치하는 것보다 20~30% 정도 더 많이 들어가는 것으로 파악됐다.

어쩔 수 없이 우리은행 서울지역본부장을 찾아뵙고 PT 설명을 하면서 추가되는 비용을 포함하여 스케이트장 설치에 필요한 비용 전액을 지원 요청하였다. 우리은행이 이전에도 서울시 시금고로써 사회적 기여 차원에서 스케이트 설치비용을 후원하고 있었다.

스케이트장 설치·운영은 매년 서울시체육회가 주관이 되어 추진해야 할 사항이지만, 예년보다 늘어나는 설치비용에 대해서는 아무래도 서울시가 나서서 확보하는 게 타당한 조치라 생각해서 열과 성의를 다해 노력하였다.

설치비용도 원만하게 정리되었는데 엉뚱한 데서 문제가 제기되어 꽤나 애를 먹었다. 언론 등을 통해 두 가지 정도의 문제가 제기되었는데, 첫째는 역사성이 있는 광화문광장에 스케이트장을 만드는 게 타당한가?라는 것이다. 특히, 세종대왕상이 서 있는데 그 앞에서 아이들이 스케이트를 타는 게 괜찮은가? 하시는 분도 계셨다. 스케이트 칼날이 불경스럽다는 것이다. 모 여대 총장이셨던 분이 언론에 기재한 글에 그런 내용이 포함되어 있었던 것으로 기억하고 있다.

다른 사항으로는, 차가 많이 다니는 공간에 스케이트장을 설치하면 자동차가 내뿜는 매연 등으로 인해 어린이들의 건강에 좋지 않은 영향을 끼칠 텐데, 굳이 광화문광장에다 스케이트장을 설치하려는가! 하는 것이었다.

첫 번째 건은 다분히 감성적인 문제 제기라서 답할 가치가 없었다. 두 번째 건은 이전에 서울광장 스케이트장 역시 직면한 것과 크게 다르지 않다는 면에서 그리 큰 파장을 가져오지는 않았다.

서울광장이나 광화문광장을 오랜 기간 점용하는 행사를 진행하

282   높이 오르지 않아도 꿈꿀 수 있는 이유

거나 시설물을 설치하고자 하면 기획 단계에서 서울시 광장운영위원회의 사전 심의를 거치도록 하고 있어서, 내가 위원회에 참석하여 위원들에게 설명을 드리고 안건을 통과시켰다.

설치하고 나서 그해 겨울에 눈이 얼마나 많이 내렸던지! 눈이 많이 내릴 때면 허리 높이만큼 쌓일 정도였는데, 그 많은 눈을 치우느라 과장을 포함하여 모든 직원들이 광화문광장으로 출동하여 삽질하느라 여념이 없었다.

그런데 스케이트장 설치하면서 고생한 직원들의 노력이 다른 큰 이벤트에 파묻혀 버린 것이 못내 아쉬웠다.

2009년 12월 광화문광장 스케이트장 개장과 연계하여 세계스키점프대회가 열린 것이다. 광화문광장에 거대한 높이의 스키점프대가 설치되고 세계적인 스노보드 선수들이 출전하여 그들의 기량을 맘껏 발휘하는 대회였는데, 그 화려함과 웅대함에 스케이트장은 부대시설 같은 느낌을 주었다.

어찌 됐든 스케이트장에 몰려드는 인파를 관리하기 위해 핸드마이크를 들고 직접 질서유지를 하기도 하였고, 산더미처럼 쌓인 눈을 치우기 위해 열심히 삽질했던 기억들이 새롭다. 그래도 어린이들, 특히 서울시체육회에서 취약계층 아동들을 대상으로 스케이트 강습을 하였는데, 처음 스케이트를 배우면서 넘어지면 다시 일어나고, 환하게 웃는 어린이들을 보면서 뿌듯한 자부심도 가졌었다.

귀부인도 타는 시내버스

버스정책담당관

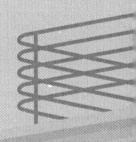

감성이 이성을 앞서면

공익 수호라는 공직자의 본연의 임무를 다하는 과정에 시내버스 운영의 파트너이면서 이해당사자인 관련 조합과의 갈등으로 불명예스럽게 중도하차한 이야기이다.

공무원은 문서로 말한다! 문서가 얼굴인 것이다. 아무리 말로 천 냥 빚을 갚는다고 하지만 공직 세계에서는 말이 필요없다. 문서가 말을 대신한다. 그래서 공무원은 문서를 중시한다. 그래서 꽤나 많은 에너지와 시간을 들여 이리 꾸미고 저리 꾸미곤 한다. 그로 인해 좋지 않은 행정문화를 초래한다는 비난도 받곤 한다. 한문적 표현으론 번문욕례(繁文縟禮) 영어식으론 레드 테이프(red tape)가 대표적이다.

말을 조리 있게 잘해야 상대방을 설득시키고 집행도 효과적으로 할 수 있겠지만 그보다 앞서는 것이 그런 말로 표현해야 할 것을 문서화하여 보여줘야 한다. 그것이 실력이다. 공문서나 보고서는 최대한 개인의 감정과 정치적 색채가 반영되어서는 안 된다. 최대한 간결하고 임팩트 있게 하고자 하는 말을 글로 대신하여 표현하여야 한다. 꼭 필요한 말만….

버스정책과장은 내가 2007년 서기관 승진 이후 서기관 교육 1년 수료 후 처음으로 받은 과장 보직이어서 매우 의미가 깊다. 나는 교육이 끝나고 첫 보직발령 인사가 가까이 다가오면서 내 딴에는 북경주재관 경험을 살려 국제교류과장으로 발령받기를 꿈꾸었다. 당시 간절히 바라면 우주의 기운이 그걸 이루게끔 해준다는 내용을 주제로 한 "씨크릿(Secret)"이라는 저서가 유행하던 시기라 나도 간절히 그런 염원을 가졌다. 그런데 발령받기 전날 큰아들인 범준이가 당시 돌이 갓 지난 때였는데, 아이가 버스를 타고 싶다고 옹알이를 하지 뭔가! 그래서 이른 저녁에 범준이를 안고 서울시내버스, 아마 노선번호가 7019번 시내버스로 기억되는데 한 시간 정도 타고 집에 왔었다.

현재 이 글을 쓰는 현재는 고등학교를 졸업하고 대학 공부를 하고 있지만, 당시 내 무릎에 앉아 시내버스 차창 밖을 보면서 즐거워하던 기억이 생생하다. 나도 즐겁기는 마찬가지였다. 아이에게 뭔가 도움을 줄 수 있기 때문 아니었을까! 지금은 나의 도움도 필요로 하지 않고 나와 말 섞기를 꺼려 하는 것 같아 서운하긴 하지만 말이다.

어찌 됐든 다음 날 발령이 났는데 버스정책과장이 아닌가! 나의 염원이 큰아들 버스 태워주는 바람에 꺾여버린 것이 아닌가 하는 생각을 하면서, 주변 분들에게 반농담조로 말하곤 했다. 그래서 첫 보직인 버스정책과장은 나에겐 너무나 의미 있는 자리였다.

버스정책과에서도 앞서 체육진흥과에서처럼 '버스토피아(Bus-to-pia)'라는 모토 겸 캐치프레이즈를 주창하였다. 모피코트를 두른 귀부인이 버스를 우아하고 편안하게 이용할 수 있도록 버스 서비스 수준을 끌어올리고 시내버스도 저상버스로 교체하고 그래서 장애인도 편안하게 이용할 수 있게끔 하는 등등 버스토피아를 구상하고 이런 비전을 이해당사자인 버스회사, 버스조합, 운전자 모두가 함께 공유하기를 희망했었다.

그러나 버스회사가 준공영제가 도입되어 매년 2천여억 원의 서울시 재정이 시내버스 운영에 지원되고 있었다. 시내버스 총운송수입금이 총운송비용을 충당하지 못하게 되어 발생하는 운송적자분을 서울시 재정으로 보전해 주는 것이 준공영제의 핵심이다. 그래서 매년 약 2천억 원이 시 재정이 투입되고 있어 버스업계의 공공성에 대한 인식이 매우 높아야 하나 현실은 그러하지 않았던 것이다.

당시 시내버스업계의 대표적인 도덕적해이 현상의 하나는, 버스회사 내부에서 빈번하게 발생하는 현금수입금을 탈루하는 행위였다. 당시만 해도 현금을 사용하는 승객들이 많아서 버스운송수입의 약 10% 정도가 현금이었다. 버스종사자들이 작정하고 현금을 빼돌리면 그 탈루되는 만큼 시 재정이 추가로 버스업계에 투입되어야 하기 때문에, 버스정책과에서는 아주 질 나쁜 범죄행위로 간주하여 엄중하게 대처하고 있었다.

그 외에도 시내버스 광고수입금의 부적절한 사용, 준공영제에 어울리지 않는 다양한 불건전한 버스회사 운영 체계 등 다양한 모럴 해저드가 존재하였다. 그래서 나는 버스업계의 공공성을 제고하는 데 나의 생각과 행정력을 집중하고자 부단히 노력했다.

그 과정에 부서장으로 해서는 안 될 일을 벌이기도 했다. '매너가

높이 오르지 않아도 꿈꿀 수 있는 이유

사람을 만든다(Manners Makes Man)'라는 영화 「킹스 맨」의 명대사가 말해주듯이 공직자는 말과 언행에 품격을 구비해야 하는데…. 치기어린 미성숙한 공직자의 모습을 그대로 보여줬던 것이다. 그렇게 하였던 연유는 이러했다.

서울시내버스 68개 회사들이 참여하는 서울시버스운송사업조합 이사장에게 무례한 공문을 발송하게 된 것이다. 한마디로 선을 넘어버린 것이다. 나는 이 공문 발송 건이 결정적인 작용을 하여 버스정책과에서 1년도 못 채우고 8개월 만에 다른 부서로 떠나게 되었다. 공문 작성 시 감정을 최대한 배제한 채 사실과 요구사항을 간략하게 작성하여야 하는데, 담당 주무관이 기안한 전자문서에 서명하면서 저녁 식사 겸 곁들인 반주로 인해 얼콰해진 상태로 본의 아니게 감정을 섞어 문서를 수정하여 결재한 것이 사달이 나고 만 것이다.

내용인즉, 서울시버스운송사업조합의 고문변호사인 이 모 변호사를 보다 능력 있는 변호사로 교체하라는 '지시'를 담은 것이다. 버스회사 내부자들이 공모를 통해 조직적으로 현금을 빼돌려 시민 혈세를 탈취하는 것으로 의심되는 버스회사[54]에 대해 서울시내버스조합이 법적쟁송을 제기 한 건에 대해 패소하고 있어 조합측 소송대리인을 보다 능력있는 변호사로 교체하라는 것이었다.

그 외에도 마치 이사장을 어린아이 혼내듯이 다그치는 글을 휘갈겨 댄 것 같다. 당시 이사장은 근 70세에 가까운 고령이셨는데

---

[54] 2004년도 버스준공영제로의 개편 이후 시내버스 현금수입금 횡령을 한 회사는 9개 회사임. 그중 2006년도 1개 회사, 2007년도 3개 회사임.

넘어서는 안 될 선을 넘어버린 것이다. 이번 사건 외에도 '버스토피아' 비전 체계를 아크릴 현판으로 제작하여 버스조합 이사장을 찾아뵙고 시와 함께 공유하고 함께하자는 취지로 전달해 드린 적도 있었다. 상대방은 한 마디로 "까불지 말고 버스정책과장 말 잘 들어야 한다"라는 느낌으로도 받아들였을 것 같다는 생각이 든다.

버스나 택시는 노선면허와 택시면허를 부여받은 사람만이 영업을 할 수 있도록 여객자동차운수사업법에서 특혜를 주고 있다. 즉 법령으로 경쟁자들이 시장에 진입할 수 없도록 진입장벽을 쳐주고 있고, 국가나 지자체로부터 각종 보조금(지원금)을 지원받고 있는 상황에서, 운수사업자들은 권리 향유뿐만 아니라 그에 상응하는 의무 이행도 함께하여야 함에도 불구하고, 현금수입금 탈루, 유가보조금 횡령 등 도덕적 해이 현상이 빈번하게 발생하였다. 법령에서 부여받은 면허권은 대를 이어 상속할 수도 있다.

게다가 당시 버스준공영제하에서 버스회사 대표는 투자비의 7.8%를 법정이윤으로 보장받게 되어 있었던 때라 버스운송사업의 공익성을 강조할 수밖에 없었던 상황에서, 공공을 대표하여 버스정책과장이 버스회사들의 방만한 경영을 지도·감독할 의무가 있었던 것이다.

당시만 해도 68개의 시내버스회사를 구조조정을 통해 대형화하여 전체 회사 수를 줄여나가는 것도 검토하고 있었다. 구조조정 등을 통해 20~30개 정도로 통폐합하여 운영하면 규모의 경제 실현, 선진경영체계 도입 등이 가능하여 고정적으로 들어가는 경상비용 등이 절감되고, 그리되면 당연히 시가 버스업계에 지원해야 할 운송적자 보전금 규모도 대폭 감소할 수 있다는 판단하에서였다.

어떤 시내버스회사 대표는 5개 시내버스회사를 소유하고 있었는데 이것을 1개 회사로 통폐합하게 되면 서울시가 얻는 이익은 대단히 큰 것이다. 서울시가 2004년 도입한 『시내버스 준공영제』는 버스회사의 모든 수입금을 하나로 모아서 버스운행에 들어가는 모든 비용을 더한 것과 차이가 발생하면, 즉 적자분에 대해 시가 재정지원을 해주고 있어서 운송비용을 절감하려는 노력을 버스회사들이 솔선해서 해줘야 하는데 현실은 그러하지 않았다. 버스회사 대표들의 모럴 해저드라 할 수 있다.

역지사지해서 내가 다수의 버스회사를 보유한 대표라고 해도 나도 구조조정을 반대할 것이다. 버스회사를 많이 가지고 있으면 버스조합장 선거 등에서 보유한 회사 수만큼의 의결권을 행사할 수 있는데, 그 영향력을 스스로 축소한다는 것이 쉽지 않을 것이기 때문이다. 그래서 구조조정을 통한 규모의 경제 실현은 고도의 전략이 필요하다.

그러나 그런 분위기를 나 혼자만 느끼고 있었으면 아무 일도 없었을 텐데, 그런 안타까움을 가지고 그런 감정 섞인 공문서를 버스조합 이사장에게 굳이 발송했으니 결과는 불문가지였다.[55] 버스운행체계를 현재의 준공영제에서 완전공영제로 바꾸는 것은 더욱 어려울 것이다. 구조조정을 통한 규모의 경제 실현을 추진하다가 다른 부서로 발령을 받아 그만두게 되었다.

자기합리화를 하고자 한다. 공익의 수호자로서 버스정책과장이

---

[55] 당시, 공문서상의 버스조합 고문변호사는 현재 서울의 모 자치구청장으로 활동 중인 것으로 추정하고 있다.

한정된 재원인 시의 재정지원금이 허투루 버스업계에 들어가지 않
도록 하는 바람을 안고 다소 품격이 떨어지는 행동을 한 것이라
고….

높이 오르지 않아도 꿈꿀 수 있는 이유

못난 마음: 해야 할 일을 뒤로 하고

아쉬움이 매우 많았다. 첫째 아들의 버스에 대한 호기심이 나를 버스정책과로 이끌었는데, 불과 8개월 만에 다른 부서로 옮기게 되었으니 불명예스러움과 아들에 대한 미안함이 나를 힘들게 하였다. 나의 리더십 역량 부족이 컸겠지만 지금 와서 되돌아보면, 조직의 내적 역량 부족도 내가 1년을 채우지 못하고 떠나게 된 여러 이유 중의 하나라고 생각한다. 못난 마음이다.

단도직입적으로 얘기하자면 부서장이 최전선에 나서지 않도록 부서원들이 전면에서 이해당사자들과 접전을 해야 하는데 당시 상황은 그런 뒷받침이 안 되는 조직 여건이었다. 담당 주무관이 최전선에서 저지하고 그 뒤에 팀장이 버티고 서서 결사 항전을 하고 마지막에 부서장이 최후 보루가 되어야 하는데, 당시 담당자나 팀장이 최전선에서 맞서지 않으려는 상황에서 결국은 부서장이 전면에 나설 수밖에 없었던 것 같다.

버스정책과는 2008년 당시에 68개 시내버스회사, 2만여명에 달하는 운전자·정비사, 매일 5백만 명의 이용 시민 등 다양한 이해당사자들과 연결되어 있어 바람 잘 날이 없는 그런 부서였다. 부서장은 조금 과장된 표현이지만 버스회사 대표들에 대한 지도감독을 철저히 할 필요가 있다. 매년 수천억 원의 재정지원금을 버스업계에 보조해 주고 있어 시와 버스업계 간에는 '버스토피아' 구현 과정에 공동파트너로서 서로 협력관계가 절실하지만 버스업계가 다른 생각을 하는 경우에는 불가피하게 갈등 관계가 나타날 수도 있다. 그 갈등이란 게 종말로 치닫는 갈등이 아닌 조직발전에 도움을 주는 '건설적 갈등'이겠지만….

시와 버스업계 간에 "좋은 게 좋은 것이야"라는 관계 형성은 버스업계에 잘못된 시그널을 줄 수 있기 때문에 때로는 일부러 긴장감을 조성할 필요가 있었다. 노선조정, 운송비용 정산, 서비스평가 등 버스회사 경영에 관건이 되는 업무에 대해서는 공정성과 투명성 확보가 중요하기 때문에 최전선에서 일하는 담당 주무관과 팀장들의 역할이 매우 중요하다.

그러나 당시에는 부서 구성원 간에 그런 역할분담 체계가 제대로 마련되어 작동되지 않은 것 같았다. 버스업계에 종사하는 수많은 관계자들이 각자의 위치에서 최상의 서비스를 제공할 수 있도록 지도·감독을 적정하게 수행하는 게 그들의 임무다. 버스회사를 20에서 30개 정도로 줄여 규모의 경제를 실현하는 것도 중요하고 버스회사 간 공동정비 시스템 도입, 버스 및 부품 등의 공동구매 시행 등으로 새어 나가는 재정지원금이 없도록 제도를 보완하는 것도 매우 중요했다.

여러 버스회사들이 같은 차고지를 공동으로 사용하는 공영차고지는 운영되고 있었으나, 버스 정비는 회사별로 정비사를 채용하여 각자 정비를 하고 있어 불필요한 비용지출과 버스 고장시 신속한 수리 등에 효율성이 떨어질 수밖에 없었다. 예를 들면, 차고지를 떠나 운행 중인 버스가 도중에 고장이 난다면 차고지에서 고장난 곳까지 정비팀이 출동하여 수리를 하고 있는데, 만약 공동정비체계가 가동된다면 고장난 버스가 위치한 곳에서 가장 가까운 다른 버스회사 정비팀이 이동해서 신속하게 수리할 수 있어 보다 효과적일 수 있다.

서울시내버스 노선 중 운행거리가 70km 이상인 장대노선이 꽤 많다. 이런 의미에서 공동정비 체계 도입은 쉬운 일은 아니지만 구현할 만한 가치가 매우 커서 적극 도입해야 하지만, 당시에는 버스회사 간 이해관계 상충과 무관심 등으로 인해 진도가 나지 않았다.

그 외 버스공동구매제 도입도 검토한 바 있었다. 예전에 버스회사 대표 회의를 시청에서 할 경우에 시청 주차장에 특정회사 브랜드의 고급 세단이 다수 주차되어 있던 것을 여러 차례 목격하였는데, 그때마다 혹시 버스회사의 버스 신차 구매에 대한 리베이트 성격으로 제공된 세단이 아닐까 하는 의심의 눈빛으로 보긴 했었다. 버스 신차 시장의 선점을 위해 2~3개 대형 신차업체에서 과도한 경쟁을 하다 보면 그럴 수도 있지 않을까 생각해 본다. 내가 버스제조회사 대표라고 해도 선뜻 그런 마케팅전략에 유혹을 느낄 것 같다.

버스 및 부품 등 장비를 공동구매 하게 되면 버스(부품 등)구매 가격을 낮추어 운송원가(비용)를 낮출 수 있어 준공영제하에서 서울시의 재정지원 규모를 축소시킬 수 있는 효과가 기대되어 적극 추진해야 할 일이다. 공동정비시스템은 버스회사 대형화, M&A 등 도입을 위한 준비단계에서 시행되어야 할 주요 수단으로 의미가 있다.

못난 마음이지만, 1년 이상 버스정책과장 업무를 할 수 있었다면 위와 같은 중장기적 버스운영 체계 개선을 위한 로드맵을 수립할 수 있었을 텐데 하는 아쉬움을 가져 본다.

다시 한번 짧은 기간이었지만 8개월의 근무 기간 동안 꿈꿨던 '버스토피아' 비전이 생각난다. 내가 부서를 떠난 후에 들리는 말에는 '직원들이 박수치고 환호하였다'고들 한다. 나에게도 변명의 여지가 있다. 비록 못난 마음이겠지만, 우리가 그날그날 연명하는데 급급하는 하루살이 인생이 아닐진대, 수만 명의 직접적 생계가 걸려있는 업계관계자들과 같은 꿈을 꾸면서 미래로 나아가기 위해서는 새로운 비전 마련과 정책 발굴·시행이 필요하고, 그 과정에 불가피하게 건설적 갈등이 수반될 수밖에 없는데, 이는 부서장으로서 제 역할을 다하고자 하는 상황에서 불가피하게 인내해야 하는 훈장이라고 생각할 수밖에.

나는 짧은 8개월의 기간 동안 버스업계와 올바른 관계 설정을 위해 나름 신독(愼獨)의 자세를 견지하면서 일했다는 일화를 소개하고자 한다. 이 일화는 지금도 나의 손위처남께서 예전에 나와 나눴던 대화를 회고하면서 가끔 하시는 말씀인데 버스정책과장 당시 나의 풋풋함과 모자람을 알 수 있게 하는 일화여서 조금은 부끄럽다.

높이 오르지 않아도 꿈꿀 수 있는 이유

형님: 지인 한 분이 버스회사에 운전기사 취직을 하고 싶어 하는데, 매제(나)가 도와줄 수 있어?

나: 물론 도와드릴 수 있죠.

형님: 자네가 웬일인가? "안됩니다" 이리 말할 줄 알았는데….

나: 취직시켜 드릴 수는 있는데요…. 그 다음에도 제가 그 버스회사 대표에게 큰 소리치고 야단칠 수만 있다면요….

형님: 알았네! 없었던 일로 하세! (쯧쯧… 고지식하긴.)

서비스 수준 제고
vs
운송적자 개선

시내버스는 지하철(전철)과 함께 시민의 주요한 이동수단이다. 당시만 해도 매일 대중교통 통행량이 천만 건에 육박하였다. 버스 업계는 2004년 이명박 시장 시절에 단행했던 대중교통체계 개편 전후로 운영 체계가 180도 달라지게 되었다. 한마디로 요약하면, 개편 이전은 로비에 의한 이익 극대화 도모, 개편 이후는 통계(데이터)에 의한 적정한 이익 보장으로.

대중교통체계 개편으로 시내버스 노선별 승객수, 운송수입 규모, 버스배차간격 유지 등이 티머니카드나 BMS에 의해 정확하게 데이터로 관리하게 됨에 따라 노선조정이나 버스회사 서비스 수준 평가 등이 공정하고 투명하게 관리되고 있다.

과거와 같은 로비를 통한 불공정한 거래는 생각하기 어렵다. 예전에는 버스노선 조정이 곧 회사 수입과 직결되는 관계로 황금노선을 가진 버스회사는 그 노선을 반 영구적으로 보존하기 위해 시청 대중교통과에 많은 로비를 하였다고 한다. 또한 버스노선 신설에 대한 국회의원 등 유력자들의 민원도 꽤 많았는데, 현재는 모든

높이 오르지 않아도 꿈꿀 수 있는 이유

것이 데이터 분석이 가능하기 때문에 국회의원이라 해서 쉽게 목적하는 바를 성취할 수가 없게 되었다.

내가 예전에 문화본부나 다른 부서에서 근무한 경험에 비춰보면, 국회의원 보좌관의 민원청탁 연락에도 해당 국장이 당황해하는 느낌을 많이 받았었는데, 데이터에 기반한 행정을 하는 교통실에서는 보좌관에게도 큰소리를 쳤던 기억이 새롭다. 나 역시 보좌관에게도 큰소리치면서 할 말을 다 했던 기억이 있다. 그리고 한정된 재원을 효율적으로 운용해야 하는 준공영제하에서는 버스노선 조정을 합리적으로 해야 하기 때문에, 시의원이나 국회의원의 민원 요구에 대해서도 버스승객 데이터와 비용자료를 기초로 분석하여 설명하면 상당수의 민원은 자연스레 해소되기도 하였다.

시내버스노선 조정과정에서 겪게 되는 어려움은 이루 말할 수 없는데, 그중에서 노선조정은 곧 운송비용과 직결되기 때문에 운송수지 개선과 시민서비스 제고! 이 두 가지를 균형감 있게 관리하는 것이 큰 고민거리였다. 그 고민을 나의 첫째 아들인 범준이가 함께 했다. 노선조정으로 인해 예상되는 민원에 선제적으로 대응하기 위해 최종 결정 전에 주말 시간대에 어린아이를 안고 해당 시내버스를 타고 전체 노선을 일주하면서 노선조정으로 인해 겪게 될 주민들의 불편함을 경험하였다.

지금도 두 가지 사례가 생생하다. 첫 번째는, 서울시내버스중에 경기도 주민이 주로 이용하는 왕복 70km 이상 되는 노선 단축에 대한 것이다. 청량리역을 기점으로 출발하여, 경기도 남양주를 지나 양수리를 종착지로 하여 운행하는 2228번[56] 시내버스 노선에 대해 경기도 지역에 해당하는 구간을 단축하는 노선조정을 검토한 바 있었다.

일요일에 첫째 아들과 함께 나들이 겸 버스노선 탐방을 위해 해당 노선버스를 타고 양수리 종점까지 가게 되었다. 청량리역에서 승차한 후 한참을 가도 끝이 보이질 않았다. 경기도 주민을 위한 노선인 것이 분명한데, 해당 노선을 이용하는 주민들이 많이 거주하는 군청의(양평) 군수가 노선 단축에 반대하고 나섰다.

당시 서울의 시내버스 운영 체계는 버스회사의 운송비용 부족분에 대해 시가 재정을 지원해주는 준공영제여서 해당 노선 존치에 따라 발생하는 운송비용을 경기도(군청)에서 일부라도 지원해주는 것이 합리적인 대안일 수 있었다. 다만, 경기도(군청)에서는 경기도민이 서울에서 경제활동을 하고 있어 서울경제에 기여하고 있는 판에 운송적자노선이어서 단축한다는 것은 서울시가 너무나 편협하다는 논리를 들고 거세게 노선감축에 반대하였다.

당시 정책환경이나 여건은 현재와는 매우 달랐다. 지금은 "약자와의 동행"이니 "수도권은 하나"라는 생각들이 강했지만, 당시 버스운영의 운송수지를 걱정해야 할 담당 부서장으로서는 불가피한 선택이었다. 결국 내가 재직 중에는 당해 노선을 단축하지 못하고 떠나게 되었다.

또 다른 사례는 서울 도심에서 서대문구의 어느 산동네를 운행

---

56) 2024년 현재, 당해 노선은 운영되고 있지 않음. 다른 대체교통수단 확충 등으로 폐선된 것으로 판단됨.

높이 오르지 않아도 꿈꿀 수 있는 이유

중인 시내버스 노선의 일부을 변경하는 것을 검토하면서 해당 주민이 많은 서대문구의 의견을 수렴하는 과정에, 해당 지역 시의원을 통해 노선감축(변경)에 대한 민원이 제기된 것인데, 주말에 역시나 첫째 아들과 함께 버스를 타고 노선탐방을 시작했다. 꾸불꾸불한 산동네를 한참이나 버스가 돌아다니는 것을 보니 아무리 운송적자노선을 개선하기 위해 하는 노선조정이라고 해도 이용하는 주민들이 너무 큰 불편을 겪을 것 같다는 생각이 들었다. 그래서 그런 느낌을 가지고 실무자들과 협의해서 해당 버스노선에 대한 조정은 없었던 것으로 정리하게 되었다.

서울시내버스는 운송비용 절감 즉, 운송수지 개선과 서비스 수준을 다 함께 고려해야 하는 어려움이 있다. 버스 서비스 수준을 일정 수준 이상으로 유지하려면 해당 노선에서 운송적자가 나더라도 배차간격이 적정하게 유지되어야 한다. 즉 동일 노선을 운행하는 버스 대수가 승객들에게 불편을 주지 않을 정도로 적정하게 유지되어야 한다. 그렇지 않으면 승객은 불편한 버스를 기피하고 승용차로 이전할 수 있는 역효과가 발생할 수 있기 때문이다.

시내버스는 출퇴근 시간대에는 승객이 집중하는 관계로 버스를 집중 투입해야 하나 그 외 시간대에는 버스 내부가 텅텅 비어 다니는 경향을 보이기 때문에 출퇴근시간대 혼잡버스만 보고서 무턱대고 많은 버스를 투입할 수도 없어서 합리적인 대안들이 필요하였다.

그래서 『2008년도 시내버스노선조정 기본계획』을 마련하였다. 노선조정에 대한 합리적 대안을 제시한 바이블이라 할 수 있다. 내가 버스과를 떠난 후 직원들 사이에 자주 그렇게 회자된다고들 한다. 당시만 해도 노선조정의 큰 틀 없이 그때그때의 필요성, 즉 민원대응 차원이나 운송수지 개선을 위한 적자노선의 노선 단축 등에 따라 추진되곤 하였다.

버스노선 운영상 크게 세 가지 정도의 문제가 있었다. 첫째, 시내버스 1회 운행 시간이 최장 4시간이나 되는 운행거리 80km에 이르는 장대 노선이 다수 존재하여 운전자 근로문제나 버스 자원의 비효율적인 운영으로 나타났고 둘째, 준공영제가 도입되었으면서도 공영차고지나 환승센터 등 인프라 미비로 효율적인 노선조정이나 공동 배차, 공동 정비 등이 추진되지 않는 등 운송원가를 절감하려는 노력이 이루어지지 않았고 지역적 여건에 따라 버스 서비스 편차가 심화되는 현상이 발생하였다. 셋째, 경기도 각 지역에서 진입하는 광역버스의 서울 도심(광화문, 시청)까지의 장거리 운행에 따른 도심 혼잡도가 심화되었다. 그 외 일정 구간을 다수의 노선이 과대하게 중복 운행됨으로써 중복된 부분에서 버스 차량의 몰림 등으로 인한 비효율적 버스공급 현상도 있었다.

이러한 문제를 해소하기 위해 다양한 방안들을 제시하고 실행하였다. 첫째, 왕복 운행거리 60km 이상인 장대노선이 30개 노선으로 전체노선수 387개 노선(버스 대수 7,748대)의 10%였는데, 노선별 재차인원수 등 적정 서비스 수준을 감안하여 장대노선을 단축하고 분리하는 방안을 제시하였는데, 이를 위해서는 기존 공영차고지를 활용한 버스회사 간 공동배차 추진이 전제되어야 했다.

둘째, 출퇴근시간대에 이용 승객이 집중되어 나타나는 버스 혼잡도 완화를 위해, 특정 시간·구간만 운행하는 맞춤버스 도입을 확대하는 것이다. 당시에도 주말이나 평일 출퇴근 시간에만 운행하

　　　　　　　　　높이 오르지 않아도 꿈꿀 수 있는 이유

는 맞춤노선이 있었으나 이것을 더 확대하는 것을 제안했다. 두 가지 방법이 있는데, (1안) 정규노선으로 운행하다 일정 시간에 특정 시간·구간만 왕복운행하고 시간이 종료되면 다시 원래 노선을 운행하는 개념, (2안) 별도의 노선을 신설하여 특정 시간·구간만 운행하는 맞춤노선안이다.

셋째, 이런 개선안이 제대로 현장에 적용하기 위해서는 여러 버스회사 간에 동일 노선을 공동사용하는 방안과 공동배차가 가능해야 한다. 버스회사 간에 차고지를 공동으로 사용하면서 동일 노선에 공동으로 배차하고 운전자 관리를 일원화하는 것이 가능해야 한다.

넷째, 경기도 각 지역에서 서울의 도심인 광화문, 시청까지 진입하는 광역버스를 양재, 잠실, 불광 등 부도심에서 회차하게 하는 방안과 경기도 내 특정지점에 설치된 환승거점에서 승객들을 모아 급행버스를 운영하여 서울 도심까지 운행하는 방안을 검토하였고 일부 시행하였다.

당시에도 경기도 광역버스들은 모두 종로, 광화문, 서울역 등 주요 도심으로 진입을 허용해줄 것을 수시로 요구하였다. 아무래도 부도심 등에서 환승 후 서울버스를 이용하여 도심 목적지까지 이동하는 것을 승객들이 불편해한다는 이유에서다.

그로 인해 서울 도심의 교통혼잡과 대기질 오염 등 문제가 심각한 수준에 이르렀다. 때마침 경기도 광역버스의 수도권 통합환승요금제 적용에 대해 논의가 시작되는 것을 계기로, 경기도 광역버스의 광화문광장이나 강남으로 진입을 제한하는 것을 경기도와 협의하여 대안을 마련하였다.

이러한 대안들은 현재 서울시 시내버스 운행 정책에 일부 반영되고 있다.

버스 운행의 효율성 제고 관련 선결과제

내가 버스과장 재직 시에 당시로서는 "이게 가능할까?" 하는 고민까지 하였었다. 서울시내버스는 준공영제가 적용되기 때문에 운행하는 버스 대수를 적정하게 관리하여야 한다. 제일 좋은 방안은 승객이 많이 몰리는 출퇴근시간대 등의 러시아워에는 버스를 많이 투입하고 그렇지 않은 시간대에는 버스를 적게 투입해서 탄력적으로 운행함으로써 운행비용을 최소화할 필요가 있다.

평소에 승객이 적은 노선을 운행하다가 특정 시간대 혼잡노선에 바로 투입되어 운행하면 버스 서비스 수준도 제고할 수 있을뿐더러 운송적자도 해소할 수 있다.

그러려면 여러 가지 고민해야 할 것이 많지만 카드단말기나 BMS(Bus Management System) 성능이 고도화되어야 한다. 시내버스가 어느 시간대에는 "A"노선을 운행하다가도 다른 시간대에는 "B"노선을 운행할 수 있도록 버스 내부에 설치된 카드단말기나 BMS 단말기에 두 개 이상의 노선정보를 탑재할 수 있어야 한다.

물론, 당시 기술 수준으로는 쉬운 일은 아니라고 생각하면서도 장래에는 실현 가능할 것으로 생각하여 당시로서는 다소 생뚱맞은 상상일 수도 있었지만 담당 공무원들과 함께 세부적인 고민을 하였다. 그런 고민의 결과를 문서화해서 관련 부서(교통정보반)에 제안도 했던 기억이 있다. 당시가 2008년도였으니 벌써 16년이 경과한 지금에는 어떨지 모를 일이다.

이 방안이 실현만 된다면, 첫째 시간대별 버스 이용 수요변화에 탄력적으로 대응하여 버스차량 분배를 효율적으로 할 수 있고, 둘째 지하철 파업과 같은 비상수송대책 시 준비한 대체노선에 즉시 투입이 가능하고, 셋째 군중시위와 같은 돌발상황에 대한 임시 우회경로를 미리 탑재해 뒀다가 현장 상황에 따라 적극적인 대처가 가능할 수 있다.

도깨비버스
vs
스킵버스

2008년 당시에도 현재의 '약자동행' 버스를 운영한 사례가 있다. 일명 '도깨비 버스'라고 명명했는데, 시내버스는 서민의 발과 같다는 말이 있다. 특히 이른 새벽에 3시 반이나 4시쯤에 첫차가 차고지를 출발하는데, 첫차를 주로 이용하는 분들은 도시 빌딩으로 출근해서 회사직원들이 업무를 보기 전에 청소를 마무리해야 하는 청소노동자, 새벽 인력시장에 일자리를 찾아가는 건설일용직근로자들이 다수를 차지하고 있다.

그래서 이른 새벽 첫차에도 불구하고 승객들로 버스 내부는 발디딜 틈이 없는 때도 많은데, 이런 노선을 대상으로 노선조정을 해야 하는 경우에는 여간 신경 쓰이는 게 아니다.

버스노선이 적자노선이어서(이용 승객이 적은 경우) 부득이하게 노선을 단축하거나 변경하는 경우에, 특히 추운 겨울철에는 찬바람을 받으면서 버스를 갈아타야만 하는 경우가 발생하여 시민들에게 많은 불편을 줄 수가 있어 신중하게 접근해야 했다.

당시 대부분의 시내버스 노선은 버스운행에 따른 운송비용이 수

높이 오르지 않아도 꿈꿀 수 있는 이유

입금보다 더 들어가는 적자노선이었다. 2007년도 당시에 시내버스 1대당 1일 평균 88,455원의 적자를 보이고 있었다. 전체 387개 노선 중 흑자노선은 58개 노선으로 약 15%에 불과하였다. 버스노선의 특성상 출퇴근시간대는 승객이 집중하다 그 외 시간대는 버스가 텅텅 비는 경우가 많기 때문에 불가피한 현상일 수 있다.

그래서 승객이 한정되어 있는 상황에서 운송수지 개선을 위해서는 노선을 단축해서 운행 중인 버스 대수를 감축하거나 승객이 너무 적은 노선은 다른 노선과 통합 운영하는 등의 극약처방이 가해지게 된다. 즉 운행 중인 버스 대수를 줄이는 것이 가장 효과적인 운송수지 개선 방법이다. 물론 그러다 보면 버스 서비스 수준은 떨어질 수밖에 없는데 이는 운송수지 개선과 상충되기 때문에 신중해야 한다.

다음은 노선단축으로 인해 나타날 수 있는 서비스 수준 하락을 최소화하면서 운송수지 개선도 가능했던 "도깨비 버스노선" 탄생 일화에 대해 서술하고자 한다. 한번은 금천구 시흥2동에서 강남역까지 39.9km(왕복)를 운행(시간 139분)하는 5412번 시내버스에 대해 여건 변경을 이유로 불가피하게 노선을 단축시켜야 했다. 원래 계획은 노선을 단축한 만큼 단축된 노선은 다른 노선을 연결시켜 불편을 최소화하려는 것이었는데….

그렇게 되면 금천 시흥2동에서 버스를 탄 승객은 강남까지 가기 위해 이제는 중간 정류소인 서울대입구역에서 다른 버스를 갈아타야 해서 불편하게 되었다.

특히나 겨울철 엄동설한 새벽에 이동하시는 분들은 전에는 한번에 갈 수 있었던 것을 이제는 중간에 다른 버스로 갈아타야 하니 얼마나 불편해할까! 하는 생각이 들면서 다른 방법을 찾아 봐야겠다는 생각이 들었다. 특히나 이른 새벽에 강남의 빌딩 숲으로 청소하러 가시는 분들이 대부분 이용하는 시내버스이다 보니 지금 말하는 "약자동행"과 어긋나는 것이었다.

그래서 이 문제를 해결하기 위해 노선조정팀 직원들과 함께 머리를 싸매고 씨름을 하게 되었다. 그래서 나온 대안이 "도깨비 버스"였다. 금천구(시흥2동)나 관악구에서 강남역으로 청소하러 가시는 분들이 중간에 내리지 않고 바로 강남까지 가실 수 있도록 새벽 특정 시간대(04:30~05:30)에는 전체 노선을 운행하고, 그 외 시간대에는 시흥2동에서 서울대입구역까지만 단축 운행하도록 한 것이다.

이렇게 하면 당초 계획했던 운송수지 개선의 효과는 반감되겠지만 어려운 분들이 이용하는 버스노선을 특정 시간대에 그대로 유지함으로써 이용 불편을 최소화하는 성과가 있었다.

요즘도 가끔 뉴스에서 국무총리 등 고위 관리들이 서민들의 애환이 깃든 시내버스 첫차를 타면서 민생탐방을 하는 뉴스를 접할 때면 내가 시도했던 "도깨비 버스" 신설과 관련된 예전의 기억이 새롭게 나곤 한다.

다음은 내가 버스과장으로 8개월간 일하면서 대표적 탁상행정이라 할 수 있는 스킵버스(skip) 도입[57]에 대해 소개하고자 한다. 모방송사 저녁 메인뉴스에 서울시의 스킵버스가 소개된 적이 있었다.[58] 스킵버스는 운행거리가 긴 버스노선에서 승객이 적은 정류

---

57) 당시 3개 스킵버스 시범운영 노선: 370번(강동차고지~은평차고지), 9404번 광역(용인하갈동~신사역), 9709번 광역(맥금동~서울역)
58) 방송사 메인뉴스에 방송된 사유는 이러했다. 시내버스회사 평가에 대해 부정적인 방송사

소들은 건너뛰어 운행함으로써 외곽에서 도심까지, 도심에서 외곽까지의 이동시간을 단축시키고자 한 것으로 마치 "급행버스"와 같은 개념으로 보면 된다.

모든 정류소를 운행하는 것이 아니라 승객이 적은 정류소는 중간중간 건너뛰고 운행함으로써 출퇴근시간대 목적지까지의 운행시간을 단축시켜 시민들의 선택의 폭을 넓혀주는 데 의의가 있었다.

방송에서는 스킵버스를 이용하는 시민을 인터뷰까지 하면서 긍정적 반응을 보여줬는데 문제는 그 다음에 발생했던 것이다.

당초 버스중앙차로를 운행하는 장거리노선 중 3~4개에 대해 시범운영 후 확대하는 것을 검토할 예정이었는데, 내가 8개월 정도 근무하고 다른 부서로 떠난 이후, 시행한 지 얼마 지나지 않아 폐선 처리되었다. 이유는 간단명료했다. 현실 여건을 제대로 확인하지 않고 명분에 집착한 탁상행정으로 인한 것이었다.

예를 들면, 당시 370번 시내버스가 강동차고지에서 은평차고지까지 66.1㎞나 되는 거리를 운행하였는데, 기존의 370번 노선은 그대로 유지하면서, 출퇴근시간대에 승객이 적게 타고내리는 정류소는 쉬지 않고 건너뛰는 "급행버스" 8300번을 신설하였다. 이렇게 하면 370번 일반노선이 왕복 218분 걸리는 운행시간을 100분으로 단축할 수 있어 출퇴근시간대 직장인 등의 버스에 대한 만족도를 향상시킬 수 있다는 판단을 하였다.

보도가 있었는데 사실과 다른 내용이어서 부서에서 강력하게 대응하였다. 시가 언론중재위원회에 정정 방송을 요구하는 계획을 수립하자 오보를 했던 방송사 기자가 서울시에 사과하였고, 후속 조치로 시는 언론중재위 제소계획을 철회하였고 그에 상응하여 방송사에서 버스정책과에 우호적인 보도를 하게 된 것이다.

그런데 시행 후 문제점이 나타난 것이다. 중앙버스전용차로 정류소에 진입한 시내버스들이 승객 승하차를 위해 줄을 서서 대기하는 경우에, 스킵버스(급행)들이 무정차하여 통과할 수가 없었던 것이다. 정류소를 스킵하려면 정류소 차로 구간이 넓어야 하는데 보통 중앙버스차로가 버스 한 대가 간신히 지나갈 수 있게 되어 있어 앞선 버스가 승하차를 위해 정차하는 경우에 뒤따라오는 스킵버스가 추월하여 운행할 수가 없었다. 참으로 민망한 실수였다. 사전에 충분한 현장점검 등을 통해 타당성 등을 면밀하게 살폈어야 했는데 말이다.

정책의 명분에 지나치게 심취하게 되면 "정책나르시시즘"에 빠지게 되고 정책결정 전에 거쳐야 할 이해당사자와 전문가의 의견수렴, 현장점검 등을 소홀히 할 수가 있다. 자기가 제안한 아이디어가 정책화되면 서울시, 전국 최초라는 명예의식 등에 빠져들어 지나치게 오만해질 수 있다, 열린 마음으로 정책의 '부정적 측면'을 더 무겁게 살펴야 한다.

높이 오르지 않아도 꿈꿀 수 있는 이유

2008년 고유가 파고를 시내버스로 넘기다

2008년 미국발 국제금융위기로 세계경제가 대규모 침체에 빠진 상황에서 당시 국제유가가 7월에는 배럴당 145달러59)까지 치솟았고 그로 인해 국내 경제 역시 수출감소, 경제성장률 하락, 실업률 증가 등 경제 불안의 가중으로 서민경제가 암울한 상황에 처하게 되었다.

나는 당시 7월부터 국제유가가 심상치 않다는 뉴스 등을 접하면서 가계경제가 나빠지는 상황에서 유가까지 급등하면 당장 승용차로 출퇴근하는 사람들이 버스나 지하철로 이동할 것이라는 예측을 하였다.

그래서 전문성을 가진 버스정책과 직원과 함께 출퇴근시간대 혼잡한 노선에 대한 대책을 강구하여 도시교통본부장에게 보고드렸다. 본부장께서 내 보고를 받고 나서 "아주 좋아" 흡족해 하셨고, 교통정책과장에게 지하철까지 함께 아우르는 대책을 만들어서 시

---

59) 그해 12월에 국제유가는 배럴당 30달러 수준으로 폭락하였음

민들께 적극 홍보하라는 지시를 내리셨다.

시내버스 주요 대책은 다섯 가지 정도였다. 첫째, 70개 혼잡노선에 예비차량 102대를 투입하여 1일 5만 3천명의 승객이 추가로 이용하는 데 불편함이 없도록 하고.

둘째, 149개 혼잡노선에 출근시간대에 배차간격을 최대한 짧게 하여 1일 5만 8천 명이 추가 이용할 수 있는 여유를 확보하고.

셋째, 출퇴근시간대에 버스를 이용하는 승객이 특정 구간에 집중되는 42개 노선에 대해 특정 구간만 반복적으로 운행하는 "맞춤버스" 운행.

넷째, 운행 거리가 긴 버스노선 중 정류소에서 승하차 인원이 적고 대체 노선이 존재하는 구간의 정류소를 건너 뛰는 즉, 스킵(Skip)해 목적지까지 빠르게 접근할 수 있는 급행버스(Skip) 운영.

다섯째, 대중교통이 취약한 강남지역에 아파트 밀집 지역, 백화점 등 다중이용시설을 경유하는 지선버스 노선 신설 시범운영. (* 탄천~코엑스~봉은사~강남구청~언주로~역삼역~개포동 10.8km)

이런 시내버스 대책을 핵심으로 해서, 지하철 혼잡구간 완화를 위한 열차증회(신설) 운행, 혼잡구간 비상대기 전동차 추가 배치 등 지하철 대책을 포함하여, 도시교통본부 주무부서인 교통정책과에서 〈고유가 극복을 위한 대중교통 활성화대책〉『서울시, 버스·지하철 수송 능력 1일 15만 명 확대』(2008.7.1.)라는 제목으로 보도자료를 내고 집중 홍보하였다.

서울시청 다른 부서에서는 발 빠르게 고유가에 따른 서민생활 안정대책, 공공부문 에너지 절감 대책을 내놓은 상태에서 도시교통본부에서도 위와 같은 제목으로 보도자료를 늦지 않게 내놓음으로써 본부장으로서도 나름 역할을 하였다는 마음의 평안함을 느꼈던 것 같다.

이런 발 빠른 조치로 인해 서울시 내부에서 도시교통본부의 입지가 굳건해진 효과 외에도 사회여론으로부터도 긍정적인 평가를 받는 것으로 알고 있다. 지금 같으면 "적극행정" 추진 우수부서로 선정될 수 있을 만큼 선제적으로 환경변화에 반 발짝 앞서가는 행정을 하였으니 칭찬받아 마땅할 일이다.

어려운 시기 피폐해진 서민들의 출퇴근 길에 그러잖아도 혼잡한 버스에서 힘들어하는 상황에서, 고유가로 주머니가 얄팍해진 시민들이 조금이나마 편안하게 버스 등 대중교통을 이용하게끔, 누가 말을 꺼내지 않아도 공무원들이 알아서 준비하고 시행하는 과정에서 느끼는 쾌감은 나를 뿌듯하게 하였다.

이 일로 본부장께서는 나에 대한 좋은 인상을 가졌을 것이라는 생각이 든다. 내가 구청으로, 위원회로 떠돌고 있을 때 행정부시장으로서 그래도 나를 본청으로 복귀할 수 있도록 지원해 준 분이 당시 도시교통본부장이셨던 분이다.

'별의별' 에피소드 - 20㎝ 지키기, 버스 라디오 방송 송출 금지

이 두 가지는 내가 버스운행 총괄 담당 부서장으로 어떤 생각으로 일했는지를 알 수 있게 하는 시금석과도 같은 사건이다. 첫째, 20cm 엄수! 시내버스가 버스정류소에 도착하면 보·차도 경계석으로부터 20cm 이내에 맞춰 버스를 세우도록 한 것이다. 마치 지하철이 정차역에서 정차할 때 스크린도어와 딱 들어맞게 정차하여 승객이 지하철을 이용하는 데 불편함이 없도록 하듯이 시내버스도 그렇게 하라는 것이었다.

일부 몰지각한 버스 운전자는 도로 한복판에 버스를 세워놓아 승객들이 어쩔 수 없이 차도로 내려와서는 위험천만하게 2m~3m를 걸어서 버스 승하차를 하게끔 하는 행태가 만연해 있었다. 지금은 그런 버스가 많이 보이진 않지만.

물론 가로수 나뭇가지 등의 방해로 20cm를 준수할 수없는불가피한 상황도 있을 수 있다. 그러나 웬만한 정류소는 버스운전자가 조금만 신경 쓰면 충분히 지킬 수 있는 기본자세이다.

그래서 나도 버스를 타고 출퇴근하면서 버스 운전자의 행태를 보면서 현장에서 지적도 하기도 하곤 하였는데, 그런 방법으로는 한계가 있어서, 버스회사 평가 시 모니터링 요원들이 버스를 타고 암행평가하는 기법을 활용하였다. 20cm 지키기도 버스운전자 친절도 평가항목에 포함시켰다.

버스회사 임직원, 버스조합 대표들을 만났을 때도 "20cm 지키기"가 갖는 함의를 말씀드리고 협조를 요청했었다. "20cm는 서울 시내버스 서비스 수준의 척도"라고. 물론 배차간격 준수, 급발진·급정차 등이 없어야 하겠지만 운전자 스스로 편하려고 정류소에서 보다 주의를 기울이지 않고 차로 한가운데 정차하는 것은 정말로 나쁜 운전 습관이라 할 수 있다.

둘째, 버스 내부에서 운전자가 라디오 방송을 송출하지 못하도록 조치했다가 엄청나게 비판을 받았던 기억이 있다. 지금은 시내버스를 탔을 때 라디오 방송을 틀어놓고 운전하는 경우를 거의 접

높이 오르지 않아도 꿈꿀 수 있는 이유

할 수 없지만, 2008년 당시만 해도 버스 승객들은 시내버스를 타게 되면 버스 운전자가 틀어놓은 라디오 방송을 어쩔 수 없이 들어야만 하는 상황이 일반적이었다. 버스 승객들은 자신의 취향과는 무관하게, 운전자의 취향에 따라 선정된 라디오 채널에서 송출되는 방송내용을 들어야만 했었다.

출퇴근 시간에 다수의 승객들은 안온한 환경에서 버스를 이용하고픈 욕망이 있음에도, 운전자의 선호도에 따라 라디오 방송이 송출됨에 따라 여러 불만 섞인 목소리가 분출되기도 하였다. 승객들은 의외로 라디오를 듣고 싶어 하지 않는 분들도 많았다. 소리가 너무 크다느니! 시끄러우니 꺼달라고 한다던지! 승객에 따라 라디오 방송 송출에 대한 반응이 다양했던 것은 사실이다.

그런데 "라디오 방송 송출 금지"와 같은 갑작스런 조치로 인해 당장 라디오 방송을 운영하는 주요 방송사로부터 민원이 발생한 것이다. 국내 주요 방송사인 M사의 저녁 9시 뉴스에서 "서울시, 시내버스에서 라디오 방송 금지하여 시민들에게 불편초래"와 같은 부정적 표현을 사용하면서 시민들의 라디오 청취권을 제한하는 조치라고 비판하는 여론이 확산되었다.

원래 취지는 버스 승객들이 보다 안온하고 쾌적한 환경에서 시내버스를 이용할 수 있도록, 라디오 과다 송출방송을 규제하고자 한 한 것이었는데, 사회적 파장이 커짐에 따라 당초 "시내버스 내부 라디오 송출 금지 조치"를 불가피하게 완화하는 방향으로 선회하게 되었다.

시내버스 서비스 수준 평가에서 "과다한 라디오 방송으로 민원이 발생하는 경우에 감점" 조치하는 것으로 선회하여 여론의 뭇매를 피해 나갔다.

　지금 같으면 당연히 찬성의 목소리가 컸을 텐데… 당시는 라디오 방송국에서도 시내버스 등을 운전하시는 분들이 중요한 고객이었다. 버스운전자는 라디오 방송 채널 선택권을 가지고 있기 때문이다. 운전자의 취향에 따라 라디오 프로그램이 정해져서 송출됨에 따라 다수의 승객들은 자기의 의지와는 무관하게 듣고 싶지 않은 방송도 청취해야 한다는 것을 불쾌하게 여겼다.

　버스정책과에서 '별의별' 일을 다 했다. 위 두 가지도 일종의 "정책나르시시즘"에서 연유한 게 아닐까 자문해 본다.

　　　　　　　　높이 오르지 않아도 꿈꿀 수 있는 이유

경기도 광역버스, 서울 도심으로 그만

경기도 광역버스는 예나 지금이나 광화문이나 강남 등 서울 도심으로 곧바로 들어오려고 한다. 당시에도 이러한 경기도광역버스로 인해 서울 도심은 주요 정류소마다 버스열차 현상이 심하게 나타나 도심혼잡을 가중할 뿐만 아니라 경유버스들이 내뿜는 배기가스로 인해 도심의 대기질이 나빠질 수밖에 없었다.

2008년 경기도 광역버스의 수도권대중교통통합요금제 적용을 계기로 경기도 광역버스의 서울 도심으로의 운행패턴을 개선하여 도심 교통혼잡과 대기질 개선에 기여하였다. 당시 전문가가 분석한 자료에 의하면, 광역(좌석)버스의 통합요금제를 시행할 경우 서울버스업계와 서울지하철 등 대중교통운영이 입게 될 환승손실금이 연간 약 200억 원이 발생할 것으로 추정되었고, 그만큼 서울시의 추가 재정지원이 필요한 상황이어서 서울시 대표로 버스정책과장과 직원들이 부담해야 할 스트레스가 막중하였다.

당시 서울과 경기도를 넘어 수도권을 넘나들면서 운행하는 광역버스는 178개 노선 2,449대(서울시 광역버스 20개 노선 411대, 경기도 좌석버스 158개 노선 2,038대)로 출퇴근 시간대에 서울 도심으로 몰린다면 엄청난 문제를 야기할 수밖에 없었다.

당시는 지금과 사정이 많이 달랐다. 경기도버스는 수도권 전철 또는 서울버스와 환승할인이 적용되지 않았다. 그래서 이왕 경기 광역버스를 한번 탑승하면 종착지까지 한 번에 가는게 보다 저렴하고 편안하게 이동할 수 있기 때문이다. 도착지역이 광화문, 강남역 등으로만 집중되다 보니 다른 지역을 가려는 승객들은 환승 등 불편을 겪게 되고, 도심 집중 현상을 가속화하여 도로정체, 운행시간 지연 등 부작용이 심하였다.

그런데 광역(좌석)버스의 통합요금제가 도입되면 버스 승객들의 통행패턴이 변화하게 되는데, 이전에는 광역(좌석)버스를 한 번 승차한 후 최종 목적지까지 이동하는 것이 비용면에서 합리적인 선택인 반면, 통합요금제 시행 이후에는 환승에 따른 추가요금 부담 없이 전철이나 다른 버스(마을버스 포함)로 갈아타고 보다 빠르게 이동할 수 있게 된다.

따라서 막히는 도로와 혼잡한 차내에서 고생스럽게 서서 가는 고통 대신에 적절한 환승지점에서 다양한 대중교통수단을 이용하여 편안하고 쾌적하게 이동할 수 있어 이용환경이 개선되는 것이다.

이런 계기를 통해 버스정책과에서는 그동안 일부 불합리하게 운영되어 온 경기도 광역버스의 노선운행 체계를 바로잡기 위해 경기도청 관계부서와 협의를 착수했다. 교통수단 간 통합요금제 적용업무 총괄은 교통정책과이지만 사업 성공의 관건은 경기도 광역버스의 도심 진입을 최대한 통제할 수 있는 방안을 만드는 것은 버스정책과의 몫이었다.

경기광역버스가 서울 대중교통수단과 환승할인으로 연결되면 경기도 주민들의 교통비용이 절감되는 순기능도 있지만, 서울시에서는 환승손실금이 발생하여 운송수입금이 감소되는 만큼 서울시 재정이 투입되어야 해서 경기도와의 협상을 잘 해야 했다. 협상이라는 것이 다 그런 것 아닌가! 잃는 것은 최소화하고, 얻는 것은 최대한 많아야 한다. 그래야 서울 시민들에게 제대로 설명을 할 수 있기 때문이다.

그래서 광화문광장과 강남으로 진입하는 경기도 광역버스의 노선을 일부 조정하여 도심 혼잡을 최소화하는 방안을 집중 협의하였다. 서울과 경기도 관련 부서 과장과 실무자들이 셀 수도 없이 많은 회의를 하면서 서로 간극을 조금씩 좁혀 나갔다. 광화문과 강남역 부근을 여러 차례 합동 점검하면서 노선을 우회하는 방안 등 광역버스의 혼잡을 최소화할 수 있는 대안들에 대해 머리를 맞대고 합의점을 찾아갔다.

광화문광장 조성사업으로 광화문 도심의 차로가 축소되기 때문에 광역(좌석)버스의 서울 도심 운행노선이 조정되어야 하고, 그동안 교통량의 과부하로 제 기능을 발휘하지 못하고 있는 강남대로의 중앙버스전용차로 기능을 회복하기 위하여 강남대로(강남역)에 집중되는 성남·용인권의 광역(좌석)버스 노선에 대한 조정도 불가피한 상황이라는 것을 강하게 주장하였다.

그리하여 3개월간의 지리멸렬한 협상을 통해 합의에 이르렀다.

우선 1단계로 광화문의 도심과 강남역 등을 운행하는 광역(좌석)버스 23개 노선(서울시 5개, 경기도 18개)을 통합요금제 시행과 병행하여 우선 조정하는 것으로 하였다.

고양이나 파주에서 광화문까지 들어오는 광역버스60)는 광화문 광장으로 진입하여 서대문 방향으로 해서 바로 빠져나가도록 하고, 일부 노선은 도심으로 진입하지 않고 불광역 등 외곽에서 회차하도록 하였다. 성남과 수원 방향에서 강남역을 거쳐 광화문까지 오는 광역버스 중 일부 노선은 강남역까지만 운행토록 하여 서울 광화문까지 진입하는 경기버스 총량을 대폭 줄였다.

나는 여기까지 협상을 마치고 본의 아니게 고용창업담당관으로 발령 나서 버스정책과를 떠나면서 2단계 노선체계 개선은 마무리하지 못하게 되었다.

참고로 당시 나의 협상 파트너였던 경기도청 담당과장은 국장으로 승진하였다.

---

60) 도심 노선 조정 사례: (이전) 광화문~서울역~광화문 ⇒ (조정) 광화문~서울역~서대문

높이 오르지 않아도 꿈꿀 수 있는 이유

미래 담론

신재생에너지에게 구원을

노아의 방주! 기후위기 시대인 현재는 신재생에너지가 기후재 난으로부터 인류를 구원할 수 있는 '노아의 방주'가 아닐까 싶다. 탄소중립이 선진국의 새로운 헤게모니를 잡기 위한 구두선이 아니 라면 말이다. 탄소중립을 위해 에너지절감, 고효율장비 보급, 친환 경건물 보급을 위한 다양한 정책과 사업들이 열거될 수 있지만 그 중 핵심적인 것은 신재생에너지 확대일 것이다. 고도 디지털 사회 로의 전환, '전기 먹는 하마'로 비견되는 생성형 인공지능(AI), 자율 주행 차량 보급 확대 등에 막대한 전기에너지가 필요한데 어떻게 대응할 것인가?

언론 등을 통해 보도되는 내용들을 보면, 현 정부에서는 태양광 의 "태"자도 꺼내지 못하도록 하고 있다고 한다. 2050년까지 탄소 중립을 실현하기 위해서는 무엇보다 신재생에너지 확충이 관건인 데, 할 수 있는 모든 수단을 가동해야 한다.

EU에서 원전을 그린 택소노미에 포함시키고 있어 한국도 원전 을 마치 신재생에너지로 간주해서 확대 보급해야 한다고 주장하

높이 오르지 않아도 꿈꿀 수 있는 이유

는데 이는 사실과 다르다. 원전이 그런 대우를 받으려면 고준위방사성폐기물에 대한 처리대책을 수립하고 처리시설이 마련되어야 하는데, 현재 대한민국은 관련 시설이 전무하고 계획 중인 것도 없어서 탄소중립을 위한 에너지 정책에서 환영받기가 쉽지 않다고 한다.

산업화 이전(1850~1900년) 대비 지구 온도 상승을 1.5°C 이하로 유지하는 목표 달성이 어려워지고 있다는 것을 『기후변화에 관한 정부 간 협의체(IPCC)』에서 최근 발표하였다. 화석연료 사용을 줄이고 신재생에너지를 신속하게 확충해야 하는데 최근 우크라이나 전쟁 등 세계적인 분쟁 상황 확산으로 인한 공급망 붕괴 등으로 세계 경제가 침체되면서 '탄소중립' 화두가 뒷전으로 밀려버린 상황에 이르렀다. 세계 경제가 먹고사는 문제에 천착하면서 시민들에게 부담을 가중하는 친환경 교통정책이나 친환경 에너지정책에 대한 시민들 반발이 선진국에서조차 거세지고 있다. 시민들의 삶의 질이 많이 후퇴하고 있는 상황에서 탄소중립을 위해 막대한 재정을 투입한다는 게 배부른 자의 공허한 외침으로 느껴진다.

서울의 연간 온실가스 배출량은 약 4천 6백만 톤('21년)으로 이는 시민 1인당 4.8톤의 온실가스를 배출하는 수준이다. 주요 배출원인 건물 부문과 수송 부문에서 각각 68%, 18%를 배출하고 나머지 15%는 폐기물 처리, 산업공정에서 발생하고 있다. 그래서 서울시에서는 에너지를 덜 소비하는 친환경건축물로 전환하는 사업과 전기차 보급, 대중교통 활성화 등에 집중적인 투자를 하고 있다. 최근 인기를 끌고 있는 '기후동행카드' 시행도 교통복지 수단과 함께 승용차 이용자의 대중교통으로 전환을 도모하기 위한 정책이다.

물론 매년 막대한 재정투자가 불가피하다.

서울시는 2030년까지 2005년 배출량 대비 40%의 온실가스를 감축하겠다고 선언했는데, 이를 위해서는 건물 분야의 친환경건축물로의 전환이 급선무다. 신축은 제로에너지빌딩으로 건축하도록 기준을 강화해야 하고, 기축 건물은 리모델링 등을 통해 고효율 에너지절약형 건물로 전환해야 한다. 문제는 앞으로 디지털화가 더욱 심화되면서 더 많은 전기를 필요로 하고 있어서 패시브 방식의 에너지절약형으로는 탄소중립 실현에 한계가 있기 때문에 건물 자체가 에너지를 생산하는 특히, 신재생에너지로 전기를 생산해야만이 탄소중립에 기여할 수 있는 친환경건축물이 될 것이다.

문제는 서울의 건물 60만 동 중에서 절반 이상이 사용 연수가 30년 이상 경과한 노후건물이라는 데 있다. 따라서 답은 간단명료하다. 노후된 건물을 신축건물로 빠르게 전환하면서 제로에너지빌딩(ZEB)으로 건축토록 하고 그렇지 않은 경우에는 건물에너지효율화(BRP)와 함께 태양광발전과 같은 신재생에너지를 건물 옥상(지붕)이나 여분 공간 등에 설치해야 한다. 물론 앞으로 기술이 고도화되면 태양광발전도 저비용으로 고효율의 전기를 생산할 수 있는 시대가 올 것이다.

그런데 이를 위해서는 막대한 재원을 마련해야 하는데, 어떻게 마련할 것인가? 친환경건축물로 전환하기 위해서는 민간뿐만 아니라 공공도 과감한 투자가 이루어져야 하는데 현실은 전혀 그러하지 못하다. 건축비 상승으로 인해 그 부담은 고스란히 수요자에게 전가되기 때문에 친환경건축물로 전환은 건물(주택) 가격 및 임대료 인상을 가져오고 결국은 전체 물가 상승 요인으로 작용하여 쉽지 않을 수 있다.

따라서 이러한 우려를 최소화하기 위해서는 친환경건축물로 전환을 촉진하기 위해 용적률 완화와 같은 인센티브 등을 부여하고 세제감면 혜택 등을 과감하게 확대해야 한다. 거친 발상일 수도 있겠지만, 정부에서도 기후대응기금 외에 별도로 친환경건축기금을 조성하여 장기저리 융자제도를 도입하여 신축·기축 건물의 제로에너지빌딩으로 전환을 확대하여야 한다. 기금 마련을 위해 기후대응복권 발급을 검토했으면 한다. 아니면 기존에 대기업들에게 감세 혜택을 줬던 법인세 등을 탄소세로 전환하여 그 재원으로 기금화하는 것도 검토해 볼 만한 일이다.

수송 부문도 전기차나 수소차 보급으로만 온전하게 탄소감축 효과를 얻을 수 없다. 아시다시피 전기차의 경우 한국은 60% 이상('23년) 화석연료를 사용하여 발전하여 얻은 전기를 충전하고 있어서 여전히 탄소를 배출하고 있다. 일반 내연기관 차량의 50% 수준[61]의 탄소를 배출한다고 한다. 신재생에너지 및 원전 등 무탄소에너지를 이용한 전기 생산이 100%가 되는 경우에 전기차의 탄소배출이 '0'이 될 것이므로, 신재생에너지 전기를 대폭 확충해야 할 것이다. 전문가들에 의하면 무탄소에너지인 '원전'을 확충하려고 하면 먼저 '고준위방사성폐기물처리시설'을 확보[62]해야 한다고 한다.

---

61) 차량유종별 연간 온실가스 배출량 : 전기차 0.99톤, 내연기관차 1.96톤
62) 한국에는 2014년 완공된 경주에 설치한 중·저준위 방사성폐기물처리장이 유일하며 이마저도 포화상태여서 추가로 확보해야 한다고 하며, 핵연료의 재처리 공정에서 나오는 고방사능 폐기물을 처리할 시설은 아직 마련하고 있지 않다.

또한 기술 촉진을 기대해야 한다. 막연한 기대만 가지고 기다릴 것이 아니라 투자를 해야 한다. 전기차도 충전식이 아닌 태양광 발전을 차량 자체가 하면서 운행하는 전기차를 개발하면 된다. 건물 구성물인 외벽 유리나 건축 자재 등을 활용하여 태양광 발전을 할 수 있도록 국가 R&D 투자를 확대해야 한다. 20년 30년 후를 내다보면서 과감한 투자방안을 정부가 마련해야 한다. 성공할 수 있는 연구안에만 투자하는 것이 아니라 실패할 수 있지만 성공하면 대박을 칠 수 있는 연구안이 있다면 30년 40년 투자한다는 구상으로 투자해야 한다.

선진국들이 RE100 기업제품만 우선 구매하도록 요구하는 경향이 드세어지고, 기후기술을 무기로 신 기술패권을 추구하는 경향을 보이고 있는 상황에서 잠시 우크라이나 전쟁 등 국제분쟁으로 인해 세계적인 공급망 교란이 발생하여 세계 경제가 휘청이는 상황으로 인해 '탄소중립'이라는 지구적 과제가 다소 위축된 느낌이 있지만 향후 국제정세가 안정화되면 '탄소중립'은 여전히 세계적 화두가 될 것은 자명하다.

한국 정부는 탄소중립이라는 도전적인 목표 달성을 위해, 핵심 수단으로 '원전'에 방점을 두고 있는 것 같다. 현재도 포화상태에 있는 중·저준위방사성폐기물 처리장 추가 확충 외에 고준위방사성 폐기물 처리장도 마련하지 못한 상황에서 '원전'을 탄소중립의 『전가(傳家)의 보도(寶刀)』로 삼는 것은 무리가 있다.

요즘 소형모듈원전(SMR)에 대한 관심도 커지고 있는데, 한국처럼 인구밀도가 높고 국토 면적이 좁은 국가에서 서울이나 대도시 등에 SMR을 설치하는 것이 과연 현실성이 있을지 의문시된다.

높이 오르지 않아도 꿈꿀 수 있는 이유

정치가들이 국가안보는 '백만분의 일'의 불안 요소만 있어도 대응해야 한다고 목소리를 높이면서도, 원전의 안정성은 오로지 신 외에는 알 수 없음에도 원전을 더 많이 확충해야 한다고 한다. 원전의 위험성은 2011년 동일본대지진으로 인한 후쿠시마 원전사고, 1986년 체르노빌 원전 폭발사고 등으로 입증되었다. 앞으로 더욱 심화될 기후변화로 인해 기후재난이 증가할 것은 명약관화한데, 대부분 바닷가에 위치한 원전이 고스란히 그 재난으로 인해 인류를 위험에 빠뜨릴 수 있는 가능성을 얕잡아 볼 수는 없는 것이다.

그런데도 지금 한국 정부는 원전은 안전한 에너지라는 전제하에 더 확충하겠다고 한다. 원전은 차선책이어야 한다. 신재생에너지 분야도 함께 발전시켜 나가야 한다.

시민들은 탄소중립을 희망한다. 심지어 젊은이들 중에는 기후위기로 인한 기후재난으로 초래될 미래 지구멸망 등을 걱정하여 결혼을 포기하고 결혼하더라도 출산을 포기하는 경우도 있다고 하지 않는가! 현세대는 미래세대를 위해 에너지사용을 절제하면서 스스로 신재생에너지를 생산해야 한다.

그러한 방안 중 하나가 태양광발전과 같이 누구나 손쉽게 할 수 있는 신재생에너지 생산에 시민 스스로 참여하는 것이다. 상당수의 시민들은 정부나 지자체의 보조금 없이도 자력으로 태양광 발전에 직접 참여하고 싶어 한다. 탄소중립을 위해 직접적으로 참여하는 방법으로 최고이기 때문이다.

주택에서 사용되는 전기의 일부를 태양광 발전으로 대체 가능하다면 탄소중립에 기여하고 지구의 온도상승을 막는 데도기여하기 때문이다. 자율적인 시민문화운동으로 추진해 볼 것을 제안해 본다.

기후동행카드 시행과 함께 남산혼잡통행료를 정상화하고 서울 시내 곳곳에 승용차가 다니지 못하게 보행전용공간을 확대하고 도로다이어트를 통해 그 공간에 나무를 심고 시민이 보행하고 사계절 푸르름을 느낄 수 있는 정원도시를 조성함으로써 시민이 행복한 도시를 만들 수 있을 것이다. 대중교통 활성화 기조를 훼손시키는 각종 정책의 엇박자를 정상화하도록 조율해야 한다.

CF100(무탄소)은 현실적일 수 있다. 그러나 그것이 궁극의 목표이어서는 안 될 것이다. 인류의 안전과 미래세대를 위해서는 RE100이 대세가 되어야 한다. 서울에 소형모듈원전(SMR)를 건립할 수 있을까? 미국이나 중국, 러시아 등에서 원전을 강력하게 추진하는 것은 미래 지구시민의 안전을 위해서는 찬성하지는 않으나, 그 나라들은 땅덩어리가 워낙에 커서 핵폐기물처리시설을 건립하는 게 수월할 수 있다. 국토 여건이 그들과 많이 다른 한국에서는 사정이 많이 다르다.

한국은 한국적인 탄소중립정책을 고민해야 한다. 기후테크산업을 발전시켜 물만 가지고도 수소를 생성해서 에너지로 활용할 수 있고, 달리는 자동차가 태양광과 풍력을 활용하여 자체적으로 전기를 생산하여 조달하고, 도로와 건물이 태양광(열)과 물을 이용해 에너지를 생산하는 미래의 모습을 상상해 본다.

상상에서 그치지 말고 바로 현실화할 수 있는 정책들과 미래 50년 뒤를 내다보고 장기적으로 기후테크 연구개발 등에 과감한 투자를 해야 한다. 포퓰리즘적인 선심성 예산만 줄여도 필요한 R&D 재원은 충분히 확보 가능할 것이다.

탄소중립 + 신재생에너지 생산 참여: 노블리스 오블리제, 진보와 보수, 세대 간 갈등 해소·통합의 에너지로 전환

이전에 서울을 태양광발전의 메카로 만드는 "태양의 도시"프로젝트를 가동한 적이 있었다. 서울은 신재생에너지 중 태양광발전만이 가능성이 있다는 전제하에 태양광패널을 설치할 수 있는 공간만 있으면 보조금을 지원하면서 설치하는 것을 장려하였다. 대표적인 것이 아파트 베란다 등에 설치가능한 미니태양광패널이 그것이다.

한 가구에서 필요로 하는 전력의 상당량을 생산할 수 있는 아파트베란다형 태양광 발전은 서울의 아파트 곳곳에 설치되었는데, 진행 과정에 뜻하지 않은 부작용이 나타났다. 공공기관 건물이나 부지 등을 활용하여 태양광패널을 설치하는 것이 보다 확실한 실적을 거둘 수 있는 것이어서, 서울주택공사(SH)에서 소유하는 서울 소재 임대아파트 단지에 베란다형 미니태양광 패널을 집중 설치하는 바람에 멀리서도 임대아파트라는 것을 쉽게 알 수 있게 되었다. 즉 베란다에 미니태양광 패널이 많이 설치된 곳은 저소득층이 거주하는 공간이라는 "사회적 낙인"효과가 나타난 것이다.

그런데 이는 사실 잘못된 것이다. 베란다형 태양광패널이 많이 설치된 아파트 단지는 탄소중립실천에 앞장서는 앞서가는 시민의식을 보유한 시민들이라는 자부심을 느낄 수 있어야 한다. 그래서 상류층의 적극적인 참여가 필요하다. "노블리스 오블리제" 하면 떠오르는 것이 상류층의 자식들이 전쟁에 참여해서 조국을 위해 희생하는 것으로 인식하고 있는데, 기후재난 시대의 "노블리스 오블리제"는 탄소중립 달성을 위한 온실가스 감축과 신재생에너지 생산에 적극 참여하여 지구 종말을 늦추는 데 있다고 할 수 있다.

그러나 고가의 아파트에 사는 분들은 전기요금에 무감각할 수 있을 뿐만 아니라 태양광 패널이 고가의 아파트 이미지를 손상시킬 수도 있다는 판단을 할 수 있다고 생각하여 소극적일 수 있다. 온실가스 감축, 탄소중립이라는 도전적 목표를 달성하는데 어디 빈부의 구분이 있겠는가! 진보, 보수 "구분"할 것 없이 "함께"해야 할 사항이다.

그래도 더 배우고 더 앞서간다고 할 수 있는 중산층 이상에서 탄소중립 달성을 위한 신재생에너지 생산에 모범을 보여야 할 것이다. 고가의 아파트 단지 신축허가 조건으로 제로에너지빌딩(ZEB)을 건축하도록 해야 한다. 에너지효율 장비 설치 등을 통한 "패시브"와 지열·수열·태양광발전 등을 통한 신재생에너지 생산을 통한 "액티브"를 조화롭게 하도록 규제를 강화해야 한다. 법령으로 적정 분양가 수준을 정하면 될 것이다.

고가의 기축아파트 등에는 베란다형 태양광패널을 설치하는 것을 유도하기 위해 현 정부에서 추진하려는 '종합부동산세 감면' 등 감세정책과 연계할 것을 제안해 본다. 즉 베란다형태양광패널을 설치한 경우에 종합부동산세를 감면해주는 것으로. 물론, 다수의 중산층 이상 가구에서 이런 제도적 지원 장치 없이도 보조금 지원 없이 자발적으로 지구를 위한 선한 행동을 보여줄 것을 기대할 수 있다.

탄소중립이라는 시대적 과제 앞에 남녀노소, 세대 간, 빈부를 통합하는 이데올로기로 활용하는 것이 필요하다. 미래세대를 위해 기성세대는 무엇을 할것인가? 답은 뻔하다. 지구의 날 등을 기념하기 위해 세계 각국에서 행하는 집단 군무 "플래시몹 퍼포먼스"에 참여하는 사람들을 보면, 남녀노소 함께하는 것을 볼 수 있다.

노인분들이 경로당에서 너무 많이 머무르지 말 것을 제안한다. 직장에서 은퇴한 분들 중 경제적 여유가 있는 분들께서는 탄소중립을 위한 실천활동의 전도사, 그 외에도 사회봉사 등 사회통합 활동에 적극 참여하여 청년층에게 모범을 보여 주시는 것도 너무 멋진 모습이 아닐까 싶다. 슬기로운 탄소감축 생활에 도움을 주는 환경교육 컨설턴트 등 일자리와 연계할 수 있는 가능성도 꽤나 높다.

탄소중립 실천, 종교계와 함께

종교계가 탄소중립 실현을 위해 적극 나서야 한다. 산업화 이전 대비 지구의 온도를 1.5℃에서 2.0℃ 이하로 낮추기 위해서는 공공기관의 역할도 중요하지만 서울의 경우 시민의 참여가 관건이다. 서울과 같은 거대 도시들은 대부분의 탄소가 건물이나 수송 부문, 쓰레기 처리 과정에서 발생되는데 이는 시민 생활과 밀접한 분야이기도 하다.

종교계는 기후재난으로 인한 인류 멸망의 위기로부터 가장 피해를 볼 수 있는 영역이기도 하고 종교지도자들은 설교 등을 통해 신도들의 실생활에 큰 영향력을 행사하기 때문이다. 종교지도자들이 설교 활동 시 "탄소중립을 위한 실천 활동이 곧 천국으로 가는 지름길"이라는 내용을 포함시켰으면 하는 바람이다. 지구가 멸망하면 어떻게 되겠는가! 종교지도자들의 책임이 제일 크다 할 것이다. 종교의 존재의의가 무엇이겠는가? 인류에 대한 사랑의 실천과 구원이 아닌가!

특히 어린이나 청소년 등 미래세대에 대한 교육은 매우 중요하다. 스마트폰의 무차별적 보급, 전인교육보다는 진학교육 등에 치중하는 학교 교육 등으로 인해 교사, 부모들의 학생(자녀)들에 대한 영향력이 감소한 상황에서 마지막 보루가 종교가 되어야 한다. 그런데 목사님이나 스님들께서 신도들에게 설교할 때 '탄소중립'을 말씀하시는 분들이 얼마나 될까? 경험상 그리 많지 않을 것이라는 생각이 든다.

내가 기후환경정책과장으로 일할 때(2023년도) 두 아들에게 탄소중립을 위해 물 아껴 써라, 학교 갈 때 방의 전등 끄고 가라, 샤워할 때 짧게 해라 등등 잔소리를 많이 했었는데… 아이들에게는 우이독경처럼 받아들여진 것 같았다. 당시만 해도 두 아들 모두 교회를 다니고 있어서 나는 목사님들이 당연히 탄소중립을 화두로 교인들이 지켜야 할 생활수칙 등을 말씀하시는 것으로 알았는데, 그렇지 않다는 것을 두 아들의 행동으로 추론할 수 있었다.

요즘 아이들이 샤워하면서 30분 정도 한다고 한다. 거의 대부분의 가정에서 겪고 있는 현상이라니 놀랄 "노" 자라 아니할 수 없다. 샤워하면서 스마트폰으로 동영상 보면서 일종의 스트레스 푸는 거라고. 내가 10분 이내로 샤워 끝내라고 여러 차례 얘기해 봤지만 소용이 없었다. 지금은 아무런 말도 하지 않는다. 심지어 빈방에 불이 켜져 있는 경우가 많아 불 끄라고 했다가 서로 다투기까지 하였다.

이제는 종교계가 힘을 합쳐 "지구 살리기"를 위해 교인들이 실생활에서 탄소중립 실천 활동을 하도록 장려해야 한다. 성직자들의 설교에 탄소중립을 포함시키는 것은 두 말할 필요가 없을 테고… 가정에서 직장에서 어떻게 해야 되하지? 등에 대해 말해줘야 한다. 탄소중립 실천 활동을 해야만 지구가 영원히 존재하고 그래야 천국도 존재할 수 있는 것 아닌가! 천국(극락)이 영구히 존재하기 위해서는 탄소중립 실천활동을 하는 종교인들이 많아져야 한다.

요즘처럼 가정과 학교에서 전인교육이 이루어지기 어려운 현실 여건을 고려할 때 사회적으로 추앙받는 성직자들이 나서준다면 2050년 탄소중립 목표 달성이 그리 요원하고 어렵지만은 않을 수도 있다. 나는 그런 차원에서 시와 종교계가 함께 공동협력 사업을 발굴하고 협업하는 것을 추진하였다. 먼저 종교계 중 우선 기독교계와 공동협력 사업을 발굴하여 협업하는 것을 6개월 정도 추진하기도 하였다. 향후에는 전체 종교계로 확대하고픈 염원이 강력했었다.

특히 기독교는 교회 건물이 대형화 추세를 보이면서 주로 도심에 많이 위치해 기후재난 시대에 마치 "노아의 방주"와 같은 역할을 할 수 있다, 교회 건물을 신축하거나 리모델링 할 때 제로에너지건물(ZEB)로 조성하고 태양광 및 지열 등 신재생에너지를 설치하고, 옥상녹화(綠化)를 하여 탄소흡수도 하고 도시열섬 완화에도 기여하며, 교회 내 커피숍 등에서 일회용 컵 사용금지(다회용기 사용) 등과 같은 조치를 하게 되면 그 자체가 "노아의 방주"가 되어 기후재난에 대비하는 모델로써 신자들에게까지 확산이 되어 지구 살리기에 일조를 할 것이다.

서울시 탄소중립 총괄 실무자로서 태어나서 처음으로 명동에 위치한 천주교대성당(부속 건물)을 방문하여 일부 탄소중립 실천 활동을 하시는 신도분들에게 서울시 2050 탄소중립 비전 등을 소개하는 의미 있는 시간을 할애받은 바 있었는데, 종교계에서도 이미 그러한 활동을 하고 있었다.

  나는 기독교계에서부터 시와 공동협력 사업을 발굴하여 협업하는 업무협약식과 같은 의미 있는 사업을 추진하다가 아리수본부 발령과 함께 그 업무로부터 손을 떼게 되었다. 아쉬움이 많다.

기후동행카드의 성공을 위해

요즘 서울시의 기후동행카드가 시민들로부터 매우 환영받는 정책으로 떠오르고 있다. 그도 그럴 것이 대중교통 이용객들에게는 요금을 많이 할인해 주는 효과가 있으니 너도 나도 구매를 할 수밖에… 게다가 기후재난 시대에 온실가스 감축을 통한 탄소중립에 기여할 수 있다는 명분을 십분 활용하였다.

서울시의 기후동행카드 외에 K-패스, 더 경기패스, 인천 I-패스 등 국토교통부와 경기·인천이 마련한 대중교통요금 할인제도가 경쟁적으로 출시되면서 상호 경쟁하고 있다. 요금할인 방식에 따라, 매월 일정 금액 충전으로 무제한 사용 가능한 정액제 방식과 매월 일정 횟수 이상 사용한 경우에 그 사용 금액의 일부를 할인해 주는 정률제(K-패스) 방식이 있다.

특히, 정액제 교통카드 발급 도입에 대해서는 아주 오래전부터 논의되었는데, 관건은 정책 시행에 따른 교통기관의 손실 발생분 보전에 필요한 공적재원 마련을 어떻게 담보할 것인가였다.

게다가 시내버스 준공영제 시행으로 인한 버스업계 운송적자 발

높이 오르지 않아도 꿈꿀 수 있는 이유

생과 이에 상응하는 막대한 규모의 재정 지원, 지하철 운영적자 규모 증가, 지하철 전동차 노후화에 따른 전동차 교체 비용 등을 이유로 그동안 추진되지 못했던 것인데, 최근 급격한 기후변화로 인한 기후재난 시대에 진입하면서 그 도입 명분을 확보할 수 있었고 드디어 시동을 걸 수 있게 된 것이다.

물론, 버스와 지하철 등 대중교통을 주요 이동 수단으로 하여 온실가스(탄소) 배출 감소에 기여한 다수의 시민에게 보상 차원에서 인센티브를 제공한다는 의미도 있다. 교통비가 상대적으로 저렴해진 만큼 그 절감된 비용을 다른 문화예술 활동이나 소비활동에 지출을 늘려 경제 활성화에도 기여할 것이라는 주장도 인정할 만하다.

관건은 승용차 이용자들의 대중교통수단으로 전환일 텐데, 그리 쉽지는 않을 것이다. 물론 승용차 이용에서 대중교통으로 전환하는 시민들은 존재하겠지만 대중교통요금 할인만으로는 그렇게 많아지지는 않을 것 같다. 지난 코로나19 시국에 승용차 수단분담율이 증가하는 추세를 보였다. 아무래도 대인 접촉을 기피하다 보니 다수가 좁은 공간을 공유해야 하는 버스나 지하철을 벗어나서 승용차와 자전거 등 PM(개인이동장치)으로 일부가 이전되는 경향을 보였던 것이다.

어차피 버스나 지하철, 따릉이를 탈 수밖에 없는 시민들에게 교통비를 아낄 수 있게 해주는 '교통복지'적 측면에서는 큰 의미가 있다. 그러나 기후동행카드 이름에 어울리는 성과를 거두기 위해서는 매년 수 백억 원의 재정투자 규모를 초과하는 온실가스(탄소) 감축 효과가 나타나야 할 것이다.

앞으로 GTX노선이 확충되면 수도권의 승용차 수단분담율이 크게 감소할 것으로 예측된다. 요금할인 정책이 GTX에 까지 적용된다면 요금할인분을 보전해야 하는 공공부문의 재정투자 규모가 상상외로 큰 규모가 될 것이다. 수도권 전 지역이 위와 같은 대중교통요금제가 통용된다면 추가되는 비용에 대해서는 어떻게 보전할 것인지? 이에 대한 논의가 필요하다.

서울의 경우 매년 버스, 지하철 운영 적자가 눈덩이처럼 쌓여가고 있는 상황에서 막대한 재정이 투자되는 기후동행카드 사업이 장기적으로 그 효과를 발휘하기 위해서는 안정적인 재원확보가 관건이라 할 수 있다. 특히, 서울은 지하철 노후전동차 교체에 따른 비용과 지하철 운영에 따른 운송적자 증가를 이유로 중앙정부에 지속적으로 국비 지원을 요구해 왔었는데, 이제는 지원요청 명분이 상당히 감소할 수밖에 없을 것이다.

또한 수익자부담 원칙에 입각한 대중교통 요금 인상도 예전보다는 더 어려워질 것 같다. 기후재난 시대 승용차 구매 욕구를 떨어뜨리기 위해 보다 더 과감한 규제 대책을 마련해야 한다. 인센티브와 디센티브를 함께 시행해야 한다. 승용차 유지비용이 부담으로 느껴질 정도로 커져서 승용차 구매 욕구를 떨어뜨려야 한다. 단순히 대중교통 요금 인하와 같은 효과를 내는 인센티브 정책만으로는 한계가 있다. 고가의 자동차를 10년 주기로 재구매한다고 가정하면 연간 4백에서 5백만 원 정도 감가상각이 되는 상황에서 절감되는 대중교통비 때문에 자동차를 집에 고이 모셔두고 대중교통으로 갈아탄다는 것은 쉽지 않을 것이다.

게다가 정기적으로 납부하는 고액의 자동차세와 자동차보험료

높이 오르지 않아도 꿈꿀 수 있는 이유

를 생각한다면 더 강한 인센티브와 디센티브가 함께 제공되어야만이 자동차 이용률을 획기적으로 감소시킬 수 있다. 자율주행시대를 맞이하면서 자동차는 단순한 이동수단을 넘어 생활·문화 공간으로까지 인식될 것이다.

보다 근본적인 대책은 자동차를 구매하지 않아도 될 만큼 편리(저렴)하고 안전한 대중교통시스템이 마련되고, 장거리 이동 시에는 자동차를 쉽고 저렴하게 이용할 수 있는 '자동차 공유 사용' 체계가 마련되어야 한다. 자동차를 한번 구매한 이후에는 위와 같은 이유로 대중교통수단으로 갈아타는 것이 쉽지 않기 때문이다. 그와 더불어 자동차 유지·관리에 드는 비용이 더 비싸져야 한다. 엄두가 나지 않아 자동차 구매를 주저하게 되고 구매한 경우에도 평상시에는 주거지 내 주차장에 고이 모셔두고 주말이나 유사시에만 최소한 이용하게끔 해야 한다.

일본이나 중국의 대도시에서는 자동차를 구매하는 것을 어렵게 하는 조치를 일찌감치 시행하고 있다. 도쿄에서는 차고지 증명제를 시행하고 있는데, 자동차를 구매하려면 주차할 수 있는 공간을 주거지 내에 확보해야 한다. 아파트의 경우 승용차 대당 월 주차요금으로 20~30만 원을 부담해야 한다고 한다. 북경에서는 운행 가능한 자동차 총량을 정해놓고 그 이상으로 자동차가 늘어나는 것을 금지하고 있다. 그래서 시민이 자동차를 구매하기 위해서는 먼저 정원(T/O)을 확보해야만 가능하다고 한다. 정원 확보에 많은 비용이 드는 게 사실이다. 영국 런던의 경우에는 런던시 외곽에서 런던 도심으로 들어오는 거의 모든 차량에 대해 최고 2만 원 상당의 혼잡통행료를 부과하고 있다.

최근 언론보도 등에 의하면 미국 뉴욕시에서도 올해(2025년) 1월부터 맨해튼 도심부로 진입하는 승용차에 혼잡통행료를 최고 9달러(약 1만 3천 원) 부과하기로 하였다고 한다.

반면 한국은 위와 같은 규제장치 없이 누구나 쉽게 자동차를 구매할 수 있도록 하고 있다. 자동차세나 보험료 등 필수 비용 이외에 다른 국가들에서 부과하는 유지관리 비용이 거의 들지 않는다. 예전에는 불법주차 단속을 강화하여 도심으로의 자동차 통행량을 감소시키고자 하였는데, 지금은 그 의미가 많이 퇴색되어 서울시나 자치구에서는 소극적으로 대응하고 있다. 주차단속 시 차주가 부담하는 건당 과태료 부과액 3만 2천 원~4만 원이 어찌 보면 승용차를 운행하는데 소요되는 유지비용이 아닐까 싶다.

어찌 됐든 수송 부문의 온실가스를 감축하기 위해서는 내연기관차, 전기차 구분할 것 없이 시민들의 승용차에 대한 구매 욕구를 떨어뜨려야 하고, 이왕 구매한 경우에는 운행거리를 최대한 감축하게 하는 교통수요관리대책이 강구되어 시행되어야 한다.

현재 서울의 교통수요관리대책은 규제 완화 차원에서 이전보다 낮은 수준으로 시행되고 있다. 과거 확실한 차량운행 감축효과를 거두었던 불법주차 단속 정책은 후퇴하고 있다. 그 위상이 많이 낮아졌는데, 추진부서가 원래는 도시교통실 소속 정규부서(교통지도과)였던 것이 최근('24.7.)에는 추진반(교통지도반)으로 지위가 강등되었다. 자동차 자율주행 시대가 본격화되면 자동차 출고 시에 불법주차가 시스템상 불가능하게 프로그램화될 것이기에, 서울시가 미래 상황을 고려하여 선제적으로 담당 조직을 축소하였다고 하면 적극행정의 한 방편이라고 긍정적인 평가를 할 수도 있겠지만….

높이 오르지 않아도 꿈꿀 수 있는 이유

혼잡통행료 징수 정책 후퇴(축소), 흔들리고 있는 대중교통전용지구 정책 등등을 보면 대중교통 활성화를 위해 더 강하게 시행하지는 못하더라도 현상유지는 해야 하는데 오히려 축소하여 시행하고 있으니 안타까울 따름이다. 기후동행카드와 같은 대중교통요금 할인 정책 하나로 모든 문제가 해결되지는 않을 것이다. 다른 수단들도 함께 병용해야 기후재난 시대에 교통 부문의 온실가스 감축에 기여할 것이다.

교통 정책과 복지 정책은 상당 부분 궤를 같이하고 있다. 수도권 거주 노인들은 전철을 무료로 타고 수도권 지역을 자유롭게 다닐 수 있다. 전철은 노인들의 해방구다. 전철은 승객이 많으나 적으나 정해진 경로를 따라 운행한다. 초고령화 추세에 따라 수도권 전철에 대한 급증하는 노인의 무임승차가 결국은 서울지하철 운영기관의 운송수익 적자로 연결되는 것이 문제긴 하지만, 보편적 복지 차원에서 국가적으로 해결해야 할 사안이라 할 수 있다.

다만, 혼잡한 출퇴근시간대만 노인들이 전철 이용을 자제하거나 약간의 요금을 부담하게 하는 것은 필요하겠지만, 그 외 시간대에 노인들이 자유롭게 전철을 타고 수도권 어디든 이동할 수 있게 하는 것이 노인 건강에 도움을 주어 국가적으로 재정 지출 절감 효과를 가져올 수 있기 때문이다.

기후동행카드 등 다양한 대중교통요금 할인제 시행과 함께 노인들의 전철무임승차 문제는 더 이상 공론화하지 않았으면 좋겠다. 국가가 답을 내놓으면 될 것이다.

어르신들에게 여행의 자유를…

　참으로 아름답고 명분 있는 정책들이 너무나도 비합리적 논리 구조에 근거하여 세간의 논란거리가 되고 있어 안타까운 심정이다. 노인들의 전철 요금 무료화에 대해 개선해야 한다는 것이다. 지하철 운영적자가 눈덩이처럼 늘어나고 있으니 무임승차 연령을 상향해야 하던지, 아니면 그 혜택을 줄이자는 것이다.

　내가 버스정책과장을 담당했었던 당시(2008년)에는 왜 전철만 무료승차를 하고 있지? 시내버스도 무료승차를 하면 좋겠다는 생각을 했었다. 노인들이 지하철을 타고 땅속으로 다니는 것보다 시내버스를 타고 지상으로 다니면서 서울의 발전상을 느끼면서 다니시게 하는 게 훨씬 좋을 것 같다는 생각을 했었다. 왜냐하면 전철이나 버스는 정해진 노선을 정해진 시간에 따라 승객이 있으나 없으나 운행해야 하기 때문에…. 노인들로 승객이 많아진다고 해서 추가 비용이 더 많이 드는 것이 아닐 테니까 말이다.

　그런데 문제가 있었다. 시내버스는 전철보다 승차 과정이나 승차 후 내부에서 안전사고가 발생할 가능성이 훨씬 높다는 것이다.

노인분들은 청장년층보다 민첩성이 떨어져서 버스 내부에서 넘어지거나 미끄러져 큰 사고로 이어질 가능성이 훨씬 높기 때문에 일찌감치 단념하게 되었다.

나쁜 사람들이다. 젊은 층과 노인층을 구분하여 서로 싸우게끔 조장하고 편 가르면서 정치적 이득을 취하려는 정치인들 말이다. 대중교통수단을 운영하면서 엄청난 적자가 발생하고 있는데 설상가상으로 노후된 인프라에 대한 교체 및 업그레이드에도 막대한 재정투자가 필요하기 때문에 노인 전철 무임승차 연령을 상향 조정해야 한다고 주장한다. 또는 무임승차 범위를 줄여야 한다는 논리를 설파하고 있다.

온전한 사고를 하는 사람이라면 현재 운영 중인 기후동행카드를 비롯한 각종 대중교통요금 할인제도는 시민의 세금으로 그 할인된 만큼 보조해 주겠다는 것인데… 한 마디로 대중교통 이용객의 부담을 완화해 주겠다는 교통복지로 이해해야 할 것이다. 중앙정부, 수도권 등 대도시 등에서 경쟁적으로 대중교통 이용 시 할인 혜택을 경쟁하듯 쏟아내고 있다. 요금할인으로 혜택을 받는 시민들은 좋아하겠지만 미래세대에 부담으로 작용할 수 있기 때문에 신중할 필요가 있다.

과도한 대중교통요금 할인정책은 요금왜곡 현상을 가져올 수 있고 그 결과는 미래세대의 부담으로 작용할 수 있다는 것이다. 제대로 요금을 받아 노후된 대중교통 인프라 및 시설의 업그레이드와 정비 등에 사용해야 하는데, 매년 할인 혜택으로 인한 막대한 운송수지 적자분을 세금으로 보전하면서 정작 세금이 투입되어야 할 곳에는 사용되지 못해 결국은 미래세대의 부담으로 전가될 우려가 있기 때문이다.

노인들의 이동권을 보장해주는 노인 무임승차는 노인행복추구권의 실체적 수단이라 할 수 있다. 이미 핵가족화되어 노인과 함께 사는 가구는 그리 많지 않을 것이다. 예외적으로, 만약 노인이 자식 내외와 함께 거주하고 있다면 가족 구성원 간 갈등이 항상 존재할 수 있다. 이런 갈등을 회피하기 위해, 많은 노인들이 이른 새벽에 집을 나서고 있다. 가족 구성원의 눈치로부터 벗어날 수 있어 전철무임승차는 단순히 노인 이동권 보장 측면 뿐만 아니라 가족 구성원 간 갈등을 예방할 수 있는 "노인 해방구" 등으로 작용하고 있다.

한국의 노인빈곤율이 경제협력개발기구(OECD) 회원국 중 최상위권에 속해있는 상황에서 그나마 노인들이 일자리를 찾아서, 무상급식소를 찾아, 친구를 찾아 공원으로, 멀리 온천으로 이동할 수 있게 해주는 친구 그 이상의 존재로 간주되고 있는 것이 "전철무임승차" 정책이다.

노인무임승차가 지하철 운영 적자 발생의 주요 원인이라고 주장하면서 그 혜택을 줄여야 한다고 한다. 그러면서도 다른 한편으로는 수백억 원씩 세금을 쏟아 부어야만 가능한 대중교통요금 할인 정책을 실시하고 있는 이런 아이러니는 어떻게 설명할 수 있을까?

청년을 대우하고 청년의 교통비를 지원해주는 만큼 노인들의 기존 무임승차에 대해서도 신중한 접근을 했으면 한다. 한정된 공적 재원에 대한 세대 간 선점 문제로 인식하지 말고 서로가 화합할 수 있는 묘안을 찾아야 한다. 다소의 운영 적자 해소에도 도움을 주고 출퇴근시간대 등 러시아워 시간대 차내 혼잡을 완화하기 위해 노인들이 지하철을 타는 경우에 요금의 일부를 부담토록 하는 것을 검토하면 어떨까! 기술적으로 가능하지 않을까 싶다.

어차피 기차는 사람이 적게 타든 많이 타든 정해진 노선을 정해진 시간에 운행하게 된다. 따라서 출퇴근시간대 혼잡시간만 피하면 지하철을 무료로 탑승토록 하는 것은 좋은 대안이 될 것이다. 한국은 경제협력개발기구(OECD) 회원국 중에서도 노인빈곤율도 높고 노인자살율도 매우 높다고 한다. 노인빈곤층은 교통비를 아껴 생활비에 보태고자 하는 경향이 강하다. 외로움으로부터 탈출할 수 있는 전철 무임승차제도는 앞으로도 유지되어야 한다.

내가 내가 최근(24년)에 소장으로 재직했던 남부수도사업소에는 하루에 평균 대여섯 분의 고령자 민원인이 직접 찾아왔다. 수도요금이 전월보다 천원 비싸게 나왔다고 따지러 오는 분도 계시고 고지서를 추가 발급받기 위해서, 누수로 인해 수도요금이 많이 나와서 해결해달라는 등의 이유로 편벽한 위치에 있는 사업소를 찾아오시는데, 인터뷰를 해 보면 대부분의 노인분들이 전철을 이용한다. 시내버스는 요금을 내야 하기 때문에 그것이 지하철보다 편하다는 것을 알고 있더라도 굳이 지하철을 이용한다. 노인분들에게 천 원, 이천 원은 청년들의 느끼는 그것과는 다른 것이다.

노인들이 지하철(전철)을 타고 수도권을 자유롭게 이동할 수 있다는 것은 정신적으로나 신체적으로 엄청난 긍정적인 영향을 주고 있다. 서울에서 천안이나 춘천까지도 왕래하면서 친구들과의 당일치기 여행도 가능하다. 만약 노인들이 교통비를 이유로 집에서만 머무른다고 가정하면, 며느리 또는 배우자로부터 얼마나 심한 눈치를 봐야 하겠는가! 전철은 노인들의 해방구다. 해방구를 폐쇄하자는 주장은 더 이상 무의미하고 몰염치한 것이다.

더 나아가 노인빈곤층에게는 전철무임승차 보장 외에도 서울에서 먼 거리에 거주하는 친지나 친구를 방문할 수 있도록 또는 여행을 할 수 있도록 여행경비를 지원해 주는 것도 정부나 지자체에서 검토할 것을 제안해 본다. 노인 전용 여행바우처 신설을 진지하게 제안해 본다. 지금의 노인들은 조국 현대화, 산업화과정에서 많은 기여를 하였고, 국제통화기금(IMF) 위기 상황 극복 과정에 좌절과 실패를 겪으면서 불굴의 도전 의식으로 대한민국을 회생시키는 견인차 역할을 하였던 반면, 정작 자신들의 노후생활보장에 대해서는 준비하지 못해 현재 고독과 빈곤으로 힘들어하는 분들이 많다. 노인들이 인생을 뒤돌아보고 건강한 정신상태를 유지하면서 삶에 대한 긍정적 희망을 보유할 수 있도록 공공기관의 일정한 역할을 기대해 본다.

덧붙이는 말

비 오는 날 서울의 종로 3가 지하철역을 가보라! 탑골공원을 찾는 수많은 노인이 비를 피하려고 역사 내부로 몰리는 바람에 혼잡하기 그지없는 상황을 쉬이 볼 수 있다. 그리고 점심시간이 멀었는데도 한 끼 식사를 해결하기 위해 땡볕의 고온도 마다 않고 무료급식소 앞에서 장시간 줄을 서서 기다리는 노인분들을 보면서, 우리가 속한 사회는 어떤 노력을 해야 하는지? 곰곰이 생각해야 한다.

그런 노인들의 모습은 바로 머지않은 훗날 청년들의 모습일 수도 있다. 청년들에게 "노인" 하면 떠오르는 이미지가 "멋지다" "폼 난다" "아름답다" 등이 되도록 사회제도가 뒷받침할 수 있어야 한다. 그래야 청년들이 자신들의 미래를 긍정적으로 생각하고 희망을 가질 것이다.

노인들의 모습은 사회 건강도 수준을 나타내는 바로미터라 할 수 있다. 그들이 모습이 건강하고 아름다워야 한국 사회의 저출산 상황도 개선될 것이다.

저출생을 넘어 고출생 사회로:
공정한 사회 + 청년에게 희망을

2023년 대한민국의 합계출산율 0.72명, 저출생은 인구 고령화에 큰 영향을 주고 있다. 경제협력개발기구(OECD) 회원국 중 합계출산율이 1명을 밑도는 유일한 국가가 한국이라고 한다. 아이는 태어나지 않고 노인은 많아져서 급격한 고령화 사회로 진입하고 있어 사회 전체적인 경쟁력이 감소하고 있다.

최근('24.7.) 정부에서는 심각한 인구감소로 인한 초고령화, 국가 소멸을 막으려고 부총리급의 '인구전략기획부'를 신설하겠다고 발표하였다. 부처조직 하나 만들고 돈 많이 쓰고 해서 저출생 문제를 극복한다면 얼마나 좋을까! 조직과 돈으로 하는 것은 한계가 있다. 여기서는 조직과 돈으로 해결하는 것 외에 "사회적 자본(가치)" 등에 대해 나의 생각을 말하고 싶다.

공정하고 정의로운 사회! 권력이 있든 없든, 재력이 있든 없든 모든 시민이 법 앞에 평등하고 기회가 공정하게 주어진 사회! 누구나 능력에 맞게 일하고 그에 상응하는 적정한 보상이 주어지는 사회, 행복이 부모의 재력이나 권력 정도에 따라 차등 지워지지 않는

높이 오르지 않아도 꿈꿀 수 있는 이유

사회, 누구나 자신의 잠재 능력을 탐색할 수 있는 기회가 제공되고 그 능력을 발휘할 수 있도록 필요한 교육을 받을 수 있는 기회가 보장되는 사회! 한국 사회가 유토피아 사회에서나 실현 가능한 이와 같은 사회적 가치들을 존중하고 구현하려고 노력한다면 저출생 상황은 점진적으로 개선될 것이다.

보다 구체적으로 기술하면 사회적으로 한정된 가치(자원) 배분의 공정성, 공정한 교육을 받을 권리의 보장, 유전무죄 무전유죄가 성립되지 않는 정의로운 사법체계 확립, 돈이 없어도 적정한 치료를 받을 수 있는 건강권이 보장되는 사회, 우리는 이런 사회를 꿈꾼다. 추가로 자본주의 시장경제체계에서 도태되는 시민들에게 기본적 생활권을 넘어 인간적 수준의 삶의 질을 보장해주는 사회, 기후재난 시대 탄소중립 달성 가능성에 대한 희망으로 미래세대의 안전한 삶이 담보되는 사회가 되면 저출생은 극복될 것이다.

위와 같은 시민들이 공유하는 공공선(이념)이나 사회적자본[63]이 충분하게 축적되어 있지 않은 토대에서 출산보조금, 임대주택우선공급, 각종 인센티브 제공 등은 사상누각에 불과할 수 있다. 청년들의 '한국 사회의 영속성에 대한 믿음'과 '개인의 행복한 삶의 보장' 간의 보완관계가 성립되어야 한다. 현재 한국 청년들이 느끼는 '헬 조선' '3포 세대' 이런 단어들은 위의 두 개념이 상충관계에 있음을 암시하고 있다.

---

63) 사회적자본이란? 대인관계와 공유된 정체성, 규범, 이해, 가치와 더불어 신뢰, 협력, 상호작용을 통해 사회집단에 효과적인 기능을 하는 것이다. (출처: 네이버 위키백과) 이를 확대하면, 이웃에 대한 배려, 공공선에 대한 공유, 다름에 대한 인정, 함께 잘살기 등을 통해 경쟁하되 파국으로 치닫지 않을 수 있다. 즉, 사회통합과 번영에 기여하는 가치라 할 수 있다.

생성형 인공지능(AI), 자율주행, 로봇화 등 고도화된 디지털사회로 진입하면서 청년들의 미래가 그리 밝지 않은 것으로 예견되고 있다. 일자리가 사라지고 인간의 수동성이 부각되면서 청년들의 이미지는 점점 "잉여 인간"으로 낙인되어 가고 있는 것처럼 보인다. 미래가 그리 밝지 않은 청년들의 진취성을 드높일 수 있는 방법은 무엇일까? 기성세대들이 깊이 고민해야 할 사항이다.

남들보다 덜 배우고 대기업에 가지 않아도 그 사람이 처한 환경에서 최선의 노력을 다해 일한다면 일한 만큼 적정하게 보상을 받고, 학력 수준 등으로 차별받지 않는 사회에서 청년들은 그들의 미래에 대해 희망을 가질 수 있을 것이다. 그래야 결혼도 하고 애도 낳고 싶어 한다. 사회 모든 영역에 광범위하게 퍼져있는 소모적 경쟁시스템을 개선해야 한다.

한국 사회는 "요람에서 무덤까지" 경쟁이 일상화된 초고도 경쟁사회가 되었다. 경쟁에서 뒤처지면 '끝장'이라는 생각이 유치원부터 대학 졸업까지 우리들의 머릿속에 깃들여 있다. 남의 성공은 나의 불행이라는 인식이 팽배해 있는 사회 분위기에서 누가 아이를 많이 낳으려고 하겠는가! 행복한 사회를 조성하는 것이 급선무다.

위와 같은 무형의 사회체계 혁신과 함께 복지전달체계에 대한 대대적인 혁신이 필요하다. 취약계층 혹은 지원대상별로 생애주기별 맞춤 지원이 가능하도록 사회복지통합관리시스템을 업그레이드·정비하여야 한다. 사회복지비용 확충을 위해 세수 확충 방안을 공론화하고, 행정기관이 세금을 투명하게 관리하고 사용할 수 있도록 국가 감독 기구의 독립성을 강화하여 정부나 지자체의 선심성 예산 사용을 예방하여야 한다.

선심성 사업, 즉흥적 사업 등에 허투루 사용하는 재정을 아끼면 세금을 많이 증액하지 않아도 상당한 복지비용을 충당할 수 있다. 우리는 새로운 정권이 들어서면 이전 정권에서 추진하던 정책들을 폐기하느라고 상당한 매몰비용이 발생하는데, 어쩔 수 없는 상황에도 이를 최소화하려는 노력을 해야 한다.

예전에 고위 간부들이 인사 발령으로 보직이 바뀌게 되면, 사무실 배치를 전면적으로 하면서 멀쩡한 가구들을 새로 구매하는 경우를 종종 봤었다. 길어봤자 1년 혹은 2년 근무할 텐데, 얼마나 오래 근무하려고 그러는지. 자기 돈이 들어간다면 그렇게 할 것인지? 참 세금을 허투루 쓰는 경우가 허다하였다.

멀쩡한 사무실을 놔두고 다른 사무실 구하느라 엄청난 세금을 사용하는 경우도 다반사다. 이런 예산 낭비 사례를 예방할 수만 있어도 상당한 수준의 복지기금을 추가로 확보할 수 있다.

대한민국은 곳곳에서 불공정하고 정의롭지 못한 일들이 나타나고 있다. 그런 것을 보는 청년들은 과연 이 나라가 공정한가?라고 기득권층에게 묻는다면 어떤 답변이 가능할까? 사회 곳곳에서 공정과 상식이 넘쳐나야 하는데, 내가 본 한국 사회는 그런 것 같지 않다.

내가 공직 생활 중 경험했던 불공정한 사례로 꼽을 수 있는 대표적인 것이 국가나 지자체 산하 공사·공단 등의 기관장 등 선발 과정이다. 기관장이나 상임감사 등을 뽑는 과정에, 형식적으로는 공모 절차를 거쳐 투명하게 선발하고 있다고는 하나 실제는 그러하지 않는 경우가 허다하다. 사전에 내정된 인사를 정략적으로 선발하기 때문이다. 대통령이나 지자체장 선거 과정에 도움을 주었던 인사들에게 한자리 주는 보은인사(報恩人事)라 할 수 있다. 그 과정에 아무것도 모르고 공모에 응한 응시자는 그저 들러리로 참여하는 격이다. 이런 정략적인 공공기관장 채용은 결국은 공공기관 신입 직원 부정채용과도 깊은 연관이 있다. 공공기관장이 될 수 있도록 도와줬던 유력자의 부정채용 청탁을 거절하기가 어렵기 때문이다.

언론 등의 보도를 통해 우리는 공공기관 등의 신규직원 채용과 정에도 국회의원, 시의원 등 유력자들의 부정청탁이 늘 있어 왔다 는 것을 인지하고 있다. 막대한 공적자금이 투입되는 은행 등 금융 권에서도 부정채용이 발생하였다는 언론보도도 있었다. 듣기로는 아주 예전에 '호랑이 담배 피던 시절'에 현재 '우리은행'의 전신이었 던 '상업은행' 시절에 상업은행이 서울시 시금고를 담당하였기에 서울시 고위 간부 자제가 '상업은행 직원으로 특채' 된 사례가 있었 다고도 한다.

한정된 채용 규모를 고려하면, 어떤 직원이 부정 청탁으로 채용 되었다면 실력을 갖춘 누구는 탈락한 것을 의미하기에 부정 채용 은 청년층의 사회의 공정성에 대한 불신을 조장하는 강력한 원인 중 하나라 할 수 있다. 힘없고 백그라운드 없는 '흙수저' 청년들은 심한 좌절감을 느낄 수밖에 없을 것이다.

정략적으로 공공기관장이 임명되면 여러 폐해가 속출한다. 모든 기관장들이 새로 취임하게 되면 전임 기관장이 타던 관용차는 전 부 신차로 교체된다. 막대한 재정이 허투루 쓰이게 된다. 법령으 로 이런 나쁜 짓을 하지 못하도록 금지해야 한다. 내구연한이 종 료되지 않은 관용차는 구매하지 못하도록 의무화해야 한다. 그 외 해당 기관을 이끌어갈 전문성 부족으로 경영혁신에 자원과 에너지

　　　　　　　높이 오르지 않아도 꿈꿀 수 있는 이유

를 투입하기보다는 노조나 정치권과의 원만한 관계 유지 등에 초점을 맞추고 무사안일하게 시간 보내기를 일삼기도 할 것이다.

이런 비합리적인 관행을 개선하기 위해 정치·행정 시스템을 대대적으로 혁신해야 한다. 국가나 지자체 산하 공공기관장(감사 등) 선발 과정에 대통령이나 지자체장이 관여하지 못하도록 법령으로 의무화해야 한다. 유럽 국가 중 일부에서 대통령과 무관한 제3의 기관에서 공공기관장 등을 공정하게 선발하는 사례가 있다 하니 우리도 참고할 만하다.

현재 공무원의 정치적 중립이 지켜지고 있다고 보는가? 지자체장으로 당선되어 임기를 개시하는 시점부터 다음 선거에서 당선되기 위해 또는 그보다 상위의 공직을 담임하기 위한 선거운동을 시작한다고 하지 않던가! 그 과정에 지자체 소속 일반직 공직자들도 마치 정무직 공무원처럼 부화뇌동하고 있다. 예를 들면, 국회의원 총선이 예정되어 있는 경우에 지자체 소속 공무원들이 당해 지자체장이 소속된 정당에서 공천한 후보들에게 유리할 수 있는 각종 장밋빛 지역개발 청사진 등을 경쟁하듯이 발표하곤 한다.

광역지자체장의 경우에 그 지역 출신의 국회의원 당선자가 많이 나오게끔 측면 지원을 하고 싶은 것인데, 지역개발은 지자체장의 고유 업무라고 포장하면서 같은 당 소속 후보들에게 힘을 실어주려고 '눈 가리고 아웅' 하는 격이다. 같은 당 소속 국회의원들이 많이 당선되도록 도움을 주어 훗날 당내 정치적 입지를 확고히 하려는 속셈이 있는 것이다.

공무원의 정치적 중립이 훼손되고 있는 마당에 과연 공무원이 60세까지 근무할 수 있도록 법적으로 보장하는 것이 적절한지에 대해 논의를 했으면 한다. 정무직이 아니더라도 일반직의 고위 공무원들이 정치적 중립을 지킬 수 있는 환경은 아니다.

그리고 과도한 정치권력이 사회 모든 영역 위에 군림하고 그 영향력을 곳곳에 주입(투영)하려는 현행 정치구조를 바꿔야 한다. 대표적으로 바꿔야 할 것이 국회의원 선출 방식이다. 국회의원은 법률을 제정할 권리를 가지고 있어서 한정된 사회적 가치의 효율적인 배분과 재분배에 대한 원칙을 정할 수 있다. 따라서 각계각층의 민의를 대변할 수 있도록 지역대표제를 대폭 축소하는 대신 비례대표제를 대폭 확대하는 것이다.

현행 지역대표제는 지역에 기반한 세력화에 능한 정치인들이 국회에 들어가서 해당 지역의 개발 정책이나 민원 사항 해결에 집중하고 당리당략을 위한 정파 싸움에 혈안이 되는 반면, 저출산 극복, 연금 개혁, 미래 산업 육성 등과 같은 국가급 아젠다에 대해서는 관심사가 뒤로 밀리는 등의 폐해를 수반한다.

그러한 폐해를 극복하기 위해 다양한 사회계층과 직능별 이익을 조정하고 대변할 수 있게끔 직능별 대표들이 국회에 다수가 진출할 수 있도록 하여야 한다. 미래세대의 주역인 청년들의 상황은 현재도 암울하고 미래도 암울할 것이라고 예측한다. 청년들의 현재와 미래의 상황이 밝아지도록 그들의 입장에서 정책을 입안할 수 있도록, 청년들이 국회 진출에 희망을 걸어야 한다.

저출산위기를 극복하기 위해서는 위에서 말한 사회자본 확충[64],

---

64) 영국의 씽크탱크 레가툼 연구소가 167개국을 평가하여 발표한 "국가별번영지수"에서 한국은 교육수준 3위, 보건의료 3위, 사회적 자본 107위로 제시. (출처: 중앙일보 2024.8.30. 중앙시평)

정치개혁 외에 출산을 장려하는 사회적 분위기를 조성하는 것이 필요하다. 1인 가구가 100만 가구를 넘어서고 애완견 등 펫 산업이 뜨고 있다. "군중 속의 고독"의 시대가 가고 요즘은 "나 혼자 고독"의 시대가 되었다. 나 혼자 사는 시대에서는 아이를 낳아 기르는 것보다 애완견 등 반려동물을 기르면서 삶의 즐거움을 찾는 데 익숙해졌다. 텔레비전 방송 등에 반려동물을 주제로 하는 프로그램과 미혼 남·녀의 혼자 사는 삶을 내용으로 하는 프로그램들이 인기를 끌고 있다.

TV를 틀거나 유튜브 등 SNS 매체나 정보포털 등을 들어가면, 혼자 살면서 애완견 등을 기르거나 여행을 다니는 멋진 일상을 즐기는 듯한 유명 연예인들을 자주 접하게 되는데, 이런 콘텐츠의 프로그램을 즐기는 미혼 청년들은 어떤 생각을 할까? 시청률을 끌어올리려는 지상파, 케이블 방송사들의 콘텐츠나 프로그램 제작 의도에 어두운 미래에 처한 청년들이 잠시라도 현실의 고통을 망각하고픈 생각에 깊이 빠져들게 된다. 이런 프로그램에 심취하면서 미래에 대한 걱정을 조금이나마 덜어내고 싶은 심정일 것이다. 심각한 경우에는 종일 방안에 틀어박혀 스마트폰과 컴퓨터에서 제공하는 각종 동영상과 게임에 몰입하여 결국은 '은둔자'가 되어 버리는 청년들이 늘어나고 있다.

사람이 우선해야 하는데 치열한 경쟁과 외로움으로 인해 애완견이나 고양이 등 반려동물로 옮겨가는 추세가 심해지면 자연스럽게 출산 및 육아에 대해 부정적인 인식이 확산될 수 있어 반려동물에 대한 신중한 접근이 필요하다 하겠다. 최근('24.7.) 알게 된 웃고픈 정책이 하나 있어 소개하고자 한다. 어느 정부부처가 2024년 우수

해양관광상품으로 선정한 프로그램 중 하나인 '4계절 애견 전용 요트투어'다. 일반 시민들로서는 이해하기 어려운 프로그램이 아닐까 싶다.

요트는 사람도 타기 어려운데, 하물며 애완견 전용 요트를 띄운다니 말이다… 고령의 거동이 힘든 부모들은 가정에서 모시기 힘들어 요양원으로 노인보호시설로 보내놓고서는 개나 고양이 등 반려동물을 정성스레 키우는 사람들을 볼 때마다 안타까운 마음이 드는 것은 어떤 이유일까? 매년 반려동물을 양육하는 가구 수가 연간 태어나는 아이들보다 많다고 한다.

위정자나 유명 연예인들이 의도적으로 결혼을 하지 않거나 결혼을 하더라도 출산을 하지 않는 경우에 청년들은 그들을 모방하고자 하는 생각이 은연중에 생길 것이다. 그래서 저출산으로 인한 국가소멸위기 시대에 고위공직자가 되려는 사람은 결혼과 출산이라는 사회 유지(존속)를 위한 가족제도에 대해 긍정적 입장을 견지하여야 한다. 유명 연예인, 위정자 등 사회여론 형성을 주도하는 계층들이 개나 고양이 등 반려동물을 양육하는 것도 좋지만, 홀로 살아가야 하는 어려운 처지의 아이들(고아)을 입양하여 양육하는 입양 문화가 더욱 활성화 되었으면 좋겠다.

높이 오르지 않아도 꿈꿀 수 있는 이유

공정과 평등에 대한 소고(小考):
소득수준 차이에 따른 과태료 수준 차등 부과 등

예전에 교통지도과장으로 4년의 세월을 보내면서 불법주차로 단속된 시민들이 단속을 무효화시키고자 지역 시의원 등을 통해 청탁을 하곤 하였다. 물론 서울 전역의 불법주차 단속을 총괄하는 입장에서 그런 청탁을 불허하도록 직원들에게 강조하였고 이전에 성행하던 '단속스티커 빼주기' 같은 그런 관행은 사라졌다. 물론, 김영란법에 따라 그런 청탁은 처벌받을 수도 있다.

이러한 사례들을 접하면서 그런 청탁을 하는 시민들의 심리가 궁금해졌다. 과태료를 납부할 돈이 없어서 아니면 그 돈이 아까워서 유력자에게 청탁을 넣어 단속스티커를 빼달라고 하는 것이 아닐까? 처음에는 그렇게 이해했었는데, 차츰 시간이 지나면서 깨닫게 된 것은 단순히 돈과 관련된 이유만은 아니라는 생각에 이르렀다.

불법주차단속 과태료는 일반 승용차는 건당 4만 원인데, 고지서 발부 전 이의제기 가능한 의견진술기간에 미리 납부하면 20% 할인된 3만 2천 원을 납부하면 된다. 물론 하루 장사해서 생계를 유지하는 분들에게는 꽤나 큰 금액일 수 있지만 멋진 고급승용차를 타고 다니는 분들에게는 그리 부담이 되지 않을 수 있는 것으로 인식할 수 있다.

겉보기에 멀쑥하게 차려입고 꽤나 지위가 있어 보이는 분들도 나에게 전화로 스티커 딱지를 빼달라고 요청하는 경우가 꽤나 있었는데, 그분들이 돈이 아까워서 그렇게 하는 것 같지는 않았다. 대략 세 가지 정도로 추론할 수 있다.

첫째, "내가 누군데" 형인데, 이는 주차단속 스티커를 뺄 수 있는 능력이 있는 사람으로 스스로 행정력을 무력화시킬 수 있는 실력을 가지고 있는 사람이라는 것을 대내외적으로 과시하고픈 심리로부터 출발한 경우라 할 수 있다.

둘째, "감히 나를 단속해" 형으로, 일반적으로 주차단속에 걸리는 사람들은 힘없는 일반 서민들인데, 세금도 많이 납부하고 사회 기여도 많이 하는 유력자까지 단속을 하는 것에 대해 순간 참을 수 없는 모멸감을 느끼는 유형이다. 그래서 단속 이전의 상태로 되돌리려는 생각에서 돈은 얼마든지 들더라도 단속을 무효화 하려고 시의원 등이나 유력자들에게 의뢰하는 것이다.

셋째, "아이구 아까워라" 불법주차단속에 대한 폄훼 심리와 함께 단속의 효과성에 대한 부정적 반응이다. 애써 하루 벌어 몽땅 과태료로 납부하는 심정, 단속의 효과성에 대한 의문 등으로 반응하는 형태이다. 주차단속 제도에 대한 부정적 생각에 기인한 저항의식으로부터 발생한 것인데, 주차할 공간도 만들어 놓지 않고 단속하여 부족한 세입을 확충하고자 돈 뜯어내려고 한다는 생각 등 다양하다.

위에서 첫째와 둘째 사례의 시민들은 4만 원짜리 과태료 스티커

높이 오르지 않아도 꿈꿀 수 있는 이유

를 빼내기 위해 주위 유력자들에게 두세 배 이상의 금전 지출을 할 수밖에 없을 것임은 자명할 것이다.

아무리 작은 위반행위라 할지라도 사회질서를 유지하기 위한 법과 제도에 대한 계층별 생각이 공감을 이루기 위해서는, "공정"과 "평등"의 개념이 과태료금액 수준 결정에도 반영되어야 할 것 같다. 일부 선진국에서는 질서위반 과태료금액 수준이 위반 대상자의 소득수준 등에 따라 차등 부과되고 있다 한다.

상류계층과 일반 시민과의 과태료 수준이 소득수준 등에 따라 다르게 결정된다면, 법과 제도에 대한 다수 시민의 공감이 더 강해지고 사회응집력도 높아질 것 같은 생각이 든다.

'노블리스 오블리제' 차원에서 타당하다고 본다. 사회통합에도 기여할 것이다. 상류층은 보다 강화된 시민의식이 필요하다. 그래야 일반 시민들로부터 존경을 받을 수 있다. 아무리 작은 질서유지 위반사항이라도 보다 더 강한 법적, 사회적 규제가 따라야 한다.

4만 원 수준의 주차단속 과태료 금액은 "없는 사람"들에게는 큰 돈이 될 수 있지만, "있는 사람"들에게는 대단히 하찮은 금액일 수 있다. 따라서 위반자가 수용할 만한 수준의 과태료 수준이 되기 위해 소득수준 등을 고려한 과태료 수준으로 대상별로 차등 부과하는 것을 제안한다.

대한민국 헌법에는 국민의 4대 의무의 하나인 납세의 의무가 명시되어 있다. 물론 공정과세라는 기본 정신이 전제되어 있다. 그러나 대다수의 시민들은 공정과세의 이념이 제대로 적용된다고 보지 않는다. 물론 상류층들은 일반 서민보다는 많은 세금을 납부한다. 대신 그들이 사회로부터 받는 편익은 납부한 세액보다 훨씬 많을 수 있다.

그들만의 리그를 형성하여 정보와 인맥의 공유를 통해 교육, 취업, 경제 등 모든 영역에서 법과 제도가 인정한 틀안에서 자본과 부, 계층, 명망의 합법적 대물림을 통해 그들이 가지고 있는 사회 지배력을 강화하려고 한다. 상류계층의 취약계층에 대한 배려는 그들이 반사회적 불온 세력으로 커가는 것을 예방하여 상류계층이 취할 수 있는 편익을 극대화하려는 극히 이기적인 대책에 지나지 않을 수 있다.

한국 사회가 계층 간 갈등이 심화되어 가고 있다. 디지털고도화 사회가 진전될수록 빈부격차[65]는 더욱 확대될 것이다. 계층 간 심화된 갈등의 정도를 완화하면서 사회구성원 간에 공존에 대한 합의를 도출하기 위해서는 하나라도 더 많이 가진 계층이 앞장서서 우리 사회의 "사회적 자본" 총량을 증가시키는 데 주도적인 역할을 해야 한다.

이런 차원에서 보다 많이 가진 계층들의 부의 대물림에 대해서는 이를 억제할 장치(예: 상류층에 대한 상속세 강화)를 마련하여야 하고, 행정벌적인 성격의 과태료 금액 수준도 소득수준 등을 고려하여 결정하는 것이 필요하다.

우선 몇몇 행정질서벌이나 행정형벌상 부과하는 과태료를 대상

---

65) 지니계수는 빈부격차와 계층간 소득의 불균형 정도를 나타내는 수치로 소득이 어느 정도 균등하게 분배되는지를 알려준다. 한국의 소득불평등 지표인 지니계수는 2022년 0.333으로 2011년 0.388과 비교해 개선되고 있으나, 다수의 국민들은 한국의 소득 불평등이 점점 더 심해지고 있다고 인식하고 있다. (출처: 중앙일보 2024.9.13. 오피니언, 김상철의 퍼스펙티브)

높이 오르지 않아도 꿈꿀 수 있는 이유

으로 시범운영 후 효과나 문제점 등을 평가하면서 점차 확대 시행하는 것이 타당할 것이다. 요즘은 국민 개개인의 소득수준 및 재산 보유현황을 전산시스템으로 쉽게 알 수 있어 시범운영은 기술적으로 어렵지 않을 것이다.

마지막으로 교통지도과장에 4년간 근무하면서 매년 단속 공무원 선발과정에 외부로부터 채용청탁을 받은 경험을 토대로 공정한 인사 선발에 대해 말하고자 한다. 지금은 세칭 '김영란법'으로 불리는 『부정청탁 및 금품 등 수수의 금지에 관한 법률』 시행 정착으로 시간선택제공무원이나 기간제요원 등 채용과정에 청탁이 거의 사라졌다고 할 수 있다. 하지만 당시에는 '김영란법'이 시행되고 있는데도 불구하고 유선으로 채용청탁을 의뢰하는 사례가 종종 있었다.

나는 일체 이런 청탁에 반응을 보이지 않았다. 교통지도과장으로 일하면서 얼마나 높은 자리까지 올라간다고 자신의 양심을 팔아가면서 청탁을 들어준단 말인가! 내가 4년 동안 역점을 두었던 것이 "시민들로부터 박수받는 공정한 단속 시행"이었다. 이런 목표를 달성하려면 그 수단으로 단속체계고도화가 필요했고 그중 가장 핵심적인 사항이 역량 있는 단속인력 충원이었다.

단속현장은 사명감과 소양(실력)이 없으면 버텨내기가 쉽지 않다. 심야 시간대 택시 승차거부 단속이나 상습적인 불법주차현장에서의 주차단속은 시민들께서 생각하는 것과는 달리 녹록한 것이 아니다. 때로는 신체적 위협을 당하기도 하고 심한 욕설 등이 난무하는 무질서의 현장에서, 단속 공무원들은 업무적 전문성과 인내심으로 무장하여야 교통법규 위반자들에 대해 필요하고도 적정한 단속을 할 수 있다. 그들은 강한 멘탈과 육체적 건강을 보유해야 한다.

내가 얘기하고 싶은 것은 사회 전반에 걸쳐 자리에 맞는 사람이 선발되어 책임감 있게 일하게끔 사회시스템이 짜여 있어야 진정 「공정한 사회」라 할 수 있다는 것이다. 앞 부문에서 언급했던 저출생 극복방안 중 청년들의 취업 관련 좌절감을 없애주기 위해 공정하고 투명한 채용이 공공부문 민간부문 할 것 없이 담보되어야 한다.

또한 막대한 시민의 세금이 투여되는 서울시나 자치구의 투자출연기관인 공단·공사 등이 효율적인 경영 조직으로 작동할 수 있도록 이사장·상임감사 등 주요 직위를 시장이나 구청장이 선거기간에 도움을 줬던 사람들에게 보은인사 차원에서 특혜를 주는 구습을 폐지해야 한다. 공정한 사회라고 하면 기관장 선발과정도 그 기관의 특성에 맞는 전문경영인이 맡아야 하는 게 아닌가! 선거에 도움을 줬다는 이유로 해당 기관 업무와 하등 관계없는 정치인이 기관장으로 선발되는 엽관제가 적용된다는 것은 디지털고도사회로 진입하고 있는 4차 산업혁명 시대에는 맞지 않은 제도라 생각한다.

공공기관의 기관장 인사부터 책임감과 전문성 있는 전문경영인으로 채용하면 신규직원 채용에 있어서도 자연스럽게 공정성과 투명성은 확보된다. 일개 서울시 교통지도과장도 공정하고 투명한 단속인력 채용을 위해 고군분투했는데, 한국 사회의 최고위 지도자(리더)들은 더 큰 틀에서 자신들의 손아귀에 놓여있는 '떡'을 과감히 내려놓아야 한다. 우리 사회의 미래를 위해 감히 제안해 본다.

시민에 대한 생각: 보수 vs 진보

보수와 진보에 따라 시민사회에 대한 인식과 사회계층, 특히 저소득으로 인한 취약계층을 대하는 내적동기(자세)가 다른 것 같다. 진보적 시각에서는 엘리트층과 비엘리트층의 구분은 자본주의 체제가 발전하면서 불가피하게 나타나는 구조적 현상이라고 이해한다. 보수적 시각에서는 선천적으로 다르게 태어난 개인적 능력, 지능을 바탕으로 하여 각자의 노력의 결과가 더해져 나타난 성과에 의해 구분된다는 생각이 강하다.

그런 사고에 기반한 보수와 진보는 사회적 약자에 대한 정책 방향도 나뉘고 있다. 보수에서는 사회적 약자는 '배려' '지원'의 대상이다. 개인의 능력과 노력 부족으로 사회적 약자가 되었다는 시각에서 정책을 입안하기 때문에 그들을 온전한 인격체로 간주하기보다 뭔가 2% 부족한 존재로 인식하고자 한다. 사회적 약자를 보호하는 취지가 사회불안 세력으로 전환하지 않도록 지원함으로써 사회 갈등과 붕괴를 예방하고자 한다. 자본주의 기득권 체제를 지속하기 위한 불가피한 선택이라는 것이다.

진보는 이와 달리 사회에 엘리트와 비엘리트가 나뉘는 것은 개인의 능력보다는 자본주의 체제에서 불가피하게 나타나는 구조적인 문제로 인식한다. 개인의 노력으로 계층 간 이동이 어렵기 때문에 사회구조를 개선하려고 한다. 즉 인간은 태생적으로 평등하게 태어나지만 그가 처한 사회적 환경 조건에 따라 엘리트와 비엘리트로 나뉘게 된다는 것이다. 이러한 진보적 시각에서는 사회적 약자는 사회구조에 의한 결과물(피해자)로 인식되기 때문에 특정 사회구조하에서 기회를 선점한 엘리트 계층으로부터 보상받아야 하는 당연한 권리로 인식하고 있다.

지난 2010년 8월에 내가 체육진흥과장 직책을 수행 중에 마포구 기획재정국장으로 발령받아 일하게 되었는데, 당시 구청장께서 "앞으로 서울시정이 대격변이 일어날 것이니 시청에 복귀하지 말고 마포에서 같이 근무하자"라고 하셨던 적이 있었다. 당시만 해도 나에게는 큰 꿈이 있었던 터라 그러한 당부를 뿌리치고 1년간의 파견근무 기간을 마무리하고 마포구청을 떠나게 되었는데, 나중에 보니 정말로 엄청난 대변혁이 광풍처럼 서울시정, 아니 대한민국 정치를 휩쓸고 지나갔다.

무상급식 열풍이 서울시, 대한민국 전체를 삼켜버리면서 신자유주의 기조의 '작은 정부'가 퇴장하고 복지국가 '큰 정부'가 들어서게 되었다. 당시 2008년 미국발 금융위기가 몰고 온 신자유주의 퇴조와 함께 복지국가의 출현이 예견된 상황에서 그런 시대 흐름을 읽지 못하고 무상급식에 부정적이던 보수 진영은 사회·정치 분야에서 주도권을 진보 세력에게 내주게 되었다.

그로 인해 복지정책의 방향성도 선별적 복지에서 일반적 복지로 전환되면서 일반 시민의 삶이 보다 나아질 것 같았으나, 당시 국가 권력은 보수정권이 차지하고 있어 국가의 복지정책의 방향을 전환하게 하는 데에는 미치지 못하였다.

그러나 2014년 세월호 사건이 터지면서 보수정권은 진보정권에 그 자리를 내주게 되었다. 국민의 안전에 책임 지지 못한 보수정부의 역할에 의구심과 실망감을 품었던 많은 국민은 시민의 안전과 복지를 증진시키기 위한 목적으로 진보세력을 선택하게 된 것인데, 그 한 가지 철학이 '소득주도성장'이 대표적이다. 보수는 기본적으로 보다 능력 있는 기업가 등 엘리트들이 국가의 부를 창출하고 경제성장을 가져온다고 하는데, 진보 정부는 성장의 주체를 소비자로 대변되는 일반 시민으로 대체한 것이다.

그런 국정철학의 대전환에 따라 일반적 복지가 대세를 이루었으며 코로나 19 팬데믹 시기에 소비를 진작하기 위한 전국민보조금 지원사업이 이루어지게 한 배경이 되었다. 엘리트와 비엘리트 대결에서 배려받고 지원받아야 하는 대중인 비엘리트들이 전면에 나서게 되었다. 정치발전과 경제발전의 역동적 주체로서 비엘리트라 할 수 있는 일반 시민이 한정된 사회적 가치의 배분에 큰 영향을 끼치게 된 것이다.

보수 세력들은 사회적 약자 등 비엘리트 계층을 능력이 부족한 열등 시민으로 인식하면서 중산층 이상의 정상 시민들이 배려와 지원으로 삶을 영위할 수 있는 계층으로 간주한다. 따라서 그들을 함께하는 진정한 시민으로 포용하지 않으려는 성향을 보인다. 그래서 가진 자들이 더 잘되어 더 많이 부를 창출하도록 세금 감면 정책 등 유인책을 줘야 한다고 주장한다. 그래서 법인세도 깎아주고 상속세도 깎아줘서 더 많이 가진 계층이 더 많은 부를 창출하여 국가 전체의 부를 증가시키기를 희망한다.

보수의 생각을 잘 표현했던 영화의 명대사가 있다. "민중은 개, 돼지"라는 인식은 과장된 표현이긴 하지만 보수 쪽에 가까운 사람들은 무의식적으로 그런 인식을 가지고 있는 것 같다. 평소에 일반 시민들은 기득권층이나 사회체제에 불만을 가졌다가도 먹을 것을 던져주면 언제 그랬느냐 하는 하등동물과 같은 수준으로 취급을 하고 있는 것이다.

"안심소득"과 "기본소득"간의 차이도 위와 같은 보수와 진보에 따라 지지하는 입장도 다른 것 같다. 시민을 바라보는 시각이 차이가 있을뿐더러 그 지향점도 다르다.

요즘 언론 등을 통해 나타나는 한국 사회의 첨예한 보수와 진보 세력 간의 첨예한 대립 현상을 요약하면, "함께" vs "구분"이 아닐까 싶다. 사회 지속성을 생각하면 "함께"가 맞을 것 같고 효율성을 생각하면 "구분(분리)"이 맞을 것 같다.[66]

한국 사회가 과도한 정치화로 인해 개개인의 생활에도 밀접한 영향을 끼치고 있다. 전문 연구기관의 설문조사[67]에 의하면 응답자의 과반이 "정치적 성향이 다른 이성과는 결혼하지 않겠다"고 하거나 술자리도 함께하지 않겠다는 등의 응답이 많았다고 한다.

---

66) 최근 필피핀 가사관리사(도우미)들이 입국하면서 그들이 국내 최저인건비 적용을 받아 월 230여만 원의 급여를 받는 것에 대해, 싱가폴이나 홍콩은 월 100만 원 미만 수준으로 받는다고 하면서 급여를 그 수준으로 낮춰야 한다고 주장하는 분들이 많다. 이 역시 "함께"보다는 "구분"하는 쪽에 가깝다고 할 수 있겠다.

67) 한국보건사회 연구원, 『사회통합실태조사 및 대응방안(x)-공정성과 갈등인식』(24.7.)

과도한 정치화는 그만큼 우리 사회가 먹고살기가 힘들어졌다는 것을 의미한다. 예전에는 정치 성향과 무관하게 열심히 일하면 성공할 수 있다는 생각이 지배적이었다. 그래서 그 사람의 정치 성향이 결혼 상대를 고를 때 그렇게 의미 있는 기준은 아니었다.

희망사항

보수와 진보 간 이념전쟁으로 불리는 극한 갈등이 정치영역에서부터 보통 사람들의 실생활에까지 곳곳에 깊이 퍼져나가고 있다. 그러나 진보든 보수든 관계없이 위와 같은 분위기와 다르게 공통점이 없지 않은 것은 아니다. 그것은 다름 아닌 밥그릇, 이권 챙기는 것에 대한 생각이다.

선거를 통해 정권을 장악하면 국가 모든 권력을 그들의 손아귀에 넣고 주물럭거리려고 하는 욕심이다. 선거과정에 도움을 준 이들에게 떡고물을 챙겨주려고 한다. 공기업 대표, 감사 등의 자리에 대통령선거에 도움을 줬던 인물로 채우거나 국회의원 선거 이후에 낙선자나 공천탈락자 등에게 배려차원에서 임명하는 관행이 지금도 당연하다는 듯이 횡행하고 있다. 공모·선임과정은 절차적 타당성은 확보한다고 하지만 지극히 형식적이고 불공정하게 운영되고 있다. 미리 내정해 놓고 공모는 형식적으로 모양새를 갖추는 것이다. 속된 표현을 빌리자면 "짜고 치는 고스톱"이다.

국회의원도 직업인이다. 그들은 꽤 많은 급여와 함께 일반 시민이 누리지 못하는 각종 혜택[68])을 향유한다. 또한 공무원연금도 지급된다. 그들에게는 고도의 직업윤리가 요구된다. 그들은 법률 제·개정을 통해 한정된 국가나 사회가 보유한 부의 공정한 분배와 재분배 룰을 만들 수도 있고 새로운 사회가치를 창조할 수 있는 기준과 제도를 만들 수도 있기 때문이다.

그런 국회의원들이 총선에서 낙선하거나 공천에서 탈락했을 때, 또는 고위 관료들이 공직에서 물러나서는 정부 공기업이나 민간기업 등에 대표나 임원 등으로 내정되고 선임되는 것이 민주주의 국가, 시민이 주인인 나라에서 가능하다는 것이 말이 된다고 생각하는가!

공정과 상식이 지배하는 정의로운 사회라면 직업인인 국회의원과 고위 관료 등이 퇴직 후에도 그들이 몸담았던 기관 등의 모종의 후원으로 공기업 등의 대표나 임원 등으로 재취업하는 것은 대단히 나쁘고 불공정한 행위이다. 그 직위를 물러나면 그들 힘으로 실력으로 제2의 인생을 찾아야 하는 것이다. 국민과 시민을 위해 일하는 것이 정치인 아닌가! 말이 헌신과 봉사지. 그들은 재직 당시에는 직장인 중위소득보다 훨씬 많은 급여와 혜택을 누리면서 재직 후에는 공기업이나 민간부문 협회 등에 임직원으로 재취업을 한다. 보이지 않는 손이 작동하여 해당 공기업 경영에 보다 전문성이 있는 일반 응모자는 들러리만 서는 격이 되어 버리는 것이다.

보수정부든 진보정부든 어느 누가 정권을 잡든 상관없이, 정부

---

68) 2018년도에도 일반 시민이나 공무원들은 국회의원이 다니는 전용 출입문으로 출입하는 것이 허용되지 않았었다. 그런 폐습은 2024년 지금은 없어졌겠지만….

높이 오르지 않아도 꿈꿀 수 있는 이유

공기업 대표 등에 국회의원 출신의 정치인이나 정부고위 관료 출신들로 충원하는 "낙하산 인사"를 철폐해야 한다. 공정한 공모와 선발 과정을 통해 진정으로 해당 분야에 대한 실력과 청렴성을 갖춘 사람으로 선임될 수 있도록 제도 정비가 필요하다.

일반 공무원들은 퇴직 후 재취업 시에 인사혁신처 등의 적격심사 과정을 거쳐 업무 연관성이 없는 경우에만 재취업허가를 받을 수 있다. 정치인들에게도 이러한 절차는 적용되어야 한다.

국민과 시민이 행복하고 안전한 나라, 공정과 상식으로 통합되는 나라를 만드는 것은 보수와 진보 상관없이 궁극의 목표여야 한다. 그러나 그들은 각자의 지지자들이나 진영에게 잘 보여서 정권을 영속적으로 지탱하는 것을 최우선 목표로 삶는다.

즉 "목표와 수단의 전도(顚倒)" 현상에 빠져서 내부 결속력을 강화하기 위한 수단으로 공기업 대표, 임원 임명권을 활용하는 것이다.

녹색예산 재원 확충에 대한 소고(小考)

공무원들이 국외출장 시 발생하는 공적 항공마일리지를 서울시에 양도하여 기후대응기금 세입으로 편성하거나 나무 심기 등 탄소배출 상쇄사업에 사용하는 것을 제안[69]한다.

승객 1명이 항공기로 1㎞ 이동할 경우에 102g의 이상화탄소를 배출하는데, 예를 들어 서울에서 파리까지 8,965㎞를 이동할 경우 1인당 914kg의 이산화탄소를 배출한다[70]고 하니 항공기 이용을 자제하라는 것은 아니지만 이용에 따른 탄소배출을 어떻게 상쇄할 것인가? 고민해야 하지 않을까?

일례로 서울에서 개최된 어느 국제회의에 참여한 외국 주요 인사들이 항공기 이용에 따른 이산화탄소 배출량에 대해 이를상쇄할 수 있는 대안을 마련하여 서울시에 문의한 적이 있었다.

해당 국제회의 주최 측에서 외국 주요 인사들의 항공 일정을 파

---

[69] 이 건은 글쓴이가 기후환경정책과장으로 재직 시 서울시에 창의아이디어로 제출한 바 있으나 채택되지 않았음.

[70] 출처: 2019 영국 온실가스 자료 및 한겨레 기사('21. 4. 29.)

악하여 전체 항공기 이동거리를 합산하고 탄소배출 계수를 곱하여 그에 따른 이산화탄소 배출량을 산정한 다음에 그만큼의 이산화탄소를 상쇄할 만한 비용을 산정하여, 그 상쇄비용만큼을 서울시 기후대응기금에 산입하는 것을 제안한 것인데, 당시 나는 매우 긍정적인 답변을 했던 기억이 있다. 그뒤의 사정은 어떻게 됐는지 알지는 못한다.

이 사례에서도 알 수 있듯이, 항공기 이용자의 이산화탄소 배출량에 상응하는 상쇄비용 지출에 호의적인 상황에서 서울시 공무원이나 산하 기관 임직원들이 국외출장 시 항공기(국적기인 대한항공, 아시아나)를 이용하는 경우, 생성되는 항공마일리지를 탄소배출 상쇄비용으로 전환하여 서울시 기후대응기금에 편입하고, 서울시에서 추진하는 각종 탄소감축사업에 사용하는 것은 매우 합리적인 대안이 될 것이다.

그런데, 서울시 창의아이디어로 이 건을 제안할 당시 함께했던 담당 사무관이 확인한 결과에 따르면, 공적인 항공마일리지는 출장 항공권 구매에만 사용 가능하여 실제 사용하는 경우가 적고 유효기간 만료로 소멸하는 사례[71]가 다수 발생한다는 것이다. 게다가 적립 마일리지는 현금으로 바꿀 수 없고 출장자별로 적립되어 서울시 차원에서 활용을 할 수 없다는 것이었다.

당시 가능한 방안으로 제시된 것은, 서울시가 대한항공·아시아나 등 주요 항공사와 협약을 맺어 공무출장으로 발생한 직원별 마

---

[71] 국민권익위원회('24.7.)에 따르면, 공적 항공마일리지 활용실태조사 결과, 2023년에만 3500만 마일리지가 유효기간 만료로 소멸되었으며, 퇴직자들의 미사용 마일리지는 3900만 마일리지에 이른다고 한다.

일리지를 서울시로 일괄 양도할 수 있도록 하고, 서울시로 양도된 마일리지는 항공기 사용으로 인한 탄소배출을 고려하여 기후대응 기금 세입으로 편성하거나 또는 서울시 정원조성, 나무 심기 지원에 사용하는 것이었다.

이렇게만 되면, 서울시 공직자들이 온실가스 배출자에서 상쇄자로 전환되어 서울시 공직자의 위상과 이미지 제고에 기여할 뿐만 아니라 부족한 기후대응 재원 확보에 기여하고 민간부문에도 긍정적 영향을 끼쳐 의미 있는 사회운동으로 확산될 수도 있는 불쏘시개 역할을 기대할 수 있다.

그다음으로 온실가스와 환경오염물질을 많이 배출하는 행사나 회의 개최의 경우, 탄소배출에 상응하는 상쇄비용을 자발적으로 기부하는 것을 제안한다.

서울시가 23년 10월에 개최한 서울국제기후환경포럼에서는, 연사·청중 등이 포럼에 참석하기 위해 이동하는 과정에 발생하는 이산화탄소와 행사를 준비하고 개최하는 과정에서 발생하는 이산화탄소 발생량을 계산하여, 그에 상응하는 크레딧(배출권)을 자발적 탄소배출권 거래시장에서 구매해 행사개최에 따른 탄소배출을 상쇄한 바 있었다.

사전등록자를 대상으로 포럼참석을 위한 교통수단 등을 사전에 설문조사하여 대략적인 탄소배출량을 계산하여 15 CO_2톤에 해당하는 탄소크레딧을 기후변화센터의 자발적 탄소시장 플랫폼 '아오라'를 통해 구매하였는데, 그 크레딧에 해당하는 만큼의 금액이 캄보디아 농가의 기후위기 대응사업에 지원하는 데 사용된다.

이런 사례를 감안했을 때, 매년 10월에 서울 여의도 한강공원 일

높이 오르지 않아도 꿈꿀 수 있는 이유

원에서 개최되는 서울세계불꽃축제를 표본으로 축제 주최 측에서 탄소배출량을 카운팅해서 그에 상응하는 탄소상쇄비용을 서울시 기후대응기금 등에 출연하는 방안을 추진하는 것이 좋을 듯하다.

사실은 기후환경정책과장 재직 후반기 즈음에 이런 방안을 포함하여, 서울시가 주최하거나 서울시 시설물(부지)을 활용하여 개최하는 대형 행사(회의 포함) 추진시 온실가스 발생을 최소화하도록 하고 그래도 불가피하게 배출하는 탄소에 대해 이를 상쇄하는 방안 등을 포함한 준칙, 『저탄소 행사 가이드라인』을 준비하였었다.

가이드라인의 완성도와 수용도를 제고하기 위해 전문연구기관인 서울연구원의 도움을 받으려 했으나 여의치 못해, 부서 자체적으로 추진하다 보니 실효적인 안을 만드는데 한계가 있었다.

공공건설사업 발주 선진화 방안 소고(小考)

건설산업의 투명성 제고와 관련하여 현실을 반영한 비유를 제시하면서 글을 이어 나가고자 한다. 아래 비유는 공공분야 건설사업에 대한 발주-계약-시공과정에서 낙찰자와 실제 공사 시공자가 다른 경우가 많다는 의혹에 대해 적절하게 표현하고 있다고 생각한다.

"여기 한 총각이 있었다. 그는 어렵게 첫사랑의 여인을 만나 깊이 사랑하고 여러 하객을 모시고 결혼식을 올리면서 영원히 함께하겠다는 혼인서약을 하였다. 그런데, 꿈같은 시간도 잠깐, 혼인 서약을 함께한 여인은 어떤 연유에서든 사라지고 다른 여인이 그 자리를 대신하는 게 아닌가!

신랑은 맨 처음에는 당황하였으나 시간이 지나면서 혼인서약을 함께한 첫사랑의 여인보다 현재의 여인에 더 익숙해졌다. 현재의 여인은 결혼과 출산 경험이 많아 결혼생활도 더 원만하게 하고 자식도 더 많이 낳아 더욱 행복하게 살고 있으니…. 그래서 신랑은 더 이상 혼인서약을 함께했던 첫사랑의 여인을 찾지 않게 되었다."

보통의 경우에 처음 결혼하는 사람들은 결혼 초기에 많은 갈등을 겪게 마련이다. 그런 갈등을 피하고자 결혼서약과 혼인신고를 한 여인을 멀리하면서 위 비유와 같이, 여러 차례 결혼과 출산 경험이 있어 남편한테 더 잘 맞추고 많은 아이를 출산할 가능성이 높은 여인과 몰래 가정을 꾸리는 것이 타당하단 말인가!

건설산업의 부정적인 면에 대해 여러 가지 말들이 많다. 최근 정부가 건설근로자노조가 이권카르텔을 형성하여 각종 불법행위를 자행하고 있다고 하면서 강력한 규제를 시행한 바 있다. 내가 생각하기에 정부에서 비판하는 건설노조들의 비정상적 행위들은 건설산업이 태생적으로 갖는 약점, 현실과 법·제도와의 괴리로 인한 불투명성과 불공정성으로 인해 나타날 수밖에 없는 게 아닌가 싶다.

건설업의 거의 모든 영역에서 불법하도급과 대리 시공이 더욱 교묘하게 자행되고, 유관업체 간 카르텔 구축을 통한 이권 챙기기로 인해 계약 질서를 문란하게 하는 행위 역시 관행적으로 이루어지고 있다는 것을 알만한 사람들은 다 안다고들 한다. 특히 〈계약 낙찰자와 실제 공사 시행자가 일치하지 않는다〉는 역설을 웬만한 사람들은 알면서도 모르는 체하고 있다는 것이다.

위와 같은 고질적인 악습으로 인해, 공사 현장의 안전도와 시공 결과물의 품질 저하를 촉발하여 건설산업 전반의 경쟁력을 떨어뜨리고 있다. 거기에 빌붙어서 부당이득을 챙기려는 세력들이 똥파리처럼 들끓게 된 것이다. 게다가 3D 업종을 기피하는 청년들은 건설산업을 더욱 경원시하게 될 것이다.

건설산업의 경쟁력을 끌어올리고 사망사고 발생 1위라는 불명예를 떨쳐버리기 위해서는 건설업의 공정성과 투명성 확보가 관건이라 할 수 있다.

내가 수도사업소장으로서 개선되었으면 하는 것이 있는데, 상수도공사의 품질과 투명성(공정성) 확보를 어떻게 담보할 것인가? 하는 것이다. 상수도 공사업체 선정에 대해 "무언가 흐릿하다. 그래서 개운하지 않다"라는 내·외부의 인식을 어떻게 해야 해소시킬 수 있을까? 내가 근무하는 사업소만 해도 150여 명의 직원들이 주야불문하고 급배수관 공사나 장기사용관로 개선 공사, 상수도관 세척 등 깨끗한 물을 시민들에게 안전하게 공급하기 위해 동분서주하고 있는데, 이러한 흐릿한 느낌들로 인해 직원들의 명예가 실추될 수도 있지 않을까 하는 안타까움과 아쉬움이 있다.

이런 외부의 의혹 제기에 내가 확신을 가지고 '전혀 사실무근이다' 라고 강력하게 얘기할 수 있어야 하는데, 현실은 그러하지 않는 것 같다. 수도사업소에서는 상수도 누수복구공사나 급수관로 연결공사 등을 위해 매년 10여 개 이상의 상수도 시공업체를 선정[72]하여, 『연간단가공사계약』 등을 체결하여 수도사업소가 필요로 하는 공사들을 시공하도록 하고 있다.

그런데 조금은 납득하기 어려운 일들이 벌어지고 있다. 매년 공개경쟁입찰을 통해 선정된 상수도공사업체는 바뀌는데, 공사현장에서 일하는 현장소장이나 일용직 근로자들은 거의 바뀌지 않는다는 것이다. 공사업체가 바뀌면 이전에 적(籍)을 뒀던 원청업체를 퇴사하고 새로운 공사업체에 입사하는 방식이다.

---

[72] 2024년도에는 15개 상수도공사 업체가 남부수도사업소와 계약을 체결하고 공사 진행 중이다. 세부적으로, 연간단가공사업체 8개(수도관 부설공사 5, 누수복구 1, 시설물 유지보수 2, 도로포장 1), 장기사용수도관 교체공사업체 7개이다. 총 발주금액 210억 원임

심지어, 특정 연간단가공사는 최근 5년 동안 동일한 상수도업체
가 하도급업체로 계속 참여하고 있는 상황이다. 더 오랜 기간을 추
적해 보면, 십 수년간 독점하고 있는 형편이다. 서울의 8개 수도사
업소가 비슷한 상황에 놓여있는 것으로 추정된다.

남부수도사업소가 관할하는 지역은 영등포, 동작, 관악, 금천 4
개 자치구이지만, 올해 남부수도사업소에서 발주한 공사의 계약낙
찰자로 선정된 업체들의 사무소 소재지는 주로 송파나 강남, 성북
등이다. 긴급한 상수도 공사가 필요한 경우에 공사업체 사무소에
서 현장까지 도착하는 데 많은 시간이 소요될 수 있어, 관내 현장
을 잘 알고 있으면서 위치도 가까운 남부지역 관내 상수도공사업
체나 현장공사팀에 공사를 맡겨서 대신하도록 하는 것이 아닐까
하는 의혹이 제기되고 있다. 일명 대리 공사 방식이라 할 수 있다.

구체적으로는, 상수도공사 계약낙찰자로 선정된 건설업체는 서
류상(명의상)으로만 계약을 체결하고, 실제 공사는 '현장공사팀'이나
'하도급업체'에게 하청을 주어 진행한다거나, 아니면 관내 지역 소
재 업체에게 전부 넘겨줘서 하는 것이 아닌가 하는 것이다. 상수도
공사 분야만이 아니고 다른 건설공사 분야와 용역사업 분야에서
도 제기되고 있다고 한다.

어찌 됐든 공사가 제대로만 되면 문제가 되지 않는다고 할 수도
있겠지만, 사실은 그렇지 않다. 위와 같은 관행이나 의혹들이 사실
이고 서울 전역, 아니 전국에서 관행적으로 발생하고 있다면 이는
공사 결과물의 품질 저하와 공사현장의 빈번한 안전사고 발생 가
능성을 높일 수 있어 개선해야 한다.

다행히, 서울시에서 발주하는 관급공사에서는 일용직 근로자 인

건비를 시청 발주부서에서 근로자 계좌로 직접 입금해 주고 있어서 임금체불과 같은 불법행위는 원천적으로 차단될 뿐 아니라, 주요 자재는 관급으로 발주부서에서 직접 구매하여 공급하고 있어 공사 품질 확보에 차질이 없도록 하고 있다. 뿐만 아니라 모든 상수도공사 현장에 그 공사 규모에 따라 서울시설공단이나 외부 전문업체에 공사감리를 맡겨 공사 진행 전 과정을 철저히 감독하고 있어, 안전사고 발생을 미연에 예방하고 공사비가 허투루 새 나가지 않도록 하고 있다.

다만, 상수도 분야에서는 위와 같이 투명한 상수도공사를 진행하고 있긴 하지만, 위에서 제기된 의혹들이 사실이라면, 공사비 중 일부가 원청업체가 챙기는 수수료 몫으로 사라지고 있다면, 이는 공공부문의 계약행정 질서를 문란케 하여 공사품질과 안전을 훼손하는 사안이어서 개선되어야 할 것이다.

제대로 된 기업이라면, 이윤이 발생하면 그 일부를 기술개발 등에 재투자하거나 직원 후생복지 증진을 위해 사용할 것이다. 그런 용도로 사용되어야 할 이윤 등 공사비의 일부가 수수료 명목으로 사라진다면, 근로자의 근로환경과 노후화된 차량이나 장비 등의 개선을 위한 재투자가 감소할 수밖에 없을 것이다.

건설업은 청년들이 진입을 기피하는 대표적 3D 업종으로, 공사현장에서는 근로자 고령화가 심각한 추세다. 특히나 상수도공사현장은 연령이 60세, 70세가 넘는 고령자들이 대다수여서[73] 작업

---

73) 상수도공사현장에는 외국인 근로자도 전무한 편이다. 공사가 주로 야간(심야)시간에 진행되고, 작업공간도 비좁은 땅속에서 항상 쏟아지는 수돗물을 접하기 때문에 "3D 업종 중의 3D 업종"이라 할 수 있다. 업계 관계자들은 머지않은 장래에 인력수급 곤란으로 심각한 상

중 안전사고가 우려되고, 머지않은 미래에 상수도공사 기능을 가진 근로자 부족 현상이 우려되고 있다.

게다가 요즘은 사회 모든 영역에서 공정성과 투명성을 최우선으로 담보해야 할 기본 가치로 생각하고 있다. 만약에, 상수도공사 업체들이 지역별로 카르텔을 형성하여 공사업체 선정 결과를 오염시키는 행위를 암묵적으로 진행하고 있고, 몇몇 업체가 특정 지역에 터를 잡고 수십 년간 실질적인 공사를 진행하고 있다는 의혹이 사실이라면, 상수도공사의 추진방식을 투명하게 전면 재구축하는 과제를 서울시나 중앙정부 차원에서 검토해야 할 것이다.

앞으로 10년, 20년이 경과한 후에는 비정상적인 관행과 의혹이 완전하고 깨끗하게 개선되고 해소되었으면 하는 바람을 가져 본다. 상수도 분야에 이미 AI 기술이 적용되기 시작했고, 지하에 매설되어 있는 상수도 관로에 대한 정보가 GIS로 구축되어 있지만 더 완전하게 고도화되어야 한다. 앞으로 상수도 관련 시설물 등에 대한 정보가 고도화된 디지털시스템에 태워진다면, 현재 의혹이 제기되는 상수도공사 추진방식이 보다 투명하게 개선되어 정상화되는 것은 그리 어렵지 않을 것이라 생각한다.

나는 조금이라도 개선안 마련에 기여하고 싶은 마음에 사업소에서 추진하는 상수도공사의 발주 방식을 우선적으로 검토하기 위해 사업소 자체적으로 TF를 구성, 한두 차례 논의하였으나 현실적인 장벽에 가로막혀 중단한 바 있었다.

내가 생각했던 개선 방향은 현실과는 차이가 있어 다소 이상적

황이 발생할 수 있다는 우려를 나타내고 있다.

일 수도 있지만, 상수도공사의 「규모의 경제」 실현으로 시공상의 품질과 근로자 안전을 확보하여 상수도공사업종의 경쟁력을 제고하는 것이다. 현재는 대부분 상수도공사업체들이 영세하기 때문에 발주기관에서 소규모(소액)로 공사를 발주하고 있는데, 유사한 공사 두세 건을 한 건으로 통합하여 발주하면 아무래도 시공 능력이 우수한 공사업체들이 낙찰될 가능성이 높아질 것이고 그러면 규모의 경제로 인한 공사 시행의 효율성도 제고될 것이다.

그중 하나로 배수관로에서 수돗물 수용가로 급수관로를 연결하는 『상수도공사 연간단가업체』를 현행 5개에서 4개로 감축하는 경우의 장·단점 등을 집중적으로 검토코자 하였다.

전문건설업 분야는 대부분 단종 면허를 가진 영세업체들이 대다수여서 경쟁력을 확보하기가 쉽지 않다. 상수도공사면허 등록현황 추세를 보면, 매년 소폭 증가 추세를 보이고 있어 페이퍼컴퍼니에 대한 단속 강화와 함께, 공사 품질 확보 등에 대한 감독청의 지도·감독의 강화 필요성이 제기되고 있다.

전문건설면허(상하수도) 서울/전국 등록현황

구분	상하수도 면허 등록(개, %)				전문건설면허 등록(개, %)		
	서울(a)	전국 (b)	비율 (a/b)		서울 (c)	전국 (d)	비율 (c/d)
	사업소						
24.10.	178	1,212	8,788	13.79	10,228	83,717	12.21
23.12.	176	1,187	8,769	13.53	9,769	79,976	12.21
22.12.	168	1,164	8,647	13.46	9,127	75,670	12.06
20.12.	159	1,059	7,258	14.59	-	-	-

※ 사업소는 남부수도사업소 관내(영등포, 동작, 관악, 금천)에 등록한 현황임

높이 오르지 않아도 꿈꿀 수 있는 이유

투명하고 공정한 건설공사체계를 마련하기 위해 생각할 수 있는 제도개선안으로 4가지 정도를 생각해 보았다.

첫째, 현행 나눠 주기식의 소액 공사발주 방식을 통합하여 공사 규모를 중·대형화하여 발주함으로써 경쟁력을 구비한 업체만 입찰에 참여할 수 있도록 한다. 공사 장비와 장비 보관창고 등을 보유한 견실한 우수 업체만 계약 입찰에 참여하도록 관련 법령을 일부 개정하여 「지명경쟁입찰」 방식74)으로 공사업체를 선정하는 것도 좋은 방안이 될 것이다. 이 방안은 영세한 업체들간 상호 M&A를 통해 다수의 중견업체가 존재하는 경우에 실효적일 것으로 판단된다.

둘째, 긴급누수복구 시스템을 시가 직접(간접) 운영하는 것이다. 시간이 경과할수록 수도관 누수 발생 건수가 감소 추세인 점과 현장 근로 인력의 초고령화가 심각한 점 등을 고려하여, 서울 지역을 4~5개 권역으로 나누어 권역별로 기동복구팀을 직영 또는 준공영 방식으로 운영하는 것이다. 이 안은 공공부문이 모범을 보여 민간의 경쟁력을 끌어올리는 효과를 기대할 수 있다. 그러나 이 방안은 직영(준공영)체계가 갖는 비효율성이 단점으로 꼽힐 수 있다. 앞으로 머지않은 미래에 서울의 상수도 행정이 AI 도입과 디지털 고도화 완성으로 현재 가동 중인 8개의 수도사업소의 통폐합에 대한 논의가 필연적일 텐데, 그때를 대비하여 지금부터 차근차근

---

74) 건설산업기본법에 따른 종합공사의 경우 3억 원, 전문공사의 경우 1억 원 이하인 공사를 할 경우에 지명경쟁입찰 가능함. 보통은 추정가격이 1억 원 이하인 물품의 제조·구매계약 또는 추정가격이 2억 원 이하인 용역계약을 체결하는 경우에 많이 활용하고 있음. 법을 개정하여 적용기준을 상향조정 하면 가능함.

연구할 필요가 있다.

참고로 상수도 분야는 청소, 교통, 보건위생 분야와 같이 시민 생활과 불가분의 관계인 필수행정 분야이다. 그래서 관련 시설이나 장비 운영과 유지관리를 안정적이고 효율적으로 추진하기 위해 직영(또는 준공영)과 민영을 균형있게 도입하고 있다. 사업소에서 담당하고 있는 상수도공사 중 시급성이 생명인 누수발생에 대한 복구체계에 대해서는 보다 전향적인 접근법이 필요하다 하겠다.

셋째, 사업소에서 발주하는 관급공사는 사업소 관내 등록업체로 국한하되, 상수도공사 시행 능력 보유(상근기술자 보유), 공사 장비(보관소 포함) 보유업체 등으로 제한하여 공사입찰에 참여할 수 있는 자격을 부여하는 것이다. 이 방법은 사업소와 지역에 기반한 토착 업체와의 "짬짬이"와 같은 유착을 우려할 수 있으나, 공사를 따낸 업체가 "수수료만 떼먹고" 전체 공사를 하도급업체나 다른 업체에게 일임하는 부조리를 조금이나마 개선시킬 수 있다. 다만, 관계 법령75) 등의 개정이 필요하나 쉽지는 않을 것이다.

앞부분에서도 언급했지만, 송파나 강남에 위치한 상수도업체가 남부수도사업소 관내 공사현장에서 직접 공사를 한다는 게 현실적으로 어려운 게 사실이다. 2024. 10월 경에 사업소(동작구)에서 송파구에 소재한 상수도공사업체 사무실까지 이동하는데 걸린 시간이 왕복 3시간 소요되어 지리적·심리적 거리가 멀다는 것을 확인할 수 있었다.

---

75) 『지방자치단체를 당사자로 하는 계약에 관한 법률시행규칙』 제25조제3항(지역제한 시 특별시, 광역시, 시·도로 한정), 『지방자치단체 입찰 및 계약집행기준(행정안전부 예규)』 제4장 제3절 "1-다"(지역제한을 시·도로 한정)

어차피 대부분의 상수도공사가 사업소 관내 지역에 소재한 특정 업체들에 의해 관행적으로 시공되고 있고 고질적이어서 개선하기 어렵다면 아예 법령 규정을 현실에 맞게 수정하는 것이 타당할 수 있을 것이다. 건설사업자들을 정직하지 못한 사람들로 만들지 않도록 법과 제도가 정비되어야 한다. 의혹이 사실이라면 말이다.

넷째, 장기적으로 상수도공사에 "업역규제 폐지"를 완전하게 적용하는 것이다. 직접 시공능력을 갖춘 종합건설사도 상수도공사에 참여할 수 있게끔 문호를 대폭 확대하는 것이다. 이 단계는 상수도관망 등 시설물관련정보(DB) 고도화 완성, 상수도행정의 AI화, 디지털 고도화 등이 마무리되어 인간의 지식과 숙련도를 시스템이 대체할 즈음에 도입 가능한 대안일 것이다.

공사업체가 바뀌면 현장 상황을 잘 몰라 시급성이 요구되는 상수도공사에 제대로 대응하지 못할 것이라는 현실적인 측면과 상수도 공사행정의 투명성과 공정성 담보 측면을 모두 고려한 현묘한 대안이 마련되기를 희망한다. 서두에서 언급했던 비유처럼, 현실의 안위(安慰)만을 생각하여 비정상적인 가정을 계속 꾸려나가는 것이 과연 아이들의 미래를 위해서 옳은 일인지? 우리 모두 함께 고민해야 할 것이다.

위에서 언급한 현상은 상수도공사 분야 외에 다른 건설업 분야에서도 정도의 차이는 있지만 거의 존재한다고 하니, 서울시나 중앙정부 차원에서 장기적 시각에서 『국가선진화 어젠다(장기)』로 선정, 현실과 법·제도 간 괴리를 해소하여 건설업 전반의 공정성과 투명성을 높여 건설산업의 경쟁력을 제고하였으면 한다.

마무리하면서:
고급공무원 성공 10계

20년 전문 서기관의 회한(悔恨)

1. 업무에 몰입하되 넓게 관조하는 습관 키우기
2. 상사의 가려운 곳을 먼저 긁어줘라
3. 주변 환경여건을 최대한 활용하라
4. 공금을 내 돈처럼 아껴 쓰되, 적당히 아껴라
5. 상급자 말에 先 Yes, 後 No
6. 직원들에게 과제와 함께 방법을 알려줘라
7. 한발 앞서 예측하고 대안을 먼저 제시하라
8. 분위기를 봐서 아니다 싶으면 먼저 손들어라
9. 포커페이스, 품격있는 언행, 친밀감이 무기다
10. 공정과 상식에 기초한 가치체계(신념)를 구축하라

업무에 몰입하되
넓게 관조하는 습관 키우기

다양한 업무 섭렵 + 이해당사자 소통

과도한 몰입은 편협한 정책을 만들 가능성이 높다. 이해당사자의 의견을 충분히 들어서 수용성을 높여야 한다.

일을 하다 보면 집중하게 되고 도가 지나치면 몰입단계에 이르게 된다. 퇴근 후에도 머리가 개운하지 않다. 사무실에서 풀리지 않는 문제를 잠잘 때도 생각하고 산책할 때도 생각하다 보면 불현듯 문제를 해결할 수 있는 힌트가 떠오를 때가 있다. 그래서 산책할 때나 잠잘 때는 항상 메모지를 곁에 준비해 두는 게 좋다!

업무에 몰입하다 보면, 자기가 만든 정책이나 계획서가 지고지순한 정책인 것처럼 보인다. 아름다운 그림만 그려진다. 즉 '정책 나르시시즘'에 빠져 이 정책만 실현되면 서울시, 대한민국에서 최고의 정책으로 될 것 같은 착각을 하게 된다. 내가 교통지도과장으로 일하면서 추진했던 "불법주차 1분 단속제"가 대표적인 사례이다. 고정식 주차단속 CCTV가 도로 곳곳에 설치되어 있지만 현장 상황은 불법주차가 만연되어 있어, 주차질서 개선 차원에서 1분 단속제를 시행키로 하였는데, 반대 여론이 곳곳에서 터져 나오기 시작한 것이다.

결국 시행을 유보하는 것으로 결론이 났는데, 사전 여론 수렴을 소홀히 한데서 패인을 찾을 수 있을 것 같다. 매번 현장에서 느끼는 주차단속 고정식CCTV의 역설, 즉 '등잔 밑이 어둡다'처럼 CCTV가 설치되어 있는 곳이 더 주차질서가 문란하다는 것을 어떻게 개선할 것인지?를 골몰하다가 내린 결론이 '주차단속 1분 단속제' 였다. 논리도 충분하다고 생각했다. 모든 도로의 주차금지 장소에서 1분 단속제를 적용하는 것이 아니라 보행자의 안전에 위험을 초래할 수 있는 보도, 횡단보도, 정류소, 소화전 등 원래 주차 및 정차 모두 금지되는 절대금지구역에 한해서만 적용하는 것으로….

결국은 택배기사, 택시기사 등 제도 시행으로 불편을 겪게 될 운전자들의 반대에 봉착하였으며, 표를 의식할 수밖에 없는 구청장들도 주민들의 불만을 고려하여 적극적인 반대 의견을 제시했다. 아무리 취지가 좋고 명분이 있어도 이해당사자들로부터 수용되지 못한 경우에 처참한 실패를 맛보게 된다는 교훈을 얻었다.

정책의 시행으로 인해 불편을 겪을 분들의 입장에서 정책을 관조하고 그 불편으로 인한 시행 가능 여부를 면밀하게 사전 검토할 필요가 있다. 서울시와 중앙정부의 인재형이 다르다고 한다. 서울시는 'I' 자형, 중앙정부는 'T' 자형이라고 한다. 서울시 공무원은 한 사안을 깊게 파고 들어가는 스타일이고 중앙정부 공무원은 옆으로 넓게 파악한다는 의미일 텐데, 깊이 파고들면서 넓게 보는 시각이 필요하겠다. 즉 여러 이해당사자들과의 소통을 통해 정책의 수용성을 높여야 한다.

서울시 행정은 종합행정이다. 한 업무만 오래 해서는 나중에 다른 업무를 맡았을 때 어려워진다. 가능한 다양한 업무를 경험하는 것이 좋다. 행정직도 도시계획과 회계업무를 어느 정도는 알아야 한다. 체육진흥과장 시절에도 고척돔구장 계획, 장충체육관 리모델링 관련해서 애먹었던 경험이 있다.

높이 오르지 않아도 꿈꿀 수 있는 이유

상사의 가려운 곳을 먼저 긁어줘라

　항상 안테나를 자신보다 한두 직급 위인 상사에게 집중시켜야한다. 내가 20여 년간의 과장 재직 중 느낀 것이 이 결론이다. 항상자신이 속한 조직의 부서장이나 본부장(국장 또는 실장)이 어떤 생각을 하고 있는지? 어떤 일에 관심을 두고 있는지?를 예의주시해야한다. 그런 업무에 대해서 우선 시간과 에너지를 집중 투입해야 한다. 상급자와 업무적으로 친밀감이 형성되면, 상급자는 부하직원의 가치를 알아주고 주변 사람들에게 긍정적인 소문을 내주는 역할을 하게 된다.

　동료와 부하 직원들과 잘 지내는 것도 중요하지만 상급자와 잘지내는 게 더 중요하다. 상급자는 부하직원과 경쟁자가 아니기 때문에 성실하고 능력 있는 부하직원에 대해 주변 사람들에게 칭찬을 하게 된다. 그러나 동료나 부하 직원 상호 간에는 경쟁관계가성립될 수 있어 주위 사람들에게 칭찬을 잘 하지 않으려는 경향이있다. 무엇보다 상사는 개인의 역량을 충분히 발휘할 수 있게끔 비중 있는 업무를 맡길 수 있는 업무조정권한을 가지고 있음을 명심

해야 한다.

나는 과장 직책을 수행하면서 내가 가려운 곳을 먼저 긁어댔던 것 같다. 상사가 어디가 가려운지? 파악해서 그곳을 먼저 긁어주고 시간이 남으면 자기 가려운 데를 긁는 게 현명한 방법이다. 상사가 어떤 일을 하고 싶은지? 무엇을 고민하고 있는지?를 알아내야 한다. 업무회의나 식사 간담회 등을 통해 상사의 의중을 파악할 수 있다.

두 가지 나의 사례를 반면교사로 삼았으면 한다.

교통지도과장 재직 시절에 나의 상급자인 교통본부장은 시가 직접 주차단속을 하는 것에 대해 부정적인 입장을 취하셨다. 나에게 단속권을 구청에 넘기라고 여러 차례 말씀하셨다. 나는 오랜 기간 주차단속을 총괄하는 담당 과장으로서 "시민들로부터 환영받는 공정한 단속"으로 탈바꿈하기 위해 많은 에너지를 사용하면서 단속체계 고도화 등을 했는데, 그런 나한테 스스로 무장해제하라는 것이 말이 되는가! 나는 이런 생각으로 "제 살 깎아내기"식의 주차단속권 포기에 대해 반대하면서 상사의 지시사항을 따르지 않았다.

또 한번은 도급택시 단속을 전담으로 하는 "교통사법경찰반"을 지휘하는 반장을 다른 직원으로 바꾸라는 행정부시장의 지시사항을 따르지 않았다. 부시장이 원하는 직원은 내가 예전에 그 일을 맡아달라고 부탁했으나 거절했던 직원인데, 행정부시장의 지시라고 내가 따르게 되면 나의 리더십은 어떻게 되겠는가? 그리고 책임자를 바꿔버리면 누가 나를 믿고 열심히 일하겠는가! 라는 판단으로 따르지 않은 것인데….

지금 생각해 보면 "나"의 자존감이 손상되는 것에 대한 거부감으로 윗분들의 지시사항을 수용하지 않았던 것이 아닐까? 그때 부시장의 지시를 따랐으면 어떻게 되었을까? 이건 외에도 부시장 지시사항을 어긴 건이 또 있긴 했다.

주변 환경여건을 최대한 활용하라

행정업무 관련 이해당사자들을 최대한 자신의 친구로 우군으로 만들어야 한다. 업무추진 과정에 관련기관(단체), 전문가 등을 최대한 자기 편으로 삼아야 한다. 그들을 자신의 PR 요원으로 적극적 지지자로 활용하는 지혜가 필요하다.

나는 그동안 나의 업무와 관련된 이해당사자 중 기관(단체)에 대해 부정적 인식을 가지고 그들을 지도 대상으로 간주하여 주로 비난하고 따지고 하였던 기억밖에 나질 않는다. 가끔은 잘한다고 칭찬도 해줬어야 하는데 말이다. 행정기관에 빌붙어서 시민의 세금으로 조성된 재정을 축내는 부류로 생각을 하다 보니 표면상으로는 파트너라고 하긴 했지만 실상은 그렇지 않았던 것 같다. 그렇다고 그들이 요구한 대로 재정을 투입하고 조직 정원을 늘려주라는 말은 아니다. 따질 건 따져서 들어줄 만한 것은 들어줘야 한다는 것이다. 열이면 열 전부 다 안 들어주면 사업의 파트너로 생각하지 않는다. 그래서 심지어 그들은 비밀리에 여러 이유를 내세우며 부서장 교체를 요구하기도 한다.

높이 오르지 않아도 꿈꿀 수 있는 이유

내가 체육진흥과장으로 1년 반을 일했는데, 체육단체들을 혼낼 때는 혼내고, 도와줄 때는 도와줘야 하는데, 하나부터 열까지 잘못하고 있다고 혼만 냈으니 어떠했겠는가! 그들을 나의 우군으로 활용하는 방법을 찾았으면 지금의 나와는 전혀 다른 모습의 나를 상상할 수 있을 것 같다. 그렇다고 그들의 환심을 사기 위해 무원칙적으로 대하라는 것은 아니다. 그래서 부서의 비전과 주요 정책과제들을 선정하여 행정을 둘러싸고 있는 관계기관(단체)들과 소통하고… 내 경험상 무원칙적인 공직자들은 그들도 싫어한다. 무조건 그들의 요구사항을 들어준다고 그들이 마냥 좋은 평가 점수를 주는 것은 아니다.

앞에서와 같이 주변 환경과 파트너로서 진정성을 가지고 소통하고 비전과 정책을 공유하여 그들을 진정한 시의 파트너로 변화시켜야 한다. 품격있는 언행과 매너는 공직자들이 보여할 제일의 이미지이다. "Manners Makes Man" 영화 킹스맨의 명대사로 '매너가 사람을 만든다'는 뜻이다.

또 다른 주변환경 활용에 대해 말하면, 지자체 단체장과 생각이 비슷하여 인적 네트워크로 연결되어 있는 전문가의 도움을 받는 것이다. 지자체장이 선출직인 관계로 유권자들에게 소구할 수 있는 혁신적인 사업들을 갈망한다. 그들은 공무원을 잘 믿지 않으려는 경향이 있다. 그래서 그들에게 아이디어를 제시해 줄 수 있는 여러 분야의 전문가들과 연결되어 있다. 선출직들은 전문가 등과 교류하면서 새로운 정책들을 구상하고 아이디어를 공무원에게 제시하고 구체화할 것을 요구한다. 아이디어 구체화를 가장 확실히 하는 방법은 그런 아이디어를 제시한 것으로 추정될 만한 선출직 주변의 전문가를 탐색하는 것이 가장 확실하다.

그런 전문가들의 도움을 받아 새로운 정책을 구체화하여 선출직 장에게 보고하면 많은 경우에 쉽게 '통과' 할 수 있다.

높이 오르지 않아도 꿈꿀 수 있는 이유

공금을 내 돈처럼 아껴 쓰되,
적당히 아껴라

시 예산 사용 시 자기 돈 사용하듯이 너무 아끼지 마라! 곳간에서 인심 난다는 말이 있다. 어차피 내 돈 쓰는 것도 아닌데…. 너무 그러면 인심 잃고 좋은 소리 못 듣는다.

내가 체육진흥과장 재직시에 공적 자금을 '먼저 먹는 놈이 임자'라는 인식하에, 먼저 가지려고 국회의원이나 시의원의 빽을 쓰려고 하는 경우에 의도적으로 불이익을 주려고 하였다. 예산심의 과정에 시의원이 발의하여 편성된 사업예산도 나의 행정철학에 기초한 소신에 근거하여 집행하지 않다가 미움을 사서 자치구로 파견근무를 나가게 된 사례로 연결될 수 있다.

예산은 고도의 정치행위의 결과물이라고 한다. 어느 정도는 힘있는 세력이 공금을 먼저 선점하는 것에 대해 가슴 아파할 필요가 없다. 다만, 공직자는 힘있는 자들이 공금을 가져가더라도 명분 있게 가져가도록 재정배분의 합리적 틀을 만드는데 신경 써야 한다. 내가 체육진흥과장으로 재직 중에 유력자 배경('빽')을 이용해 공금을 가져가려는 것에 대해 비분강개하면서 공정한 틀을 만들었는데, 그것이 "체육 분야 공모사업"이다.

그 외 엘리트체육 육성을 담당하는 서울시체육회의 사무처 조직 확대를 위한 정원 증원에 대해 강도높게 반대하였는데, 이는 인건비 증액 사유가 되어 서울시가 체육회에 지원하는 운영비가 증액되어야 하기 때문에 명분과 타당성이 먼저 확보되어야 하기 때문이다.

그 외 교통지도과장 재직 시 연간 100억 원이 넘는 돈이 단속 공무원 인건비 등으로 사용되는 것에 대해 아까워하며, 시민으로부터 박수받는 의미 있는 규제행정으로 탈바꿈시키고자『교통지도단속체계 고도화』를 추진하는 과정에서 많은 직원들이 힘들어했던 것도 일례가 될 것이다.

내 돈 들어가는 것도 아닌데, 사사건건 반대하였으니, 예형(禰衡)이 조조를 화나게 했던 그런 태도가 나에게도 있었던 것은 아니었을까?

"이제는 말할 수 있다"지만…. 당시만 해도 사무처장, 부회장 등은 시장의 측근들로 임명되기 때문에 그들을 잘 사귀어 놓는 것은 나의 미래를 위해서도 좋은 투자였을 텐데… 그때는 왜 그리 사사건건 그들과 갈등하게 되었는지! 참 알 수 없는 일이다.

그래도 서울시의 부서장으로서 외부에서 제시한 민원청탁 건이 명분과 합리성이 결여되었다고 생각되면 "계란으로 바위치기"라 할지라도 자신의 생각을 유력자에게도 강력하게 제시할 수 있어야 한다. 공직자는 정치적 중립의무를 준수해야 하고, 그에 상응하여 공익 수호자로서 정년까지 근무할 수 있도록 법령으로 신분이 보장되는 사람들이기 때문이다.

상급자 말에 先 Yes, 後 No

상급자 등과 함께하는 회의 시간에 절대 부정적인 반응을 보여서는 안 된다. 여럿이 있는 자리거나 상급자와 단둘이 있는 자리거나 상관없이 상급자의 지시사항에 대해 면전에서 바로 부정적 반응을 보이는 것은 금물이다. 상사도 하급자에게 아이디어나 지시사항을 꺼내기 위해 많은 준비와 생각을 하는 것이 일반적이다.

상급자가 신은 아니다. 따라서 미리 생각하고 말한다고는 하지만 그렇지 않을 수도 있기 때문에 면전에서 정확하게 상급자의 지시사항이나 아이디어에 대해 의미를 파악하고(필요하면 질문을 많이 하라) 물러나는 게 좋다. 사무실에 복귀해서 직원들과 숙의를 거쳐 상사의 지시사항에 대한 타당성 등에 대해 검토자료를 작성하여 보고한다.

지시사항이 현실에 부합하지 않거나 타당성이 미흡하면 자초지종을 대략적으로 조사, 분석하여 보고서를 한두 페이지로 작성하여 보고한다. 가급적 당초 지시사항을 전면 부정하지 않으면서 현실적인 대안을 제시하면 아주 훌륭한 대처 방법이라 할 수 있다.

나의 사례를 반면교사로 삼았으면 한다. 훗날 행정부시장이 되는 두 분의 기획조정실장, 정책기획관에게 지시사항을 수령하지 못하겠다고 면전에서 대거리하였다는 이야기는 앞에서 언급하였다. 「김포공항 항공기 소음 대책 마련」에 대해 당시 기조실장께서 해당 실·국인 도시교통실과 기후환경본부에서 서로 자기 업무가 아니라고 우겨대니 할 수 없이 업무조정 회의를 주관하면서, 당시 생활환경과장이던 나를 회의에 참석하라고 하였는데, 내가 두 차례나 출장이 있다고 하면서 참석하지 않았던 것이다. 또 한건은 「층간소음 대책 마련」에 대해 당시 정책기획관이 생활환경과장이던 나에게 생활환경과에서 담당해야 하는 거 아니냐? 라고 말씀하셨을 때, 내가 버럭 화난 목소리로 "왜 내가 해야 하느냐" "소음이라면 모든 것을 다 해야 하느냐" 흥분하면서 대거리했다.

두 건 모두 땅을 치고 후회할 일이었다. 보다 현명하게 대응했어야 했는데… 이 두 건의 사례를 보면 나의 오늘의 이런 모습이 아무런 연유 없이 초래된 건 아니라 할 수 있다.

높이 오르지 않아도 꿈꿀 수 있는 이유

직원들에게 과제와 함께
방법을 알려줘라

많은 상급자들이 직원들에게 숙제를 많이 내준다. 직원들이 풀기 어려운 숙제에 대해서는 그 길을 알려주는 상급자가 훌륭한 관리자다. 나의 사례를 교훈으로 삼기 바란다.

내가 2014년도에 투자유치과장을 하면서 직원들을 힘들게 한 바있었다. 나도 투자유치과장으로서 역량이 부족하였지만, 당시 직원들도 역량이 그리 뛰어나지 않았다. 팀장회의를 주재하면서 팀장들에게 좋은 아이디어를 제시해 줄 것을 요구했는데, 다들 고개를 푹 숙이고는 열심히 수첩에다 받아 적기만 하고 과장과 눈을 마주치지를 않는 것이었다. 회의가 끝난 이후에도 어느 누구 하나 아이디어를 제출하지도 않았다.

그래서 팀장 회의를 하지 않는 대신, 팀별 6급 주무관이 참가하는 회의를 하게 되었는데, 역시나 이들도 마찬가지였다. 회의 시간에 과장과 눈을 마주치지 않기 위해 열심히 노트에 필기하는 것으로 묵묵부답으로 팀장회의 때와 똑같이 시간만 까먹었다.

마지막으로 팀별 7급, 8급 주임들을 대상으로 회의를 시도했다.

공직에 입문한 지 얼마 되지 않은 직급이라서 참신한 아이디어들을 기대하면서 한 회의였으나 역시나 위의 두 회의와 마찬가지의 의미 없는 시간 낭비만 할 뿐이었다.

투자유치과에서 나와 함께 했던 팀장들, 주무관들 모두 얼마나 답답했겠는가! 부서장인 나도 모르면서 그들에게 답을 찾았으니 말이다. 그들에게 미안하다. 나에 대한 그들의 뒷 담화가 얼마나 작렬했을지 미뤄 추측할 수 있을 것이다.

그것이 연이 되어 나는 교통지도과장으로서 외로운 4년의 시간을 보내게 되었다. 내가 말하고자 싶은 것은 부서장이 길을 알지 못하면 안 된다는 것이다. 직원들에게 길을 알려주면서 숙제를 하라고 해야지, 그 길을 알려주지 않으면서 숙제를 빨리 하라고 하는 것은 모두가 공멸의 길로 가는 첩경이라 할 수 있다.

부서장이 알지 못한 것에 대해 직원들이 무엇을 알겠는가! 부서장이 길을 모르면 공부를 하고 그래도 모르겠으면 더 망가지기 전에 그 부서를 떠나는 것이 최상책일 수도 있다.

높이 오르지 않아도 꿈꿀 수 있는 이유

한발 앞서 예측하고
대안을 먼저 제시하라

담당업무와 관련하여 환경변화 추세를 보면서 미래에 펼쳐질 일에 대해 먼저 대응할 준비를 해야 한다. 한 발짝 앞서 나간다는 생각을 갖고 행정환경 변화 추세를 살펴라. 누구나 비슷한 생각을 한다. 상급자도 세상 돌아가는 것을 보면서 자기가 맡고 있는 업무와 연관시켜 생각하기 쉽다. 그런 세상 변화에 맞춰 담당하고 있는 업무를 개선하거나 또는 변화에 대응할 수 있는 대안을 선제적으로 제시하는 것은 상급자나 하급자 관계없이 모두가 해야 할 의무 겸 역할이다.

상급자가 먼저 비슷한 생각을 아이디어로 제시하는 순간 당신은 이니셔티브를 뺏기게 된다. 그러면 같은 일을 하면서 쫓기는 자세로 일하게 되어 자긍심도 감소하게 된다. 나의 경험상 상급자가 지시하기 전에 먼저 아이디어를 내고 선제적으로 일하게 되면 자긍심이 고양되면서 마치 나 자신을 위해 일하는 것과 같은 무아지경의 활홀감과 쾌감을 맛보면서 일종의 '나르시시즘'에 빠지기도 한다.

2008년 버스정책과장 시절 국제금융위기와 국제유가 상승으로 국내외 경제여건이 열악해지면서 승용차 이용 시민들의 부담이 높아질 것으로 예상됨에 따라 버스와 지하철 등 대중교통수단으로 전환할 것으로 예측, 시내버스 운행을 확대하는 것을 선제적으로 당시 교통본부장께 보고드린 바가 있었다. 그랬더니 버스만 할 게 아니라 지하철 운행도 확대하라는 지시를 교통정책과장에게 내린 바 있었다.

　그 영향으로 지하철, 시내버스 운행 확대 방안을 마련하여 시행함으로써 경제위기에 놓인 서울 시민들이 승용차 이용을 자제하고 대중교통을 이용하는 데 큰 불편이 없도록 한 바 있다. 선제적인 제안으로 인해 나에 대한 평가도 좋았다고 생각한다. 나중에 당시 교통본부장이었던 분은 행정1부시장이 되셨는데, 내가 마포구청과 수도권광역경제발전위원회에서 2년간의 파견을 마치고 시청으로 복귀할 수 있도록 배려를 해주셨다.

　다른 사례는 공무원이 미래에 예견되는 상황에 대해 판단을 잘해서 선제적으로 대응하면 '역사의 죄인'이 되지 않는다는 것이다. 2008년 고용창업담당관으로 일하면서 100억 원의 공공근로 예산을 추가 확보했던 일은 그 당시 함께했던 서울시의회 기획경제위원회 소속 전문위원과 입법조사관의 도움 덕분으로 가능했다. 당시 상임위 예산심의 과정에서 같은 대학 동문인 전문위원에게 당시 국제금융위기로 경제가 어려워져 많은 시민이 실직에 처할 가능성이 높아질 것으로 예상된다고 하면서, 의원발의로 공공근로 예산을 100억 원 정도 증액 편성하여 줄 것을 비공식적으로 제안했고 정말로 그렇게 되었다. 그때 내가 간절함을 담아 표현한 말이

"잘못하면 내가 역사의 죄인이 될 것이다"였다.

당시 내가 속했던 경쟁력강화본부에서는 다음 연도 예산안 편성 시 미래 상황을 예측하지 못하고 오히려 전년도 공공근로 예산 규모보다 적게 편성하여 시의회 상임위에 제출한 것인데, 물론 담당 부서장으로서 최소 전년도 수준은 유지할 것을 요구했으나 본부에서는 나의 의견을 받아들이지 않았었다.

분위기를 봐서 아니다 싶으면
먼저 손들어라

업무를 하다 보면, 하고 싶지 않은 일을 억지로 떠맡게 될 때가 있다. 그런 경우에는 분위기를 살펴서 어차피 자신이 떠맡게 될 것 같다는 판단이 들면, 먼저 자청해서 "제가 하겠습니다"라고 말하는 게 현명할 때가 많다. 억지로 떠밀려서 일을 하게 되면 주도권을 상사에게 빼앗겨서 수세적 입장에 처하게 된다. 나의 업무가 아니라 상사의 업무가 되어, 시도 때도 없이 나의 목을 조여오기 일쑤다.

그러나 먼저 선수를 치게 되면 주도권을 상사가 쥐는 게 아니라 자신이 가지게 되고 업무 추진 과정에 자긍심을 가질 수 있으며, 한정된 시간을 스스로 조절해 가면서 일을 처리할 수 있게 된다. 뿐만 아니라, 주변 사람들에게 자신에 대한 긍정적이고 적극적인 이미지를 각인시켜 줄 수 있다. 물론 업무추진 과정에 애로사항이 있을 수 있다. 그 일을 함께할 직원들의 역량이 뒷받침되어야 하기 때문이다.

상급자 입장에서는 직원들 중 어느 누구 하나 자청해서 선뜻 나서지 않는 데 그 일을 자청해서 하겠다고 하면 얼마나 고마운 마음을 가지겠는가! 당장은 고마운 마음을 표현하지 않을 수도 있지만 항상 가슴에 담고 있다가 결정적 순간에 인사상·물질상 보상 등 다양한 방법으로 표현하게 된다.

포커페이스, 품격있는 언행,
친밀감으로 무장하라

싫으나 좋으나 절대 얼굴에 표시하지 마라! 상사가 하기 싫은 일을 시키거나 기분 나쁘게 한다고 해서 절대 얼굴에 표시하면 안 된다. 절대 '욱' 하지 마라! 상사의 지시는 '신의 선물'이라 생각하고 받아들이는 마음가짐이 필요하다. 두 마디 말이 필요 없다. 상사들의 새로운 업무 지시에 '욱' 하다 한 계단만 승진하고 정년을 맞이하게 되는 '나'를 보면 된다.

상사도 새로운 업무를 직원들에게 지시할 때에는 고민이 많을 수밖에 없다. 그런 상사에게 새로운 일을 준다고 직원이 싫은 표정을 하게 되면 어찌 되겠는가! 상사도 일 시키기 편한 사람을 선호한다. 업무를 대하는 자세가 긍정적이고 밝은 표정을 가진 사람은 절반은 먹고 들어간다.

상사가 새로운 일을 시킨다고 절대 얼굴이나 행동으로 표현하지는 말아야 한다. 그러기 위해서는 스스로 마음을 다스릴 줄 알아야 하고 상대방의 입장을 이해하려는 노력을 기울여야 한다. 타산지석이면 모든 문제가 해결될 것이다. 나만 옳다고 생각하면 안 된다. 상대방도 자기 생각이 옳다고 생각할 것이기 때문이다. 그래서 나와 남을 함께 생각해야 한다.

상사가 기분 나쁘게 한다고 '꽁하지' 마라. 회피하지 말고 그럴수록 더 친근하게 다가가는 게 좋다. 상사도 사람인 이상 짜증 날 때도 있고 화날 때도 있다. 그럴 때일수록 의도적으로 "무슨 일 있으셨어요?" "제가 부족했습니다" 등의 멘트를 날리면 상사도 자기가 잘못했음을 알고 미안한 마음을 가지게 된다. 그러다 보면 서로가 서로를 이해하고 배려하는 멋진 상하관계가 형성될 수 있다.

그런 자세를 가지기 위해서는 자기 자신에 대한 강한 '믿음'과 맡은 업무에 대한 강한 '자신감'이 있어야 하지만 그렇지 않더라도 용기를 내어 그런 태도를 습관화할 필요가 있다.

술자리에서 상사 뒷담화를 해서는 절대 안 된다. 돌고 돌아 다 상사의 귀에 들어간다. 남을 헐뜯는 소리는 새가 듣고 쥐가 듣는다고 하지 않던가! 그리고 술자리에 함께한 사람도 그런 사람 싫어한다. 좋은 소리만 다 들으려 해도 시간이 부족한데…, 하물며 남의 흉보는 소리는 말하는 사람이나 듣는 사람 모두의 긍정적 에너지를 갉아먹게끔 하여 결국은 영혼을 나락으로 내동댕이치는 것과 같게 된다.

공무원은 말할 때 항상 품격있고 세련된 언어사용과 행동으로 시민들로 하여금 신뢰감을 가지도록 해야 한다. 신언서판(身言書判)이라 하지 않았던가! 영화 베테랑의 명대사 '우리가 돈이 없지, 가오가 없냐' 공무원은 '가오'로 산다는 것을 항상 기억해야 한다.

마지막으로 누구에게든 "절대 안 된다" "말이 안 된다"와 같은 극단적 표현을 사용하는 것은 금물이다. 나의 판단으로 "안되는" 일

도 상사의 지위에서 혹은 타산지석하면 "되는" 일일 수 있기 때문
이다. 불가피하게 말바꾸기를 하는 경우에 개인의 이미지와 품격
에 손상을 줄 수 있다.

공정과 상식에 기초한
가치체계(신념)를 구축하라

고위 공직자를 꿈꾸는 사람은 자기만의 철학이 있어야 한다. 무골호인은 안된다. 자기만의 색깔이 있어야 한다. 다만, 편협한 개똥철학이나 똥고집은 안된다. 보편적인 철학에 기반하여 시민에게 어필하고 시대를 앞서가는 정책이 만들어져야 한다. 정책과 관련된 다수의 이해당사자들이 수용가능한 정책을 개발하려면 다수의 시민들이 공감하는 공정과 상식에 기반하여야 한다. 또한 자신이 구축한 가치체계를 옹고집처럼 맹신해서는 안 된다. 융통성을 가지고 열린 사고로 자신의 가치체계를 되돌아보고 성찰할 수 있어야 한다. 서울시 인재개발원에서도 공무원 직급별로 필요한 '행정철학' 등에 대한 교육이 필요하다.

가끔은 헌법이 정한 공무원의 지위와 신분에 대해 음미하기를 권한다. 대한민국 헌법 제7조에는 "공무원은 국민 전체에 대한 봉사자이며, 국민에 대하여 책임을 진다" "공무원의 신분과 정치적 중립성은 법률이 정하는 바에 의하여 보장된다"고 적혀 있다.

"국민 전체에 대한 봉사자"라는 말을 통해 편협한 '법의 노예' '형평성의 덫(함정)'에 빠져서 대의를 보지 못하는《혹리酷吏》가 되어서는 안 될 것이다.

역사와 철학 등을 탐독하여 인문학적 상상력을 키워야 한다. 그러기 위해 인문학 및 사회과학 서적 등을 자주 접하고 세상의 흐름을 알 수 있는 다양한 분야의 대외 세미나 활동 등에 참여하는 것을 권유하고 싶다. 인문서적 중에는 삼국지, 초한지, 그리스로마 신화, 노장사상, 중국·러시아 혁명사 등도 함께 읽어보기를 권한다. 이와 관련한 서적들을 통해 원대한 역사 흐름 속에서 인간의 인문적 위치를 파악하는 데 도움을 줄 수 있다.

또 대외 세미나 활동 등을 통해 학계, 연구소, 기업 등 폭넓은 분야의 전문가 등과 인적 네트워크 형성과 교류가 가능하며 나중에 개인의 성장 과정에도 도움을 받을 수 있다. 그런 관계에서 자연스럽게 형성된 전문가 네트워크가 큰 힘을 발휘할 수 있다.

사실 나는 책을 많이 읽지 않았고 지식의 반경을 넓히는 세미나 활동 등에 참여한 기억이 그리 많은 것 같지는 않다. 행정환경이 급변하는 미래에 공직자로서 성공하고픈 분들께서는 반면교사로 삼았으면 하는 바람이다.

이상의 내용은 글쓴이의 개인적인 공직 경험과 생각을 정리한 것이어서, 서울시 시정철학과 다를 수 있음을 양해 바란다.

나는 원고를 다 작성하고 책으로 발간하는 것에 대해 고민하기도 하였다. "책을 보면 그 사람이 보인다"라는 모 방송사의 독서프로그램 홍보 멘트에 힘을 얻어 출간하기로 결심하였다.

나를 알리고자 하는 마음이 있었음을 솔직하게 고백하고자 한다. 나에 대한 많은 오해와 편견을 구구절절하게 말로 표현하는 것은 쉽지 않다. 그래서 간단하게 책으로 "나 원래 이런 사람이었어" 하고 나를 보여주기로 하였다.

먼저 서울 시민에게 감사드린다. 나는 시민의 혈세로 조성된 공적 재원을 한 푼도 허투루 쓰지 않으려고 무진장 애썼다. 반면에 나의 외골수적인 생각과 처신으로 마음 쓰였을 상급자들에게 죄송하다.

그리고 지난 20여 년의 과장 재직 기간과 구청·위원회로 부유하는 과정에 나의 심신의 피폐함으로 인해 나의 가족에게 바람직한 모습을 많이 보여주지 못한 것에 대해 미안하다는 말을 전하고 싶다.

나로 인해 가슴 아파하면서 정들었던 부서를 떠나야 했던 수많은 분들께 미안한 마음을 전하고 싶다. 비록 나는 "공적 가치"를 수호하기 위해 나의 역할을 다하려는 과정이었다고 자위하지만, 덕을 쌓는 마음으로 함께 했었어야 했는데 그러하지 못했음을 안타깝게 생각하고 있다.

그래도 지금까지 나를 심적으로 응원해 주신 많은 시청 동료들과 남원 고향마을 어르신들에게 감사드린다.

마지막으로 이 책의 내용에 대한 팩트 체크를 해주신 함께 근무했던 많은 동료들에게 머리 숙여 감사 인사를 올린다.